1949年後
中國社會治理制度變遷

馮華 編著

財經錢線

前言

「大學之道，在明明德，在親民，在止於至善。知止而後有定，定而後能靜，靜而後能安，安而後能慮，慮而後能得。」近年來學術界湧現出一批關於中國社會治理變遷的教材和學術專著，比如《社會治理新藍圖》（馮仕政著）、《中國的治理變遷（1978—2018）》（俞可平等著）、《中國社會治理轉型（1978—2018）》（李友梅等著）、《新時代中國社會變遷與社會治理若干問題研究》（謝建社主編）。這些文獻側重介紹改革開放以來黨中央推進社會事業建設和社會管理改革發展的智慧路徑，重點分析中國治理模式的主要特徵、存在的各種挑戰以及未來的改革方向。與此相對應，西南財經大學公共管理學院緊扣新時代中國特色社會主義背景下社會治理創新實踐的要求，基於社會治理制度變遷的視角，歷經長時間的籌劃，編撰了本書，力求為形成中國本土化的社會治理學術思想和理論創新做出貢獻。

本書主要以中華人民共和國社會治理的制度變遷為研究對象，圍繞社會治理創新的三個核心問題（誰來治、治什麼、怎麼治），以時間為主軸、以空間為輔軸展開研究。全書分為一章總論和上中下三篇，共計八章。第一章為總論，主要介紹中華人民共和國成立以來中國社會性質的變遷過程、社會轉型過程，從管理到治理的變化，以及本書的研究視角、研究議題、研究思路和資料來源。上篇為社會治理主體（2~3章），主要討論國家在公共事務的治理和公共產品的提供中所出現的社會組織、社區自組織等社會治理主體；正是這一從社會中離析出的公共領域的存在與發展，構成了社會治理的主要組織載體。中篇為社會治理政策（4~7章），主要探討中國社會治理的難點、熱點問題，包括貧困治理、基層社區治理、老齡治理、社會矛盾治理四個方面。下篇為社會治理方式（第8章），系統闡釋了社會治理方式的概念、內容，社

會治理方式的演進,以及社會治理方式的智能化趨勢。此外,除第一章總論外,每章均配有一個典型案例。案例分析,一方面有助於讀者加深對每章所涉及內容的理解,另一方面有利於讀者克服理論知識與現實情況相脫節的困難。

任何一本著作的完成都離不開他人的指導、支持和幫助,本書的編寫完成得益於老師的精心指導與大力支持,同時也感謝每一位同學的付出與努力。在本書即將付梓之際,編寫組仍需言明,受制於時間、精力和水準,本書寫作的框架和邏輯還不盡完善,很多內容還需探討論證,歡迎各位專家和同行指正,也希望各位讀者不吝賜教。

本書編寫組

目錄

第一章 總論 ·· 1
 第一節 社會治理制度變遷的分析框架 ································ 2
 第二節 從社會管理到社會治理 ··· 10
 第三節 社會治理制度變遷的歷史階段分析 ·························· 17
 第四節 本書的議題、研究思路和資料來源 ·························· 29

上篇 社會治理主體

第二章 社會組織 ·· 39
 第一節 社會組織的界定 ··· 40
 第二節 社會組織的制度變遷 ··· 61
 第三節 小結與評價 ··· 70
 經典案例:「多背一公斤」 ··· 72

第三章 社區自組織 ··· 77
 第一節 社區自組織的內涵與意義 ····································· 78
 第二節 社區自組織的制度變遷 ·· 87
 第三節 小結與評價 ··· 97
 經典案例:雲村重建紀事 ··· 101

中篇　社會治理政策

第四章　貧困治理 …… 109

第一節　貧困的變遷 …… 110

第二節　貧困治理的制度變遷 …… 123

第三節　小結與評價 …… 134

經典案例：袁家里村扶貧工作紀實 …… 135

第五章　基層社區治理 …… 143

第一節　基層社區變遷 …… 144

第二節　基層社區治理的制度變遷 …… 158

第三節　小結與評價 …… 166

經典案例：成都市鳳凰社區治理 …… 168

第六章　老齡治理 …… 175

第一節　老齡治理的內容與實質 …… 176

第二節　老齡治理的制度變遷 …… 184

第三節　小結與評價 …… 195

經典案例：甘肅蘭州深化養老體制改革　探索多元化養老服務模式 …… 197

第七章　社會矛盾治理 …… 205

第一節　社會矛盾的概念及內涵 …… 206

第二節　社會矛盾的變遷及主要特徵 …… 208

第三節　社會矛盾治理的變遷 ……………………………… 215

　　第四節　小結與評價 ………………………………………… 233

　　經典案例:漢源縣大樹鎮的社會矛盾治理之路 …………… 235

下篇　社會治理方式

第八章　社會治理方式 ……………………………………… 245

　　第一節　社會治理方式概述 ………………………………… 246

　　第二節　社會治理方式的演進 ……………………………… 250

　　第三節　社會治理方式的智能化創新 ……………………… 255

　　第四節　小結與評價 ………………………………………… 274

　　經典案例:成都智慧城市 …………………………………… 276

1949年後
中國社會治理制度變遷

第一章
總論

第一節　社會治理制度變遷的分析框架

一、社會治理的概念

在英語的表達中,「治理」一詞通常為「governance」,原意是領導和決策。在早些時間,它經常和「統治」一詞混用,主要用在各種和公共事務相關的場合。而在20世紀80年代以來,西方的行政學者及政治專家們賦予了「治理」一詞新的含義,想要將其和「統治」一詞區分開來。例如,戈丹(Gaudin)認為,「要準確理解治理的概念,就必須要和傳統的政府統治概念相區分」[1]。林恩(Lynn)等人則把治理看成一系列手段的集合,以協調不同的主體的共同目標。林恩認為,治理包括行政、法律、司法決策、規則和其他可以約束、規範和保護公眾的相關活動,以提供公共服務和實現公共目標[2]。羅西瑙(J. N. Rosenau)認為:治理和統治是不一樣的,治理是一種集結社會力量來解決公共事務以實現公共目標的活動,從事這些活動不一定非要政府出面,也不是必須依靠國家的權力來完成治理[3]。還有一些學者從行動者互動的視角來界定治理,並認為治理是由大量相互作用和相互影響的參與者產生的秩序或結構帶來的結果[4]。

關於「治理」的定義有很多,而在各種各樣的定義當中,聯合國全球治理委員會對其進行的界定頗具典型性。該委員會在名為「我們的全球合作夥

---

[1] JEAN PIERRE GAUDIN. Modern governance, yesterday and today: some clarifications to be gained from French government policies [J]. International Social Science Journal, 1998, 50 (155): 47-56.
[2] LYNN L E, HEINRICH C J, HILL C J. Improving governance : a new logic for empirical research [J]. Journal of Politics, 2003, 65 (1): 279-281.
[3] JAMES N ROSENAU, ERNST OTTO CZEMPIEL. Governance without government: order and change in world politics [M]. Cambridge: Cambridge University Press, 1995: 5.
[4] JAN KOOIMAN, M VANVLIET. Governance and public management [M] // K A ELIASSEN, JAN KOOIMAN. Managing public organization: lessons from contemporary European experience. London: Sage Publication, 1993: 64.

伴」的研究中對「治理」進行了下述界定：治理是協調不同甚至相互衝突的利益的持續性過程。他們認為治理存在四個特點：①治理是一個過程；②治理基於協調，協調是其基礎；③治理在部門裡都存在，不管是公共部門還是私營部門；④治理是一個不間斷交互的過程[1]。

在現在各國經濟交往越發密切、政治合作也越來越多的大背景下，治理的概念也日漸流行，它已被廣泛應用於政治學和社會學等諸多領域，以至於傑索普（Jessop）直言：「『治理』一詞在許多情景下已經變得流行，並且已經成為一個可以和任何事物聯繫起來的時尚詞彙。」[2]

然而，在中文中，《漢語大辭典》對「治理」的解釋是「執政」「管理」「處理」等。同時，「治理」一詞在很多古代書籍中也被提及，例如，在《荀子·君道》中有「明分職，序事業，材技官能，莫不治理，則公道達而私門塞矣，公義明而私事息矣」；《漢書·趙廣漢傳》中有「一切治理，威名流聞」；《孔子家語·賢君》中有「吾欲使官府治理，為之奈何」[3]。由此可見，在古代漢語中，「治理」顯然也有「治國理政」的意思。

另外，不同的學者對社會治理的界定也不一樣（見表1.1）。

表1.1 不同學者對社會治理的解釋

作者	定義
王浦劬	社會治理是一項以執政黨、政府及社會組織等為主體去共同治理社會公共事務的活動[4]
殷昭舉	社會治理是在黨的領導下，以法律為基礎，自上而下的社會管理與自下而上的社會自治縱向有機結合，自外而內的法治與自內而外的德治橫向有機結合，最終達到縱向治理和橫向治理的完美結合，使社會活力和創造力最大化，促使社會凝聚力增強的活動[5]

---

[1] The Commission on Global Governance. Our global neighbourhood: the report of the Commission on Global Governance [R]. London: Oxford University Press, 1995: 2-3.
[2] BOB JESSOP. The rise of governance and the risks of failure: the case of economic development [J]. International Social Science Journal, 1998, 50 (155): 29-45.
[3] 王紹光. 治理研究：正本清源 [J]. 開放時代, 2018 (2): 153-176.
[4] 王浦劬. 國家治理、政府治理和社會治理的含義及其相互關係 [J]. 國家行政學院學報, 2014 (3): 11-17.
[5] 殷昭舉. 中國社會治理的現代化 [J]. 社會學評論, 2014 (3): 30-40.

表1.1（續）

作者	定義
丁元竹	社會治理是在一定的共同價值基礎上，一定的規章制度下，一定的法律框架內，政府、社會、企業和公眾規範社會行為，協調社會關係，解決社會問題，防範社會風險的活動①
陶希東	社會治理就是在中國共產黨的統籌和領導下，充分發揮政府、市場、社會三個領域各自的優勢，通過共商共議、共建共享、共治自治等方式，有效化解制約社會和諧的諸多社會問題和矛盾，從而構建富有活力、包容、公平、和諧的社會秩序的動態過程②
周林生	社會治理是指黨委和政府以及其他社會主體運用法律、法規、政策、道德、價值等社會規範體系，直接或間接地對社會領域的各個方面、各個環節進行服務、協調、組織、監控的過程和活動③

不同的學者對社會治理的看法也有所區別，但仍然可以從眾多學者對其的界定中得出幾點共性：①社會治理的主體是多元的，包括政府、政黨、社會組織等；②社會治理的客體是指社會公共事務，即和人民群眾緊密相連的事務；③社會治理需要借助一定的手段，比如政治上的、經濟上的或者行政上的，途徑或是自上而下的或是自下而上的；④社會治理的主要目標是維護公共利益。隨著時代的演進，社會治理的含義也發生了些許變化。本書選擇的社會治理的概念如下：

社會治理是指政府、社會組織、個人等多元主體通過平等的對話、協商等方式，依法引導及規範社會生活和社會事務，最終促使公共利益最大化的過程④。在中國，社會治理是指在中國共產黨的領導下，以政府為主導，吸納社會組織等多元治理主體參與，對社會公共事務進行的治理活動；它是旨在實現和維護群眾權利，針對國家治理中出現的社會問題，改善社會福利，促進社會公平，推動社會有序和諧發展的過程⑤。

---

① 丁元竹. 社會治理現代化的探索 [M]. 北京：國家行政學院出版社，2016：1.
② 陶希東. 共建共享：論社會治理 [M]. 上海：上海人民出版社，2017：8.
③ 周林生. 社會治理創新概論 [M]. 廣州：廣東人民出版社，2015：12.
④ 童星，趙夕榮.「社區」及其相關概念辨析 [J]. 南京大學學報（哲學·人文·社會科學版），2006（2）：67-74.
⑤ 雷梅，段忠賢. 地方社會治理工作滿意度影響因素研究——基於貴陽市網格化服務管理的實證調查 [J]. 貴州師範學院學報，2018，34（8）：69-74.

二、社會治理的內容

（一）社會治理的目標

社會治理是一項宏大的工程。它有利於增進人民群眾的福祉，對「兩個一百年」奮鬥目標的實現等具有重大意義。其主要目標如下：

1. 激發社會活力

中國共產黨十八屆三中全會明確提出要增進社會活力，努力提升社會治理水準[1]。如何將廣大人民的積極性調動起來，化解及防範社會矛盾，確保廣大人民安居樂業、社會穩定有序，是社會治理中重要的理論和實踐問題[2]。改革開放四十年來，中國取得了很大的成就，但同時也堆積了許多新的社會問題和矛盾。因此，在大力發展經濟的同時，我們也要注意保持社會活力，維護好社會秩序。這一次會議上，中央人民政府將「管理」的概念轉變為「治理」，這也反應了我們黨和政府在吸收地方人民政府社會管理方面的有益經驗。「管理」和「治理」僅相差一字，但強調的程度卻明顯不一樣。「治理」強調多方參與。在中國政府和執政黨的領導下，我們應動員一切力量參與共同治理。傳統管理強調自上而下的垂直管理，但現在更加強調平等協商、溝通，更加強調公民的民主參與，以及利用市場機制和社會組織等相關理論來解決一些社會管理和社會服務方面的問題。

總而言之，激發社會組織活力的創新社會治理方法，歸根到底在於堅定不移地遵循群眾路線。地方人民政府要結合實際情況，按照中央人民政府的部署，進一步開展實踐教育活動，深化與基層組織的聯繫。只有幹部聯繫群眾，加強群眾參與才能將黨的十八屆三中全會的會議精神落實，才能用新的機制和新的方式來解決好我們在社會發展轉型期面臨的新問題[3]。

2. 優化配置社會資源

在傳統的計劃經濟體制的影響下，中國推行了基層社會管理模式，將單

---

[1] 楊冬梅. 創新社會治理需要激發社會組織活力［N］. 黑龍江日報，2014-01-14（12）.
[2] 趙建明、胡欣. 為人民群眾安居樂業創造良好的社會治安環境［N］. 遼寧日報，2005-08-26（1）.
[3] 習近平. 切實把思想統一到黨的十八屆三中全會精神上來［N］. 人民日報，2014-01-01（2）.

位與城市街道、居委會和農村社會團體進行了結合，通過單位制、戶籍制、專業身分制和檔案制，統一建立黨政機關，建立起用於安置、部署和協調的無所不能的社會管理系統。在這種情況下，政府必須承擔更多的職責，政府對社會資源的分配起著主要作用。然而，隨著中國社會的不斷發展、市場經濟體制的逐步確立等，以往政府主導的管理模式逐漸顯得不合時宜。這種模式導致的結果是政府規模越來越大、政府運作效率低下、社會活力不足、社會資源分配不均及浪費現象頻現。因此，中國的社會管理方法亟須創新和轉變①。黨的十八屆三中全會正式提出了「社會治理」這一概念。同時，它還強調市場應該在資源配置中發揮決定性的作用。政府要把自己的部分權限下放，讓社會仲介組織來承擔部分政府的職責，同時還要增強自身的管理能力。這有利於更好地分配社會資源②。

3. 增強社會福利

社會治理的最終目標不僅是要提高運作效率，更重要的是，在提升運作效率的同時還要體現社會的公平正義，促進人的全面發展及社會的進步。我們知道，當前社會治理的主要問題仍然是人民的生活問題，關鍵環節是發展社會事業和維持現有的公共服務。按照黨的十八屆三中全會的總體要求，「緊緊圍繞更好保障和改善民生，促進社會公平正義，深化社會體制改革，改革收入分配制度，促進共同富裕，推進社會領域制度創新，推進基本公共服務均等化，加快形成科學有效的社會治理體制，確保社會既充滿活力又和諧有序」，努力實現人人更公平地享有社會發展的成果。解決好與人民最相關的根本問題，關鍵在於促進教育、就業、收入分配、社會保障等民生領域的社會改革和創新，以滿足人民群眾的需要，提高人民的生活水準。

因此，各部門要努力增進及維護好公共利益，構建起改善民生的長效機制，形成一套完整的治理體系，解決好社會事業發展過程中可能出現的制度和機制問題，重點關注社會事業的發展以及如何促使其持續發展的問題。因

---

① 師澤生，李猛. 中國的社會管理創新走向 [N]. 學習時報，2010-08-02（3）.
② 宋貴倫. 社會治理現代化建設背景下的目標導向 [J]. 社會治理，2017（6）：13-15.

此，社會治理有助於社會福祉的增進。

4. 維護社會秩序

社會治理實際上是使人與人之間的關係合理化，包括社區與社區之間的關係，各種社會組織之間的關係以及各種社會群體之間的關係。它的主要目標是保護社會秩序，參與主體在政府的主導下進行參與，協同促進社會和諧有序，促進社會活力的提升，為人類社會的生存和發展創造基本的經營條件和社會環境。因此，社會治理必須首先解決社會秩序問題。一個社會必須有秩序，如果沒有秩序，人們將缺乏安全感，生活質量也將大大降低。但是，如果一個社會只關注和諧有序而不注重活力，它就會失去發展動力，也不會有創新。因此，社會治理必須維護好社會秩序，此外還要通過改善制度，促進社會活力的提升，促進社會的良性發展。維護社會秩序是社會治理的主要任務，社會治理有利於促進社會安定有序。

(二) 社會治理的主要內容及範疇

簡單地說，「社會治理」實質上就是指「治理社會」。或者說，「社會治理」就是特定的治理主體對社會的公共事務施行的相應的管理活動。從「社會管理」到「社會治理」不僅是一種概念上的變化，還包含著其相關方式、手段和機制等的深刻變革。

社會治理是一套價值體系、政策及制度的集合，社會可以利用這些集合來管理其經濟、政治和社會的進程。社會治理的主體不局限於政府，還涉及多個角色。社會治理主要包括以下幾部分內容[1]：

1. 重新配置公共權力

社會治理是在治理概念的指導下在社會管理領域裡進行的一次深刻變革。社會治理的主體包括政府、黨、社會組織及個人等。主要解決的問題是社會公共管理權在這些主體中如何科學合理地分配，這是充分調動這些力量參與社會管理的根本。其中涉及社會公共管理決策權、行政權以及社會公共管理的財權和事權的歸屬問題，參與社會公共管理的各種經濟和社會組織的權力

---

[1] 楊宜勇. 黨的十八大以來的社會治理理論創新和實踐成就 [J]. 社會治理，2017 (7)：9-12.

包裝問題，政府和社會各組織之間權力的範圍和界限問題，等等。

2. 充分表達和整合不同的利益

社會治理是建立在兼顧大多數人利益的基礎上的，應具有較理想的利益表達和博弈機制，有利於整合各種不同的利益。這是由於社會治理的主體是多元的。他們是由不同的利益團體組成的組織系統，用於解決社會公共問題。特別是在制定公共政策時，不同的主體通過各種途徑影響公共政策的決策和實施，以實現公平地分配公共利益。因此，社會治理要求在各治理主體中達成共識，最終促進社會公共資源的合理分配。

3. 政府自我調整和重新定位

社會成長本身取決於國家的權力意識，社會治理也是政府自我調整和重新定位的結果。這是因為自 20 世紀 80 年代以來，社會環境日益複雜，社會問題和社會事務增加，政府通過鼓勵各種社會力量，通過不同手段和方法，解決了各種社會公共問題，取得了重大成果。政府和社會各類組織之間信任和合作關係的形成與發展是社會治理的關鍵環節，也是政府在社會治理中的重要變化。這種變化包括政府職能的轉變，政府角色的重塑，政府社會管理和公共服務方式的轉變，政府機構的調整，等等。

4. 公民社會的培育和成長

公民社會的強大力量和公民在公共事務中的積極參與是社會治理的基礎，有賴於政府對公民社會的培育[1]。這要求政府重新審視人民群眾和各類社會組織在社會公共事務管理中的作用。政府放鬆了對社會的控制，降低了各種社會組織進入社會管理和進行社會活動的門檻；授權社區，授權各種社會組織，讓他們參與社會管理，積極培養和提高各社會組織自我管理和自主服務的能力，讓公民在參與中成長[2]。

(三) 社會治理的動力機制

黨的十一屆三中全會以來，黨和政府始終將社會管理放在重要位置，並

---

[1] 鄭寧波. 社會管理創新視域下提升政府公信力研究 [J]. 西北農林科技大學學報（社會科學版），2004 (3)：149-153.

[2] 鄭鈞蔚. 社會治理理論的基本內涵及主要內容 [J]. 才智，2015 (5)：262.

取得了良好的成效。這段時間，中國獲得了寶貴的經驗，但同時我們也必須注意到，中國目前正處於重大戰略發展機遇期和社會矛盾比較突出的時期，社會管理面臨新的問題及挑戰[1]。

首先，人民內部矛盾很容易產生。一方面，矛盾主要集中在農村徵地和城市房屋拆遷、國有企業改制、勞資糾紛、醫療糾紛等方面；另一方面，矛盾涉及各行各業，包括退休人員、個體工商人員、學生、農民以及退役軍人等群體。其次，社會組織管理問題突出。一方面，社會上各種社會組織紛紛成立。截至2018年11月底，中國社會組織的數量達到39.3萬個，其中基層民政部門登記數量為6.6萬個，街道和社區管理數量為32.7萬個。另一方面，政社不分的現象仍然存在，社會組織的發展不夠充分，活力不強。最後，公共安全形勢仍然嚴峻，發生了諸多安全生產事故。2018年，中國在全國範圍內一共發生了生產安全事故5.1萬起，造成3.4萬人失去生命。屢屢出現的食品及藥品安全問題，嚴重影響到了人民群眾的生命及安全。信息網絡管理的任務變得越來越艱鉅。截至2018年12月，中國已有8.29億網民，是世界上使用互聯網的人口最多的國家。外部力量正在盡一切可能進行滲透和破壞，國家安全面臨嚴峻挑戰。

總體來說，中國社會領域的問題集中體現了中國經濟社會發展的水準和階段性特徵。改革開放以來，中國經濟體制發生了深刻變化，利益結構得到了較大調整，社會結構及組織形式也得到了很大改善，社會管理環境發生了深刻的變化。主要表現為：首先，從經濟方面來看，隨著中國經濟體制改革的深入及經濟結構的逐步調整，大量人才面臨下崗，其中許多人轉移到各種形式的工作中；隨著農村生產力的不斷發展，大量農村剩餘勞動力需要進行就業安置；對工業用地和城市用地的需求飆升，農村徵地拆遷和城市房屋拆遷容易產生大量矛盾[2]。其次，從社會方面來看，在傳統的計劃經濟時期，中國實行了基層社會管理模式，將單位制與街居制和農村社會團體相結合。黨

---

[1] 丁元竹. 當前中國社會管理面臨的主要問題及其政策選擇 [N]. 學習時報，2007-05-14 (4).
[2] 張亞強. 農村剩餘勞動力轉移就業的現狀及成因分析 [J]. 理論導刊，2009 (11)：70-72.

和政府主要通過單位、街道、居委會和社會團體聯繫群眾，以此來整合社會利益及化解社會矛盾。而目前，機關和企事業單位承擔的大部分社會管理職能被剝離，越來越多的人離開單位，走向社會。隨著中國城市化進程加快，城鄉流動人口數也大幅增加，更多的人口流入城市。新的社會階層已經出現，導致城鄉、居住、人口等方面的結構發生了重大變化。再次，從思想文化層面來看，人們思想活動的獨立性及多樣性都有了顯著的提高。一方面，人們的公平、民主、法治和監督意識不斷增強；另一方面，一些社會成員已經失去了思想道德標準，有些人歪曲了自己的世界觀、人生觀和價值觀。最後，從工作的角度來看，一些部門和地方注重經濟建設而忽視社會管理的現象仍然存在。面對新形勢，以往有效的管理理念、管理體系和管理方法難以完全適應目前的動態。

創新社會治理體制，對於維護最廣大人民根本利益，最大限度增加和諧因素，增強社會發展活力，提高社會治理水準，全面推進平安中國建設，維護國家安全，確保人民安居樂業、社會安定有序具有重要意義[1]。

因此，第十八屆中央委員會第三次會議要求深化改革，實現從社會管理到社會治理的創新，符合中國的基本國情，滿足了人民的期待，體現了政府以人為本的治理理念。

第二節　從社會管理到社會治理

黨的十八屆三中全會確立了國家治理體系現代化和治理能力現代化的總體目標，以及創新社會治理體制的具體改革措施。社會領域的變革逐步引入了治理理念，實現了從社會管理到社會治理的轉變。從「管理」到「治理」

---

[1] 新華社. 為什麼要創新社會治理體制？[J]. 西部大開發，2014（5）：70-71.

的轉變，實質上就是從管理內容到管理方式的全面變革。明晰這一轉變的發展軌跡和脈絡，對於加強社會治理及推進社會治理體制創新及改革具有重大的現實意義和歷史意義①。

一、社會管理和社會治理的定義

在當代中國，社會管理是指政府和其他社會管理實體在中國共產黨的領導下運用各種方法管理社會公共事務的過程。然而，在對社會管理的理解及實踐中，社會管理常常被簡化。主要表現在社會管理主體的多樣化常常被理解為政府主體的單一化。社會管理系統的合法化往往被人性化和經驗取代。而且，隨著社會結構的不斷優化，社會管理也面臨諸多挑戰。主要包括：如何在社會要素流動的情況下建立社會共同體；如何在經濟發展進入新常態的背景下建立社會共同價值觀；如何保證社會變革的公正無偏；如何完善社會政策，提高社會管理能力。面對上述眾多挑戰，社會管理必須進行轉變，要從社會管理提升至社會治理。

黨的十八屆三中全會適時提出要創新社會治理體制。社會管理和社會治理之間存在差異，具體來說，它們之間的差異如表1.2所示。

表1.2 社會管理與社會治理之間的區別

項目	社會管理	社會治理
主體	主體比較單一，主要是各級政府及其職能部門，側重於政府的主導作用	主體多樣化，包括政府、企事業單位、社會組織及公民等
主體承擔的職責	簡單地說，社會管理即政府對社會的管理，所以政府需要承擔主要職責，政府有著無法取代的作用	社會治理更多強調多樣化主體的協力作用，它們之間有著良好的合作關係。國家和政府的責任正在逐漸減少，各種公共組織、社會企業和社會團體扮演著越發重要的角色

---

① 種效博. 社會管理到社會治理的嬗變［J］. 行政科學論壇，2014（6）：9-12.

表1.2(續)

項目	社會管理	社會治理
實現形式	社會管理的實現形式是自上而下的類型,形式較為單一	社會治理的實現形式是立體式的多元交互類型,形式較為多元
實踐路徑	社會管理要求政府使用權力來部署和控制社會事務,具有行政和指揮的色彩	社會治理有多種實踐途徑,除了政府對權力的使用,它還包括市場、法律、習俗和許多其他方式
與社會服務的關係	社會服務包含在社會管理中。然而,由於提供社會服務的主體是政府,社會成員只能被動地接受社會服務,沒有其他選擇	社會治理提倡社會成員要積極表達自己的需求,並根據自身的實際情況提出滿足自身需求的服務項目,政府為實施此類項目提供財政支持,社會組織在實施此類服務方面擁有自主權。它也要接受政府的監督。社會成員與社會組織不再被動地接受服務

從社會管理與社會治理的對比可以得出,社會治理能最大限度地提高公民的積極性和創造性,公民參與社會生活的積極性較高,公民之間的合作會得到進一步加強[1]。它體現了社會文明的進步,有利於凝聚社會的積極能量,有利於化解矛盾,實現人和人之間的和諧共處。基於此,由社會管理轉變為社會治理十分有必要[2]。

二、社會管理和社會治理的發展脈絡

早在黨的十四屆二中全會上,我們黨就提出了社會管理的概念。自黨的十六大以來,社會管理逐漸受到關注;經過往屆重要會議的不斷完善及發展,實現了從社會管理到社會治理的重要演變。社會管理和社會治理的發展脈絡主要如下:

---

[1] 趙孟營. 從新契約到新秩序:社會治理的現代邏輯 [J]. 北京大學學報(哲學社會科學報),2015 (2):106-114.
[2] 邵光學,劉娟. 從「社會管理」到「社會治理」——淺談中國共產黨執政理念的新變化 [J]. 學術論壇,2014,37 (2):44-47.

第一章　總論

（一）第一階段（1993—2001 年）：社會管理的萌芽

在詞彙意義上，《現代漢語辭典(第7版)》中的「管理」有三個含義：一是負責某項工作使其順利開展；二是保管和料理；三是照管並約束（人或動物）。早在 1993 年黨的十四屆二中全會上，我們黨就提出了社會管理的概念；並在這次全體會議上討論的國務院機構改革方案中，強調要加強對社會管理職能部門的建設及管理。黨的十四屆三中全會進一步重申了這一建議。本次會議通過了《中共中央關於建立社會主義市場經濟體制若干問題的決定》，強調政府必須加強社會管理職能，確保經濟的正常運作和社會秩序的穩定。由此可見，在建立社會主義市場經濟體制的過程中，我們黨充分認識到了協調發展經濟和社會管理職能、加強社會管理的重要性[①]。我們黨還認識到了加強社會管理是國民經濟正常運行和建設良好的社會秩序的重要保障。社會管理戰略開始出現。

（二）第二階段（2002—2005 年）：社會管理的初步形成

社會管理作為政府的一項重要職能，是在中共十六大報告中提出的。該報告做出了指示：「完善政府的經濟調節、市場監管、社會管理和公共服務職能，減少和規範行政審批。」之後，在黨的重要會議上，這一指示不斷得到強化和完善，逐漸形成了新的社會管理體制。

黨的十六屆三中全會通過的《中共中央關於完善社會主義市場經濟體制若干問題的決定》提出：「完善政府的社會管理與公共管理服務功能，為全面建設小康社會提供強有力的制度保障。」黨的十六屆四中全會強調：「加強社會建設和管理，促進社會管理體制創新。深入研究社會管理規則，完善社會管理體制和政策法規，整合社會管理資源，建立和完善黨委領導、政府負責、社會協調和公眾參與的社會管理模式。更新管理理念，發揮基層黨組織和共產黨員服務群眾、凝聚人民的作用，發揮城鄉基層組織協調利益解決問題的作用，發揮社會團體、行業組織和社會仲介組織提供服務、反應需求和規範

---

① 田瑞華. 從社會管理到社會治理：中國共產黨治理社會的戰略選擇 [J]. 領導科學, 2016 (32): 26-28.

行為的作用，形成社會管理與社會服務之間的協同作用。」這次會議還對社會管理實體建設做出了重要的部署，明確了社會管理模式、思路和方法，強調發揮基層、社區的作用。以這次會議為起點，中國的社會管理模式有了較為明確的方向，即由黨、政府、社會組織多元化主體共同參與並逐步推進實踐，同時也可以看到中國社會管理的治理理念和思想逐步完善，初步形成了社會管理戰略[1]。

（三）第三階段（2006—2013年）：社會管理戰略的基本形成

黨的十六屆六中全會將社會管理作為一項戰略，分別從「改善社會管理，維護社會穩定有序」兩個層面展開表述，並對社會管理的重要內容進行了較為細化的部署，以完善社會管理。會議明確了政府社會管理職能、社會組織管理、社會關係協調、社會矛盾解決、應急管理、社會治安綜合治理和國家安全七大社會管理的主要目標[2]。會議確定了政府、社會組織與社區三個主體的主要職責，並提出了協調利益關係、完善應急管理體系、加強綜合社會治安管理和國家安全等關鍵任務。更重要的是，中共十七大報告的第八部分為社會管理工作提供了專項安排，包括信訪制度、社會組織管理、流動人口、安全生產等七大社會管理任務。黨的十七屆二中、三中、四中、五中、六中全體會議都注重社會管理的建設，提議要加強社會管理。黨的十七屆三中全會提出要加強對農村社會管理的建設，黨的十七屆四中全會提出要強化領導班子和領導幹部的社會管理能力[3]。這表明社會管理是黨的十六大以來黨中央一直高度重視的重要內容。

中國共產黨第十八次全國代表大會第一次將社會建設的內容定義為社會管理和民生兩個方面。會議提出了創新社會管理體制和體制機制創新的要求。與以往的戰略措施相比，這次主要新增了以下幾個方面的內容：加強社會管理法律、制度和機制、能力、人才隊伍和信息化的建設；加強企事業組織和

---

[1] 周紅雲. 中國社會管理體制改革：現狀、原因與方向 [J]. 甘肅行政學院學報, 2008（5）：17-22.
[2] 彭宅文. 社會建設的困境：生產主義與保護主義之間 [J]. 東岳論叢, 2013（7）：20-26.
[3] 趙雪峰. 論科學發展觀的社會管理思想 [J]. 理論月刊, 2011（5）：40-42.

人民群眾在社會管理與服務方面的責任；充分發揮群眾在社會管理中的基礎性作用等[1]。隨著歷屆重要會議對社會管理內涵的不斷完善，社會管理的內容也逐漸豐富起來。黨的十八屆二中全會部署並強調了一些具體任務，即改革社會組織管理制度，處理政府與市場、政府和社會的關係，充分發揮社會力量在社會事務中的作用[2]。到目前為止，社會管理的對象和主要任務已基本明確。中國共產黨從社會管理領域的制度建設、制度創新、制度完善、機制改革及能力提升等方面做出了舉措，逐步形成了社會管理的戰略體系和創新目標。可以說，社會管理的總體戰略已初步形成[3]。在黨的十八屆三中全會正式提出社會治理的理念之前，社會管理仍然是政府的重要職能[4]。

（四）第四階段（2014年至今）：提升社會管理戰略並確立社會治理戰略

黨的十八屆三中全會正式提出了社會治理的概念，但社會管理仍然是政府的重要職能。《中共中央關於全面深化改革若干重大問題的決定》提出了中央人民政府與地方人民政府的重要職責，社會管理作為地方人民政府的職責要求，也是促進政府購買服務的重要因素。在該文件中，社會治理是與經濟、文化和生態戰略等平行的獨立章節。創新社會治理體制主要包括改進社會治理方式、激發社會組織活力、創新有效預防和化解社會矛盾體制、健全公共安全體系四項任務。此次會議還前所未有地提出了四個堅持創新社會治理方式的原則：系統、源頭、依法和綜合施策。關於社會組織的發展，黨的以往會議已在宏觀層面上做出了戰略安排，本次會議則進行了詳細闡述，並從支持、脫鉤、重點培養等方面進行了細化，有利於指導社會組織的發展，加快心理干預機制及協調解決矛盾糾紛的綜合機制的建立，並首次提出了要對行政復議制度進行改革。

---

[1] 吳單，郭鳴. 堅持走民生為本的循環發展之路，建設美麗富裕新安康[N]. 安康日報，2013-04-30（1）.
[2] 彭文皓. 深入推進依法行政的路徑思考[J]. 中國工商管理研究，2015（1）：19-21.
[3] 田瑞華. 從社會管理到社會治理：中國共產黨治理社會的戰略選擇[J]. 領導科學，2016（32）：26-28.
[4] 吳曉燕，關慶華. 從管理到治理：基層社會網絡化管理的挑戰與變革[J]. 理論探討，2016（2）：147-152.

中共十八屆四中全會通過的決定，部署了社會治理領域相關戰略的法制建設，指出要加強社會組織立法，促進多層次、多領域的法治，推進社會治理制度創新和法制建設。黨的十八屆五中全會提出了要完善社會治理，建設人人共建的社會治理結構①。到目前為止，社會治理的戰略佈局逐漸演變為精細化、系統化的發展。社會管理戰略已經升級，社會治理戰略得以建立。一個多元互動、上下聯動、系統協調、公平法治的社會治理體系正在不斷完善、發展和創新②。黨的十八屆六中全會提出，處理中國事務的關鍵是黨，關鍵在於黨要管黨，從嚴治黨。黨要管黨必須從黨內政治生活管起，從嚴治黨必須從黨內政治生活嚴起。在中共十九大報告中，習近平總書記要求，加強社會治理制度建設，把社會治理重心下移到基層，發揮社會組織的作用，實現政府治理和社會調節與居民的自治良性互動。習近平總書記就加強和創新社會治理做出了重要指示，「要更加注重聯動融合、開放共治，更加注重民主法治、科技創新，提高社會治理社會化、法治化、智能化、專業化水準，提高預測預警預防各類風險能力」。黨的十九屆三中全會強調，深化黨和國家機構改革是新時期堅持和發展中國特色社會主義的必然要求，是加強黨的長期執政能力建設的必然要求③，是實現「兩個一百年」奮鬥目標、建設社會主義現代化國家、實現中華民族偉大復興的必然要求④。全體會議還審議通過了《中共中央關於深化黨和國家機構改革的決定》和《深化黨和國家機構改革方案》。

總之，從社會管理到社會治理，是一個逐步發展、改善和創新的過程，是一個歷史發展的過程，是對歷史和現實實踐的總結及完善，具有非常重大的戰略作用。

---

① 卞甜.新時代基層黨組織建設與創新社會治理的互動研究［J］.理論觀察，2018（5）：27-30.
② 田瑞華.從社會管理到社會治理：中國共產黨治理社會的戰略選擇［J］.領導科學，2016（32）：26-28.
③ 鞠增玉.提高政治站位 強化使命 擔當不折不扣貫徹落實地方機構改革［J］.中國機構改革與管理，2018（8）：15-17.
④ 鄧子綱，賀培育.論習近平高質量發展觀的三個維度［J］.湖湘論壇，2019，32（1）：13-23.

第一章 總論

第三節 社會治理制度變遷的歷史階段分析

自 1949 年中華人民共和國成立以來，隨著中國經濟的發展和社會的進步，中國對社會的管理已經從傳統的社會管理體制轉變為社會治理體制。根據國家與社會的關係和主要的管理方法，我們可以根據時間維度將社會治理變遷劃分為兩個主要時期以及四個階段。

兩個主要時期是根據宏觀維度來劃分的。以 1978 年為界，中華人民共和國成立以來社會治理體系的演變可以劃分為兩個主要時期。第一個是 1949—1978 年，也就是改革開放前的 30 年。1949—1978 年，是政府全能的傳統社會管理體制的形成和鞏固時期。其主要特點是：單位制、街居制和人民公社制的建立及鞏固；計劃經濟的形成及強化，以及全面的政府管理模式。第二個是從 1979 年到現在，即改革開放後的 40 年是第二個階段。它的特點是市場經濟的建立和完善，從單位制到社區制的演變，形成了由政府主導的多中心治理模式[1]。

自中華人民共和國成立以來，中國社會治理體系的歷史演變大致可分為兩個主要階段：單位制、街居制和人民公社制（1949—1978 年）；社區制（1979 年到現在）。其歷史演變的基本邏輯如表 1.3 所示。

如表 1.3 所示，這四個階段是針對兩個歷史時期的進一步細分。1978 年改革開放前的第一個階段是傳統政府主導的社會管理體制時期；從 1979 年到 1992 年是第二個階段，是傳統社會管理體制逐步崩潰的時期；1993 年至 2013 年 10 月是第三個階段，是從政府主導的社會管理體制向現代社會治理體制轉變的階段。自 2013 年 11 月第十八屆中央委員會第三次全體會議以來，是第四個階段，即社會治理體制建設和發展的新時期。

---

[1] 戴長徵，鮑靜. 數字政府治理——基於社會形態演變進程的考察 [J]. 中國行政管理，2017（9）：21-27.

表 1.3　社會治理體系演變結構圖

時間		經濟體制	國家和社會的關係	管理體制的結構	功能	管理的主體	歷史分割
1949—1978 年		計劃經濟	國家和社會的高度重合	單位制、街居制、人民公社制	動員控制穩定服務	政府單一化	傳統政府主導的社會管理體制時期
1979 年至今	1979—1992 年	市場經濟	國家與社會的逐步分離、公民社會的興起	社區制	參與、協商，更加關注服務	政府、社區、社會組織等多中心協同治理	傳統社會管理體制逐步崩潰時期
	1993—2013 年 10 月						政府主導型體制向現代社會治理體制轉變時期
	2013 年 11 月至今						社會治理體制的建設和發展時期

資料來源：陶林.社會治理體制的歷史演變和當代啟示［J］.山東農業工程學院學報，2017，34（1）：73-81.

一、1949—1978 年，傳統政府主導的社會管理體制時期：單位制、街居制和人民公社制

中華人民共和國成立以後，逐步建立了以單位制為基礎的管理體制，並輔以基層管理（「街道居住體系」）。1958 年後，人民公社從河南新鄉傳到全國。國家通過單位的組織形式管理員工，通過街居體系管理社會閒散人員及社會優撫對象等，從而實現對城市所有成員的控制和整合，實現社會穩定和鞏固政治權力的目標[1]。人民公社既是一個生產單位，也是一個準軍事和政治化的組織，幾十年來影響了中國的農村發展。此階段社會治理的主要特徵如下：

（一）國家和社會之間高度重合

中華人民共和國成立後，中國建立起了計劃經濟體制，中國在社會管理

---

[1] 何海兵.中國城市基層社會管理體制的變遷：從單位制、街居制到社區制［J］.管理世界，2003（6）：52-62.

體制上也模仿蘇聯模式，逐步形成城鄉二元社會結構[①]。在政府和社會的關係上，它具有高度行政化的特點，並且政社不分現象也大量存在，形成了國家—單位—個人的政府全能管制型的管理模式。在這種時代背景下，國家成為社會管理的唯一主體。社會的每個成員都是國家行政和政治體系的一部分：在城鎮，每個人都和單位相關聯；在農村，每個人都是生產團隊和人民公社的一員。國家通過行政手段等方式來管理每個社會成員。當時的社會完全依賴並隸屬於政府，很少有屬於自己的空間[②]。1958年以後，人民公社在全國各地盛行，自此影響了中國農村發展數十年。在城市裡，已經形成了以戶籍制度、單位制和街道居住制度為主要方式的城市管理機制。中國城市管理逐步形成了政府無所不能的社會管理體制：以單位制為主，街居制為補充。該系統的形成和施行反應了國家與社會之間的高度重疊。

（二）管理體制結構是單位制、街居制和人民公社制

中華人民共和國成立以後，逐步建立起了以單位制為基礎的管理體制，並以基層區域管理（「街道居住體系」）為輔[③]。1958年以後，人民公社制又從河南新鄉傳遍全國。

1. 單位制

單位制是中華人民共和國成立後社會管理的產物，這和當時的時代背景是分不開的[④]。計劃經濟體制的建立，要求建立特殊的組織形式，單位制應運而生。它具有政治、經濟和社會的三重功能。它的特點是行政性、單調性及保守性。單位制在當時的社會整合中發揮了重要作用。單位制的產生並非偶然，具有相應的時代背景。

（1）經驗的慣性。中國共產黨從「農村包圍城市」武裝奪取國家政權

[①] 姚宏志.從「敢治」「能治」到「善治」——建國後中國共產黨治國理念的躍進[J].安徽師範大學學報（人文社會科學版），2007（6）：625-629.
[②] 王春光.加快城鄉社會管理和服務體制的一體化改革[J].國家行政學院學報，2012（2）：90-94.
[③] 王春光.加快城鄉社會管理和服務體制的一體化改革[J].國家行政學院學報，2012（2）：90-94.
[④] 青連斌.改革開放是中國社會巨變的根本動力[J].北京社會科學，2009（1）：20-23.

後，工作重心也隨之轉移到了城市。然而，我們黨在管理城市社會方面的經驗比較缺乏。面對怎樣組織人民進行社會主義建設及促進社會主義發展的問題，我們黨只能從過去的軍事組織經驗中找尋蛛絲馬跡。在戰爭年代，我們黨建立了專門的管理制度，即「公共家庭成員」的管理模式。所有的公職人員，包括黨組織成員、軍隊及公共單位中的成員，都是該供應體系的實施對象，範疇延伸到服裝、食品、住房、交通、學習、衛生、老年、疾病、死亡、殘疾等，並根據個人職責和資格設定不同水準的供應標準。這種制度使我們黨和軍隊保持了強大的戰鬥力，最終取得了了不起的勝利。中華人民共和國成立以後，儘管已經把實施多年的供給制度逐步轉變成了工資制度，但「公共家庭成員」的管理模式已經通過單位制得到了擴展[1]。不僅如此，在「大躍進」時期，我們黨還將這種社會管理形式推廣到了全國，在城鄉掀起了浩浩蕩蕩的人民公社化運動。

（2）現實的壓力。中華人民共和國成立後，中國共產黨面臨從晚清時期開始的整個中國政治解體與社會解組相結合的「總體性危機」[2]。一方面，在晚清之後，中國陷入了外敵入侵和軍閥混戰導致的混亂局面。中央政府的權威日漸式微，現代化也舉步維艱[3]。另一方面，傳統的社會秩序也被破壞，整個社會陷入了前所未有的混沌狀態，人民的力量陷入「一袋馬鈴薯」的狀態，無法完全凝聚。要結束這種混亂的局面，恢復良好的社會秩序，把中國經濟及政治的發展放在正常的軌道上，首要任務就是組織全社會的力量，建立起有效的組織體系。因此，單位制成為當時最好的抉擇。

（3）理想的要求。經過多年的戰爭，剛剛獲得新生的中國滿目瘡痍，加上當時資源匱乏，以及中國人口眾多的現實情況，中國當時面臨嚴峻的形勢。但是，為了盡快證明社會主義的優越性，早日進入共產主義社會，中國必須從上到下一條心，盡快擺脫落後的局面，要在最短的時間內建立起自己的比

---

[1] 周翼虎. 中國單位制度 [M]. 北京: 中國經濟出版社, 1999: 41.
[2] 孫立平. 「自由流動資源」與「自由活動空間」: 論改革過程中中國社會結構的變遷 [J]. 探索, 1993 (1): 64-68.
[3] 楊麗萍. 論新中國成立初期上海的城市接管 [J]. 毛澤東鄧小平理論研究, 2015 (5): 63-68.

較完善的工業化體系。迅速發展，達到甚至超越發達國家的水準，是我們的偉大理想。要實現這一理想，必須有強有力的動員機制和管控機制，將全國俗大的人口和有限的資源匯集在一起，因此對單位制的選擇成為理所當然[①]。

2. 街居制

如前文所述，在傳統的計劃經濟體制時期，中國的社會管理主要是以單位管理為基礎，以基層區域管理為輔助[②]。區域管理主要通過街道辦事處和居民委員會這兩個組織來實施，這通常被稱為街道居住制，即街居制。街道居住制經歷了 50 多年的發展和變革，但它始終起著政府的「腳」的作用，只是被動地執行上級分派的任務。街道居住制有相應的演變過程。

中國街居制的發展主要經歷了四個階段：

（1）初始階段。中華人民共和國成立後，黨和國家工作的重心開始從農村轉向城市。為了加強對城市的管理及鞏固城市政權，中國大多數城市都出現了街道組織和居委會。1950 年 3 月，天津根據當地居民的生活情況建立了居民委員會，這開啓了中國城市居委會的歷史新篇章[③]。1953 年，彭真同志向中央人民政府提交了《關於城市街道辦事處和居民委員會組織和經費問題的報告》，報告提倡：「必須建立街道居民委員會。它是一個群眾自治組織，而不是一個政治組織，它不是政權組織在下面的『腿』。」同時，為了將眾多非工廠、企事業組織及學校的無組織街道居民有效組織起來，為了減輕區政府和派出所的負擔，有必要建立市/區政府的派出機關，即街道辦事處[④]。1954 年第一屆全國人民代表大會常務委員會第四次會議通過了《城市街道辦事處組織條例》和《城市居民委員會組織條例》。根據規定，街道辦事處的任務是處理市、市轄區人民委員會有關居民工作的交辦事項，指導居民委員會的相關工作。居民委員會的任務是處理居民的公共事務，動員居民回應政府

[①] 何海兵. 中國城市基層社會管理體制的變遷：從單位制、街居制到社區制 [J]. 管理世界，2003（6）：52-62.
[②] 丁惠平.「國家與社會」分析框架的應用與限度——以社會學論域中的研究為分析中心 [J]. 社會學評論，2015（5）：15-23.
[③] 高中偉. 新中國初期城市居民委員會性質與作用歷史分析 [J]. 學術論壇，2011（11）：201-205.
[④] 馬奇柯. 中國社區思想政治教育的形成和發展 [J]. 理論月刊，2007（5）：183-185.

的號召，調節居民間的衝突等①。

（2）擴展階段。1958年發起的「大躍進」和「人民公社」運動迅速擴大了街道機構的功能。1960年4月，城市人民公社進行了試驗，「政社合一」得以實施。事實上，這是黨、政府和社會的高度一體化，街區權力達到了前所未有的集中程度，街道內的所有權力幾乎都由黨來控制。那個時候，街道裡的兩個派出所、兩個菜市場、住房管理辦公室、糧食管理辦公室和街道上的當地醫院都接受了街道黨委的統一領導。街道辦事處的組織達到5個，分別負責文化和教育保健、生產和生活、食用油和食品等工作，有39名工作人員。人民公社作為一級政治組織、社會生活組織和經濟生活組織，在其管轄的街道範圍內，全面落實基層行政管理工作，擔負醫療、文化、教育和社會福利、社會服務及社會救濟等功能。然而，由於「大躍進」的結束，這一體制持續時間並不長。

（3）曲折階段。在1966年到1976年的「文化大革命」時期，街居系統遭到嚴重破壞。受到極左路線的影響，一些居民委員會領導被視作「當權派」。隨著各級「革命委員會」的成立，街道辦事處被重組為街道「革命委員會」。居委會也更名為「革命居民委員會」。其主要任務是抓階級鬥爭，這嚴重偏離了為人民服務的方向②。

（4）恢復發展階段。1978年黨的十一屆三中全會後，街居制得到恢復及迅速發展③。

3. 人民公社制

人民公社是中國社會主義社會的基層單位，是工業、農業、商業、教育及軍事的結合，自1958年被引入。其主要特點有兩個：公社規模大，便於大規模的綜合生產建設；公有化程度高，人民公社更具集體化的特徵。到了1962年，形成了「三級所有，隊為基礎」的體制，並應用至20世紀80年代。

---

① 楊宏山. 合作治理與城市基層管理創新 [J]. 南京社會科學，2011（5）：74-77.
② 何海兵. 中國城市基層社會管理體制的變遷：從單位制、街居制到社區制 [J]. 管理世界，2003（6）：52-62.
③ 焦亦民. 中國城市社區體制改革創新及其發展前景 [J]. 甘肅社會科學，2013（3）：147-150.

人民公社制度是對多種系統功能的整合。從其承擔的社會管理和經濟發展的功能來看，至少包括農產品購銷、農業機械服務、農業技術服務、治安管理等。我們可以將人民公社整合的系統功能分為三大類。第一，水準集成的協作系統功能。這是「三級所有，隊為基礎」的集體化生產經營體系[①]。首先，它指的是基於土地集中和生產經營集體安排的生產合作。其次，它還包括公社和大隊幹部對其下屬的生產經營單位的干預及資源分配。最後，它是一個社隊企業。第二，縱向一體化的合作系統功能，即涉及城鄉聯繫的組織，如供銷合作社等，有些地方還包括農業技術和農業機械。第三，是通過和農民的合作，承擔社隊內公共產品供給的系統功能，如醫療、教育、基礎設施建設、法律和秩序等。前兩種系統功能整合有助於農村經濟管理的計劃化。後一種以農民合作的形式提供農村公共產品的系統功能整合工作，就是所謂的「農民辦自己的事情」。

在這一階段，人民公社制度對中國帶來了巨大影響，也帶來了巨大的危害。因此，1983年年底，中共中央、國務院《關於實行政社分開建立鄉政府的通知》出抬及落實，人民公社的建制被撤銷[②]。

(三) 管理的主體單一化

在這一階段，管理的主體是政府。孫立平指出，1949年後，中國內地創建了一個總體性社會，也就是一個結構分化程度較低的社會。在這樣的一個社會裡，國家全面壟斷了經濟及各種社會資源，國家權力完全控制社會[③]。而總體性社會是通過單位制這個仲介而形成的。具體而言，首先，憑藉嚴謹的單位組織體系，國家的動員能力非常強，可以動員覆蓋全國的人力及物力來實現一定的經濟建設及國家發展的目標。其次，單位制是高度組織化的。過去的「國家—民間精英—群眾」的三層結構變為「國家—群眾」的兩層結

[①] 沈達尊. 論中國農業保險體制與從業人員培育 [J]. 中國農村經濟，1994 (6)：19-24.
[②] 範逢春. 改革開放以來的社會治理創新：一個偉大進程 [J]. 人民論壇 (學術前沿)，2019 (3)：66-73.
[③] 中國戰略與管理研究會社會結構轉型課題組. 中國社會結構轉型的中近期趨勢與隱患 [J]. 戰略與管理，1998 (5)：1-17.

構。人民直接受轄於國家,因此國家可以直接向人們傳遞各種資訊。但人民沒有有效的形式來實現自下而上的溝通,社會秩序的維護完全取決於國家控制的強度。最後,單位使所有的社會生活變得行政化,社會的各個分支缺乏獨立運行的條件。單位制推動的總體性社會已經克服了舊中國「一盤散沙」的總體性危機。然而,隨著中國社會轉型的到來,單位制的弊端也慢慢顯露出來,總體性社會也走到了盡頭①。

1949年以後在中國建立的總體性社會是基於對社會資源的整體控制及壟斷②。城鄉關係就是這種總體性社會的產物及表現形式。在「總體性社會」時代,國家已成為社會管理和服務的唯一主體,社會的每個成員都是國家政治及行政制度的一部分③。

二、1979—1992年,傳統社會管理體制逐步崩潰時期:社區制開始顯現

從1979年到1992年,伴隨著改革開放的深入,在這十多年裡,中國社會發展迅速,在社會治理方面主要表現出了以下特點:

(一) 國家和社會的關係開始鬆動

黨的十一屆三中全會做出了重大決策,強調要堅持以經濟發展為中心,大力推進改革開放。至此,國家與社會的關係開始鬆動,國家也開始放鬆了對社會的控制。在改革中,政府下放了決策權限,更多地放權於社會,放權於企業,讓社會組織承擔了更多的職責。在城市裡,單位制逐漸瓦解,單位成為一個純粹的工作場所。私營、民營經濟和外資經濟快速發展,進一步削弱了單位的功能。

---

① 胡健. 知識、制度、利益:理解中國改革的三個維度 [J]. 華東師範大學學報(哲學社會科學版), 2013, 45 (1): 109-121.
② 王春光. 加快城鄉社會管理和服務體制的一體化改革 [J]. 國家行政學院學報, 2012 (2): 90-94.
③ 孫立平. 從政治整合到社會重建 [J]. 瞭望, 2009 (36): 26-29.

20世紀90年代中期，中國進行了企業改革。國有企業原來承擔著非常多的社會功能，企業組織沒有生命力，發展效率低下。在農村裡，中國實施了農村家庭聯產承包責任制，傳統的人民公社制度逐漸瓦解，村民自治也隨之出現。中國一些農民開始嘗試經營鄉鎮企業。同時，由於農村勞動力過剩，因此大量農村人口開始湧進城市，城市人口劇增，在20世紀90年代初還形成了一股農民工進城的潮流。村莊已開始形成村民自治，城市有了社區自治[①]。

(二) 傳統的單位制和街居制的弊病日漸顯露

隨著中國的快速發展，傳統的單位制和街居制暴露出的缺陷也越來越明顯，它們對社會人員的管理過於嚴格。國家權力的無限擴張，國家與社會的高度統一，公民的自由流動受到了限制，被束縛在單位內部，整個社會活力缺失；單位成為政治、經濟和社會功能高度統一的組織。這些組織承擔著沉重的社會保障負擔，企業辦社會運作效率較低，成為市場經濟改革的阻礙。自改革開放以來，隨著國家與社會關係的逐步鬆動，單位制和街居制模式逐漸轉向單位制、街居制和社區制並存的模式。1992年，鄧小平的南方談話被視作新時期解放思想的宣言書。與此相對應的是自20世紀90年代以來中國社區建設的興起[②]。

(三) 社區制開始成為城市社會治理的重要機制

社區是國家和社會的基本單位，是特定地理區域內人們社會生活的共同體，它的基本組成要素包括人、組織、地區及關係。社區制是通過社會組織及社會職能的專業化分工，在社區建設過程中科學劃分政府組織、社會組織、社會仲介組織等之間的權責關係。由於社會的進步，中國由之前的單位制、街居制轉變為社區制顯得尤為必要。社會的發展，使得以傳統單位制為主要手段的社會管理模式和以政府為中心的管理模式已經不能滿足社會發展的需要。中國的社會發展進入了一個轉型期。這裡的社會轉型特指從計劃經濟體

[①] 崔麗霞. 從單位制到社區制——對中國城市社區管理方式的探索 [J]. 經濟研究周刊，2009 (18)：199-200.

[②] 梁廣大. 回憶鄧小平一九九二年視察珠海 [J]. 中共黨史研究，2002 (3)：23-28.

制轉向市場經濟體制。社會轉型的變化帶來了社會經濟結構、組織結構及意識形態等的變化，給傳統的社會管理體制帶來了新的挑戰[①]。然而，由於傳統計劃經濟的歷史影響力，當時仍處於單位制、街居制和社區制並存的狀態。因此在這一階段，社區制的整體發展仍然不成熟。

三、1993—2013 年 10 月,從政府主導型社會管理體制向現代社會治理體制演變時期：多元治理凸顯

1992 年，中國共產黨第十四次全國代表大會正式提出建立社會主義市場經濟體制的目標，經濟發展的轉變也促使社會管理的改革，建立和社會主義市場經濟相配套的社會管理體制顯得尤為必要[②]。1993 年，第十四屆中央委員會第三次全體會議通過的《中共中央關於建立社會主義市場經濟體制若干問題的決定》提出，政府經濟管理部門必須要轉變職能，加強對政府的社會管理職能的建設，確保國民經濟的健康運行，維護良好的社會秩序。1998 年，《關於國務院機構改革方案的說明》強調，政府職能應有效轉變到宏觀調控、社會管理和公共服務上來。這也是「社會管理」一詞首次出現在黨的重要文件中。在這段時期，已建立的社會團體和社會組織正逐步積極參與到經濟和文化事務中，已經成為基層社會管理主體的關鍵補充。社會管理的主體已經從以黨和政府為中心的「單一主體」向政府、社會組織、社區單位和企業等「多元主體」的善治方向發展。政府已從單一管理轉向多元化管理，從基本依靠規劃控制轉變為依靠市場監管，全面運用各種行政手段、發展社會仲介組織實現社會管理目標。如何讓政府「掌好舵」、讓社會「划好槳」、讓公民「乘好船」，成為社會主義市場經濟條件下國家治理與制度建設的核心問題[③]。

自黨的十六大以來，政府積極探索社會管理模式，在改進管理方法和創

[①] 唐愛軍. 意識形態轉型的理論闡釋——基於當代中國語境的考察 [J]. 教學與研究, 2015 (7): 16-22.

[②] 雷洪. 社會轉型與社會管理觀念的轉變 [J]. 社會, 2018, 38 (6): 34-45.

[③] 李卓琦. 走向善治：社會治理的最終目標 [N]. 中國社會科學報, 2017-01-20 (6).

新社會管理模式方面取得了重大進展。2004年,黨的十六屆四中全會首次提出了建立和完善黨委領導、政府負責、社會協同、公眾參與的社會管理模式。這一指示擴大了政府服務的範圍,形成了社會管理和服務之間的協同,使政府向著「努力建設服務型政府」的政治目標努力前進,這在一定程度上體現了善治的基本趨勢[①]。2006年,黨的十六屆六中全會提出了具體辦法來加強社會管理。會議指出,加強社會管理、維護社會安定有序是構建社會主義和諧社會的內在要求,要創新社會管理體制,整合社會管理資源,提升社會管理水準,在服務中實施管理,在管理中體現服務。2007年,中國共產黨第十七次全國代表大會強調要完善社會管理模式和基層社會管理體制,提出三個「最大限度」的新要求,體現了黨的社會管理思想在逐步走向成熟。

2004年,黨的十六屆四中全會提出「加強社會建設和管理,促進社會管理體制創新」「建立和完善黨委領導、政府負責、社會協同、公眾參與的社會管理格局」。黨的十七大再次強調了這一格局。在2012年,黨的十八大強調要加強社會建設,必須加快社會體制改革;建設中國特色社會主義的社會管理體制,加快形成黨委領導、政府負責、社會協同、公眾參與、法治保障的社會管理體制。因此,此階段的社會管理需要黨委、政府、社區和社會組織等多方參與,多元治理特徵凸顯。

四、2013年11月以來,形成共建共治共享的現代社會治理格局的時期

2013年11月,中共十八屆三中全會重點關注完善和發展中國特色社會主義制度,以推進國家治理體系和國家治理能力現代化為全面深化改革的總體目標,要求加快政府職能轉變,提升政府公信力和執行力,建立法治政府和服務型政府,並專門部署創新社會治理的任務。自此,「社會治理」一詞正式出現在黨的文件中。從社會管理到社會管理創新再到創新社會治理,這一系

---

① 李卓琦. 走向善治:社會治理的最終目標[N]. 中國社會科學報,2017-01-20(6).

列概念和論述的演變說明，中國的社會治理體系已進入一個新的時代，指明了社會管理體制未來演變的發展方向，也就是要從最初的政府包辦一切向政府主導、社會協同和公眾參與的社會治理模式轉變。黨的十八大以來，以最廣大人民的利益為根本，創新社會治理體制，改進社會治理方法，構建全民共建共治共享的社會治理格局是社會治理目標、理念、方式的顯著特徵，體現了政府與社會、政府和公民共同治理社會事務、共享改革發展成果的善治的本質特徵。以人民對美好生活的渴望為奮鬥目標，改善民生，實現發展成果由人民共享，是走向善治的應有之義①。

　　2014年6月4日，李克強總理主持召開國務院常務會議，確定了進一步簡政放權的措施②。2016年5月9日，國務院召開全國電視電話會議，李克強總理就推動放管服改革發表了重要講話。在《2017年國務院政府工作報告》中，李克強總理提議繼續推進簡政放權、放管結合、優化服務，不斷提高政府效率和效能。李克強總理極其堅定地說：「『放管服』改革實質是政府自我革命，要削手中的權、去部門的利、割自己的肉。計利當計天下利，要相忍為國、讓利於民，用政府減權限權和監管改革，換來市場活力和社會創造力釋放。以捨小利成大義、以犧牲『小我』成就『大我』。」③ 黨的十九大報告提出，新時代中國特色社會主義的基本思想之一就是：「堅持在發展中保障和改善民生。增進民生福祉是發展的根本目的。必須多謀民生之利、多解民生之憂，在發展中補齊民生短板、促進社會公平正義，在幼有所育、學有所教、勞有所得、病有所醫、老有所養、住有所居、弱有所扶上不斷取得新進展，深入開展脫貧攻堅，保證全體人民在共建共享發展中有更多獲得感，不斷促進人的全面發展、全體人民共同富裕。建設平安中國，加強和創新社會治理，維護社會和諧穩定，確保國家長治久安、人民安居樂業。」④

---

① 李卓琦. 走向善治：社會治理的最終目標 [N]. 中國社會科學報，2017-01-20 (6).
② 王春光. 加快城鄉社會管理和服務體制的一體化改革 [J]. 國家行政學院學報，2012 (2)：90-94.
③ 邵景均. 把「放管服」改革做實做深做細 [N]. 貴陽日報，2018-08-27 (A7).
④ 黃凰，侯雲龍. 社會治理視域下社區廣場舞管理策略 [J]. 江西社會科學，2019 (3)：235-240.

習近平同志在黨的十九大報告中指出：「中國特色社會主義進入新時代，中國社會主要矛盾已經轉化為人民日益增長的美好生活需要和不平衡不充分的發展之間的矛盾。」[1] 在這一背景下，報告強調「加強和創新社會治理」「打造共建共治共享的社會治理格局」，為新時代中國國家治理和社會治理指明了發展方向。從「管理」到「治理」，中國共產黨執政理念實現了重大轉變[2]。十九大報告進一步提出，「打造共建共治共享的社會治理格局。加強社會治理制度建設，完善黨委領導、政府負責、社會協同、公眾參與、法治保障的社會治理體制，提高社會治理社會化、法治化、智能化、專業化水準」。這為新時期的社會治理指明了方向，提出了更加清晰、完整、符合社會發展趨勢的思路和要求。說到底，為了更好地滿足人民群眾日益增長的美好生活的需求，社會治理創新必須沿著社會化、法治化、智能化、專業化的方向前行，通過「治理」，實現「善治」——人人盡責，人人享有；使人民的獲得感、幸福感、安全感更加充實、更有保障、更可持續[3]。

第四節　本書的議題、研究思路和資料來源

一、本書的議題

本書主要基於社會變遷的視角，對中華人民共和國成立以來至今的社會治理變化進行綜述。通過文獻歸納以及對各個階段的治理脈絡進行梳理，本書將中華人民共和國成立以來至今的社會治理制度的變遷較為清晰地呈現

---

[1] 李宏偉. 中國特色社會主義新時代的本質特徵 [J]. 江漢論壇，2019（1）：5-10.
[2] 魏禮群. 習近平社會治理思想研究 [J]. 中國高校社會科學，2018（4）：4-13.
[3] 程暉. 使民人獲得感幸福感安全感更加充實更有保障更可持續 [N]. 中國經濟導報，2017-10-21（1）.

出來。

本書的議題涉及社會組織、自組織、貧困治理、基層社區治理、社會矛盾治理等內容（見表1.4）。涵蓋領域較為寬泛，涉及面廣。對這些議題的闡釋，能夠更加清楚地揭示中國社會治理的基本狀況，並且使讀者能夠從更加宏觀的角度瞭解中國各個階段治理的基本情況，從而為目前及將來的社會治理提供借鑑。

表1.4　本書議題

主要議題	議題內容
社會組織	社會組織的界定及制度變遷
社區自組織	社區自組織的內涵、意義及制度變遷
貧困治理	農村貧困和城市貧困的界定及其變遷
基層社區治理	城市和農村社區變遷及其治理制度變遷
老齡治理	老齡治理的內容、實質和制度變遷
社會矛盾治理	社會矛盾的界定及其治理的變遷
社會治理方式創新	社會治理方式、演進、智能化

二、基本研究思路

本書的基本研究思路具體如下：

（1）以時間為主軸。本書的主線就是沿時間軸展開的。比如在文章的第一章至第八章，都基本上是按照中華人民共和國成立後到改革開放前、改革開放以後到21世紀初、21世紀初至今的時間脈絡，對各個議題的對應階段的基本情況進行了匯總說明，這樣有利於讀者更好地感受中國的社會治理在各個階段的狀況，以及瞭解整個社會治理制度的具體變遷情況。

（2）以空間為輔軸。由於社會治理的範圍較廣，本書在具體的章節對社會治理進行了空間的細分，分為城市治理和農村治理兩大部分。本書以空間為輔軸。比如第四章貧困治理部分，將中國的貧困分為城市貧困和農村貧困

兩部分，分別進行歸納和說明，並將貧困治理分成城市貧困治理和農村貧困治理兩個板塊進行闡述。第五章基層社區治理，將社區分為農村社區和城市社區兩個部分，將社區治理又分為農村社區治理和城市社區治理兩個部分。第六章老齡治理，也是將老齡治理分成城市老齡治理和農村老齡治理兩個板塊。

三、資料來源

本書資料主要有如下幾種來源：

（1）相關文獻。本書對中華人民共和國成立初期到現在的社會治理情況進行梳理。第一章總論，收集整理了1993年至今的關於社會管理和社會治理的相關文獻，並對其進行了梳理，得出了其變遷有四個階段的結論。第二章社會組織，對社會組織的制度變遷進行了詳細的文獻研究，指出了其發展的四個階段。第三章社區自組織，通過收集整理文獻，論述了社區自組織的內涵和意義及發展概況和制度變遷等內容。第四章貧困治理，通過收集改革開放以前及以後的中國的城市貧困及其治理和農村貧困及其治理的相關文獻，歸納總結出本部分的核心內容。第六章老齡治理，通過對中華人民共和國成立以來至今的老齡治理狀況進行歸納總結，論述了老齡治理的概要、相關制度變遷等內容。

（2）相關數據。第三章社區自組織，通過對中國農業科學院發布的《2017年中國農民專業合作社發展回顧與展望》的數據進行分析，並繪製了折線圖，揭示出中國農民合作社的增長情況。第四章貧困治理通過對國家統計局《勞動和社會保障事業發展統計公報》（1993—2005年）的數據進行整理，並繪製了折線圖，以反應中國在1993年至2002年的城鎮登記失業人數及失業率情況。

（3）訪談資料。訪談法是根據被訪問對象的口頭闡述來收集客觀的、公正的事實材料，從而獲得應用資料的一種方法。如本書的第七章社會矛盾治理的案例部分，選擇了漢源縣大樹鎮的社會矛盾治理的案例。案例的部分內容資料是通過和當地的居民進行訪談而得到的，案例具有真實性和可靠性。

本章參考文獻

［1］JEAN PIERRE GAUDIN. Modern governance, yesterday and today: some clarifications to be gained from French government policies［J］. International Social Science Journal, 1998, 50（155）: 47-56.

［2］LYNN L E, HEINRICH C J, HILL C J. Improving governance : a new logic for empirical research［J］. Journal of Politics, 2003, 65（1）: 279-281.

［3］JAMES N ROSENAU, ERNST OTTO CZEMPIEL. Governance without government: order and change in world politics［M］. Cambridge: Cambridge University Press, 1995.

［4］JAN KOOIMAN, M VANVLIET. Governance and public management［M］// K A ELIASSEN, JAN KOOIMAN. Managing public organization: lessons from contemporary European experience. London: Sage Publication, 1993.

［5］The Commission on Global Governance. Our global neighbourhood: the report of the Commission on Global Governance［R］. London: Oxford University Press, 1995.

［6］BOB JESSOP. The rise of governance and the risks of failure: the case of economic development［J］. International Social Science Journal, 1998, 50（155）: 29-45.

［7］王紹光. 治理研究：正本清源［J］. 開放時代, 2018（2）: 153-176.

［8］童星, 趙夕榮.「社區」及其相關概念辨析［J］. 南京大學學報（哲學·人文·社會科學版）, 2006（2）: 67-74.

［9］雷梅, 段忠賢. 地方社會治理工作滿意度影響因素研究——基於貴陽市網格化服務管理的實證調查［J］. 貴州師範學院學報, 2018, 34（8）: 69-74.

［10］楊冬梅. 創新社會治理需要激發社會組織活力［N］. 黑龍江日報,

2014-01-14（12）.

　　[11] 趙建明、胡欣. 為人民群眾安居樂業創造良好的社會治安環境[N]. 遼寧日報, 2005-08-26（1）.

　　[12] 習近平. 切實把思想統一到黨的十八屆三中全會精神上來[N]. 人民日報, 2014-01-01（2）.

　　[13] 師澤生, 李猛. 中國的社會管理創新走向[N]. 學習時報, 2010-08-02（3）.

　　[14] 宋貴倫. 社會治理現代化建設背景下的目標導向[J]. 社會治理, 2017（6）: 13-15.

　　[15] 楊宜勇. 黨的十八大以來的社會治理理論創新和實踐成就[J]. 社會治理, 2017（7）: 9-12.

　　[16] 鄭寧波. 社會管理創新視域下提升政府公信力研究[J]. 西北農林科技大學學報（社會科學版）, 2004（3）: 149-153.

　　[17] 鄭鈞蔚. 社會治理理論的基本內涵及主要內容[J]. 才智, 2015（5）: 262.

　　[18] 丁元竹. 當前中國社會管理面臨的主要問題及其政策選擇[N]. 學習時報, 2007-05-14（4）.

　　[19] 張亞強. 農村剩餘勞動力轉移就業的現狀及成因分析[J]. 理論導刊, 2009（11）: 70-72.

　　[20] 新華社. 為什麼要創新社會治理體制?[J]. 西部大開發, 2014（5）: 70-71.

　　[21] 種效博. 社會管理到社會治理的嬗變[J]. 行政科學論壇, 2014（6）: 9-12.

　　[22] 趙孟營. 從新契約到新秩序: 社會治理的現代邏輯[J]. 北京大學學報（哲學社會科學報）, 2015（2）: 106-114.

　　[23] 邵光學, 劉娟. 從「社會管理」到「社會治理」——淺談中國共產黨執政理念的新變化[J]. 學術論壇, 2014, 37（2）: 44-47.

　　[24] 周紅雲. 中國社會管理體制改革: 現狀、原因與方向[J]. 甘肅行

政學院學報，2008（5）：17-22.

[25] 彭宅文. 社會建設的困境：生產主義與保護主義之間 [J]. 某叢，2013（7）：20-26.

[26] 趙雪峰. 論科學發展觀的社會管理思想 [J]. 理論月刊，2011（5）：40-42.

[27] 鄭杭生，徐曉軍，彭揚帆. 社會建設與社會管理中的理論深化與實踐創新——訪中國人民大學鄭杭生教授 [J]. 社會主義研究，2013（3）：1-9.

[28] 吳單，郭鳴. 堅持走民生為本的循環發展之路，建設美麗富裕新安康 [N]. 安康日報，2013-04-30（1）.

[29] 彭文皓. 深入推進依法行政的路徑思考 [J]. 中國工商管理研究，2015（1）：19-21.

[30] 吳曉燕，關慶華. 從管理到治理：基層社會網絡化管理的挑戰與變革 [J]. 理論探討，2016（2）：147-152.

[31] 石晶. 社會治理視域下江蘇基層協商民主制度化研究 [J]. 中共南京市委黨校學報，2016（2）：95-98.

[32] 卞甜. 新時代基層黨組織建設與創新社會治理的互動研究 [J]. 理論觀察，2018（5）：27-30.

[33] 鞠增玉. 提高政治站位，強化使命擔當不折不扣貫徹落實地方機構改革 [J]. 中國機構改革與管理，2018（8）：15-17.

[34] 鄧子綱，賀培育. 論習近平高質量發展觀的三個維度 [J]. 湖湘論壇，2019，32（1）：13-23.

[35] 郭風英. 體制涅槃：從社會管理到社會治理——基於國家與社會視角下的理論探索 [J]. 求實，2016（2）：90-96.

[36] 楊麗萍. 論新中國成立初期上海的城市接管 [J]. 毛澤東鄧小平理論研究，2015（5）：63-68.

[37] 丁惠平.「國家與社會」分析框架的應用與限度——以社會學論域中的研究為分析中心 [J]. 社會學評論，2015（5）：15-23.

［38］高中偉.新中國初期城市居民委員會性質與作用歷史分析［J］.學術論壇,2011(11):201-205.

［39］戴長徵,鮑靜.數字政府治理——基於社會形態演變進程的考察［J］.中國行政管理,2017(9):21-27.

［40］馬奇柯.中國社區思想政治教育的形成和發展［J］.理論月刊,2007(5):183-185.

［41］楊宏山.合作治理與城市基層管理創新［J］.南京社會科學,2011(5):74-77.

［42］焦亦民.中國城市社區體制改革創新及其發展前景［J］.甘肅社會科學,2013(3):147-150.

［43］崔麗霞.從單位制到社區制——對中國城市社區管理方式的探索［J］.經濟研究周刊,2009(18):199-200.

［44］梁廣大.回憶鄧小平一九九二年視察珠海［J］.中共黨史研究,2002(3):23-28.

［45］唐愛軍.意識形態轉型的理論闡釋——基於當代中國語境的考察［J］.教學與研究,2015(7):16-22.

［46］王春光.加快城鄉社會管理和服務體制的一體化改革［J］.國家行政學院學報,2012(2):90-94.

［47］邵景均.把「放管服」改革做實做深做細［N］.貴陽日報,2018-08-27(A7).

［48］姚宏志.從「敢治」「能治」到「善治」——建國後中國共產黨治國理念的躍進［J］.安徽師範大學學報(人文社會科學版),2007(6):625-629.

［49］青連斌.改革開放是中國社會巨變的根本動力［J］.北京社會科學,2009(1):20-23.

［50］周翼虎.中國單位制度［M］.北京:中國經濟出版社,1999.

［51］孫立平.「自由流動資源」與「自由活動空間」:論改革過程中中國社會結構的變遷［J］.探索,1993(1):64-68.

[52] 沈達尊. 論中國農業保險體制與從業人員培育 [J]. 中國農村經濟, 1994 (6)：19-24.

[53] 範逢春. 改革開放以來的社會治理創新：一個偉大進程 [J]. 人民論壇（學術前沿），2019 (3)：66-73.

[54] 中國戰略與管理研究會社會結構轉型課題組. 中國社會結構轉型的中近期趨勢與隱患 [J]. 戰略與管理，1998 (5)：1-17.

[55] 胡健. 知識、制度、利益：理解中國改革的三個維度 [J]. 華東師範大學學報（哲學社會科學版），2013，45 (1)：109-121.

[56] 孫立平. 從政治整合到社會重建 [J]. 瞭望，2009 (36)：26-29.

[57] 雷洪. 社會轉型與社會管理觀念的轉變 [J]. 社會，2018，38 (6)：34-45.

[58] 李卓琦. 走向善治：社會治理的最終目標 [N]. 中國社會科學報，2017-01-20 (6).

[59] 黃鳳，侯雲龍. 社會治理視域下社區廣場舞管理策略 [J]. 江西社會科學，2019 (3)：235-240.

[60] 李宏偉. 中國特色社會主義新時代的本質特徵 [J]. 江漢論壇，2019 (1)：5-10.

[61] 江必新. 把新時代社會治理提升到更高水準 [N]. 人民日報，2018-08-05 (5).

[62] 魏禮群. 習近平社會治理思想研究 [J]. 中國高校社會科學，2018 (4)：4-13.

[63] 程暉. 使人民獲得感幸福感安全感更加充實更有保障更可持續 [N]. 中國經濟導報，2017-10-21 (1).

[64] 魏禮群. 堅定走中國特色社會主義社會治理之路——改革開放40年社會治理成就及其寶貴經驗 [J]. 求是，2018 (16)：44-46.

上篇
社會治理主體

1949年後
中國社會治理制度變遷

第二章
社會組織

第一節　社會組織的界定

一、社會組織的定義與內涵

廣義的社會組織，指的是擁有某一或某些共同目標的人們，集合在一起，開展組織成員共同參加的組織活動的群體形式，諸如宗教組織、政治組織、行業協會等。從這個角度看，只要是從屬於某一社會的個人都或多或少地會參與到一些社會組織之中，而附屬於人類社會的所有組織都是社會組織。

中國目前研究與實際運行的「社會組織」，則主要是狹義的社會組織，它與政府部門相互配合，參與社會治理機制中政府所做不到和不能做的事務，從而使得整個社會和國家正常運轉。在西方，這類組織一般指的是「非營利組織」或者「非政府組織」，中國的社會組織起初也使用過這些概念。不同的是，中國的社會組織大多不是單純的非營利組織或者非政府組織，它們兼具這兩者的屬性或特徵。由於難以簡單地判斷其定位，因此無論是政府，還是學界，自中華人民共和國成立以來對於中國的社會組織的概念界定都沒有得出一個統一的結論。在學界，各國的學者們從自身研究領域和角度出發，對社會組織下了多種多樣的定義。

首先，從組織目的出發，學者們將社會組織定義為「非營利組織」，此概念強調社會組織的存在營運不是為了獲取利潤，就算開展經濟活動，其所得利潤也不會分配給組織成員，而是用於組織的長期可持續發展。「非營利組織」這一概念起源於美國，也是西方學界應用最為廣泛的概念。中國的王名教授也採用過這個概念，他將非營利組織定義為不以營利為目的，主要開展各種志願性公益或互益活動的非政府的社會組織[1]。

其次，從與政府的關係的角度出發，學者們將社會組織定義為「非政府

---

[1] 王名.非營利組織管理概論［M］.2版.北京：中國人民大學出版社，2010：2.

組織」，認為社會組織具有公共性，雖然提供公共產品與公共服務，但是不擁有公共權力，不屬於政府體系，與政府是相互獨立的。自 1995 年北京召開第四次世界婦女大會起，非政府組織這一概念得到眾多專家學者的關注，學界進而開始研究與探討中國的非政府組織[①]。

最後，學者們還使用過第三部門、志願組織、仲介組織、民間組織等概念，它們與社會組織是相互替代的關係，但社會組織的概念擴展了這些概念的內涵和外延，提升了概念的包容性。在法律政策文件尚未對中國的社會組織進行明確的概念界定之前，各學科領域的學者們對非營利組織、非政府組織、第三部門、民間組織等概念進行了立體式、多角度和全方位的研究與探討，然而對於社會組織這一研究對象並沒有在其概念的內涵與外延上進行清晰的界定與區分。

社會組織在中國法律法規和政策條例上的概念界定則經歷了多番變動。在中華人民共和國成立之前，官方並沒有對社會組織做出明確的定義，直至 1949 年 3 月 25 日，北平市軍事管制委員會頒布了《關於社會團體暫行登記辦法》，此時社會組織被當時的北平地方政府定義為「社會團體」。中華人民共和國成立之後，1949 年 10 月 31 日，陝甘寧邊區政府公布了《陝甘寧邊區人民團體登記辦法》，社會組織又被地方政府定義為「人民團體」。但這都還只是地方政府對於社會組織的概念界定，不具有整體性和代表性。1950 年 9 月 29 日，中央人民政府政務院第 52 次政務會議通過《社會團體登記暫行辦法》並頒布實施，這是中國第一次由中央政府對社會組織給出統一的定義，表明社會團體指的是人民群眾團體、社會公益團體、文藝工作團體、學術研究團體、宗教團體及其他合於人民政府法律組成的團體[②]。在 1997 年中國共產黨第十五屆全國代表大會的大會報告上，江澤民同志提出，「要培育和發展社會仲介組織」，此處便是用「社會仲介組織」來指代中國的社會組織。2004 年 3 月第十次全國人民代表大會二次會議首次提出「社會組織」這一說法，而

[①] 王名，賈西津. 中國 NGO 的發展分析 [J]. 管理世界，2002 (8)：30-43.
[②] 韓晉芳，董亞崢.「人民團體」的歷史演變 [J]. 學會，2012 (12)：3-8.

後在 2005 年中共十六屆五中全會又用「民間組織」來指代社會組織。2006 年中共十六屆六中全會上形成了關於社會組織較為系統的表述，「發展和規範律師、公證、會計、資產評估等機構，鼓勵社會力量在教育、科技、文化、衛生、體育、社會福利等領域興辦民辦非企業單位。發揮行業協會、學會、商會等社會團體的社會功能，為經濟社會發展服務。發展和規範各類基金會，促進公益事業發展」[1]。在全國性的官方文件報告中，十六屆六中全會報告首次將社會組織主要劃分為基金會、民辦非企業單位和社會團體三大類，而且說明了各類社會組織在社會治理中的活動領域和社會功能。隨後在 2007 年民政部召開的全國社會組織建設與管理工作經驗交流會上，第一次正式確定「社會組織」概念的唯一性，逐漸替換官方文件中曾經使用過的「民間組織」等概念，由此中國的社會組織終於有了一個明確的概念，並且得到政府與法律的認可。2016 年 8 月 30 日，民政部民間組織管理局更名為社會組織管理局（社會組織執法監察局），對外稱國家社會組織管理局[2]。根據全國社會組織統一社會信用代碼系統收錄的數據，截至 2019 年 1 月，各級民政部門登記社會組織 81 萬個，認定慈善組織 5,289 個（具有公開募捐資格的 1,454 個）[3]。

眾多專家學者也隨之使用「社會組織」這一概念對中國的社會組織開展全面系統的研究與探討。王名對中國社會組織管理體制的歷史發展和內在邏輯進行深入分析[4]，鬱建興則是以杭州市為例重點關注社會組織在社會管理中的協同作用[5]。在中國知網（CNKI）上，以「社會組織」為主題的文獻資料最早出現於 1987 年。在 2006 年之前，關於「社會組織」的文獻數量較少，沒有超過 1,000 篇，而後則是高速發展，截至 2017 年已有 6,189 篇。此外關

---

[1] 李學舉. 以六中全會精神統領民政工作 [J]. 中國民政, 2006 (11)：4-6.
[2] 民政部民間組織管理局更名為社會組織管理局 [EB/OL]. (2016-08-30) [2019-06-30]. http://www.china.com.cn/news/2016-08/30/content_39195726.htm.
[3] 王勇. 中國社會組織已達 81 萬個 [N]. 公益時報, 2019-01-08 (5).
[4] 王名, 孫偉林. 社會組織管理體制：內在邏輯與發展趨勢 [J]. 中國行政管理, 2011 (7)：16-19.
[5] 鬱建興, 金蕾. 社區社會組織在社會管理中的協同作用——以杭州市為例 [J]. 經濟社會體制比較, 2012 (4)：157-168.

於「非營利組織」「非政府組織」等概念的文獻數量近幾年呈現出減少的趨勢，由此可見，學術界與政府部門對於中國社會組織的概念界定在多番變動後已達成共識。

中華人民共和國自成立起就存在社會組織，其概念演變則是一個較為漫長的過程，直至21世紀初才正式確立「社會組織」這一概念的地位和內涵。之前出現過的眾多的定義有一些共同的特徵。王名將非營利組織定義為不以營利為目的，主要開展各種志願性的公益或互益活動的非政府的社會組織①。張冉通過對政府、營利組織與非營利組織的比較，將非營利組織定義為：不以營利為目的，主要開展各種志願性活動，以提供公共產品和服務為使命的非政府的社會組織②。黃震海認為社會組織是以惠及大眾為宗旨，區別於政府和企業的，非政府、非營利、志願性的各種正式或非正式的自治組織③。觀察比較這三位學者對於中國社會組織的定義，可以發現中國的社會組織的概念內含四個屬性，即非營利性、非政府性、公共性和志願性。因此，本書將社會組織定義為，獨立於政府系統之外，不以營利為目的，自願自發為社會提供公共產品和公共服務的組織。

二、社會組織的屬性

通過對學者們關於中國社會組織概念的界定，我們可以得出中國社會組織所具有的四大屬性，即非營利性、非政府性、公共性和志願性。

非營利性是社會組織區別於企業的屬性。從社會組織存在的初始意義出發，社會組織所開展的一切活動都不是為了獲取組織自身以及內部的組織成員的利益，而是要達成某些共同的目標或者幫扶大眾，這就決定了社會組織的根本宗旨是不以營利為目的。另外，非營利性也表明社會組織以及組織成員不能隨意分配組織活動所產生的剩餘利益。由於社會組織也可以開展一些

---

① 王名. 非營利組織管理概論 [M]. 2版. 北京：中國人民大學出版社，2010：2.
② 張冉. 非營利組織管理 [M]. 北京：北京大學出版社，2014：6.
③ 黃震海. 促進中國社會組織發展的若干思考 [J]. 學術界，2011（6）：210-215.

經營性活動，扣除經營成本後，有時會剩餘部分收入，這些就是剩餘利益。企業組織通常會將剩餘利益分配給組織成員或者繼續投入經營活動中，但是社會組織的非營利性則要求社會組織的剩餘利益只能被用於社會組織的持續發展和開展組織活動，而不能像企業組織一樣被分配給組織成員。

非政府性是社會組織最重要的屬性之一，是社會組織區別於政府的屬性。第一，非政府性體現在社會組織是獨立自主的組織。雖然政府部門和社會組織都是社會治理系統中不可或缺的組成部分，但是社會組織與政府部門是相互獨立的，社會組織既不屬於政府部門，也不受政府部門的控制，是完全獨立的自治組織。第二，非政府性表明社會組織的組織形式是自下而上的。社會組織不能像政府部門那樣依靠政權自上而下地組成各級組織結構，而是要從廣大人民出發，動員群眾，自下而上地形成社會組織的組織結構，如此才能擁有確保組織穩定發展的最堅實的組織基礎。

社會組織的主要活動就是為社會提供公共物品和服務，為廣大公眾服務，因此公共性是社會組織的本質屬性。一方面，社會公眾的捐贈是社會組織主要的社會資源，社會組織的志願者大多是由為了實現社會價值而無償勞動的社會成員組成，社會組織通過這些志願者來運用公眾捐贈的社會資源開展公益活動，從而為社會提供公共物品和服務。另一方面，公共性還表現為社會組織的活動必須是公開透明的，而且要接受社會公眾的監督。由於社會組織開展的組織活動所使用的是社會公眾捐贈的社會資源，那麼其活動過程中的每一個環節都應該是公開透明的，活動過程和活動結果也應該接受公眾監督。

志願性是社會組織的重要屬性。志願精神是社會組織最重要的精神基礎，也是社會組織的內在動力，志願精神表現在社會組織的方方面面。社會組織的成員都是基於志願精神和共同的奮鬥目標自願加入的，志願者無償地開展公益活動，協助社會組織向公眾提供公共物品和服務。社會組織的社會資源主要來自社會公眾的志願捐贈，社會公眾志願參加社會組織開展的各類開放式公益活動，同時志願參與社會組織活動的過程、對活動結果的監督過程。

三、社會組織的類型

(一) 社會組織的分類

對於社會組織的分類，無論是國外還是國內，學界一直都沒有定論。國際上普遍認可的一種分類方法是由美國約翰·霍普金斯大學的非營利組織比較研究中心提出的，按照所屬產業的性質來分類。該分類方法根據各個社會組織所隸屬的產業性質，將它們分成文化、教育、衛生、宗教等12個大類以及26個小類。但中國的社會組織大多不能被簡單地判定為隸屬於某個產業，它們開展的組織活動多種多樣，同時涉及多個產業和領域，因此這種分類方法並不適用於中國的社會組織。

中國的學者們主要針對組織層次來對社會組織進行分類。王名教授將社會組織分為三個層次：首先根據組織構成特徵將社會組織分為非會員制社會組織和會員制社會組織；其次根據具體情況進一步細分，包羅社會團體、經濟團體、基金會、社會服務機構和事業單位等多種類型的社會組織[1]；最後，也是最特別的是，將中國所特有的事業單位、人民團體以及其他未登記的組織納入社會組織的體系中，體現出中國社會組織不斷壯大和社會治理力量日益增強的趨勢。

徐家良教授則是把社會組織分為宏觀、中觀、微觀三個層次。宏觀的社會組織是指廣義的社會組織，即包羅了所有類型的社會組織；中觀的社會組織是除去因違法而不被政府所承認的社會組織以外的其他社會組織；微觀的社會組織則僅指在民政部註冊的基金會、民辦非企業單位和社會團體三種組織形式[2]。

學術界對於社會組織的分類尚在探討中，但是政府早就對中國的社會組織進行了分類，並且這個分類隨著時代進步而不斷完善。1998年，民政部根據中國國情和法律法規，將社會組織分為基金會、民辦非企業單位、社會團體（2016年統一調整為社會服務機構）三大類。2015年，中共中央印發《關

---

[1] 王名，孫偉林. 社會組織概論 [M]. 北京：中國社會出版社，2010.
[2] 徐家良. 新時期中國社會組織建設研究 [M]. 北京：中國社會科學出版社，2016.

於加強社會組織黨的建設工作的意見（試行）》，對社會組織的組成進行補充說明，新增了社會仲介組織和城鄉社區社會組織等其他組織類型，由此形成了中國社會組織以社會團體、民辦非企業單位和基金會為主幹，以境外非政府組織、志願服務組織與城鄉社區社會組織等其他社會組織類型為補充的格局。

民政部《2017 年社會服務發展統計公報》對社會團體、民辦非企業單位與基金會的發展情況進行了匯總①。截至 2017 年年底，全國共有社會組織約 76.2 萬個，比上年增長 8.4%；吸納社會各類人員就業 864.7 萬人，比上年增長 13.2%。全國共有社會團體 35.5 萬個，比上年增長 5.6%，其中：工商服務業類 3.9 萬個，科技研究類 1.5 萬個，教育類 1 萬個，衛生類 0.9 萬個，社會服務類 4.8 萬個，文化類 3.9 萬個，體育類 3 萬個，生態環境類 0.6 萬個，法律類 0.3 萬個，宗教類 0.5 萬個，農業及農村發展類 6.2 萬個，職業及從業組織類 2 萬個，其他 6.8 萬個。全國共有民辦非企業單位約 40 萬個，比上年增長 11.0%，其中：科技服務類 1.6 萬個，生態環境類 501 個，教育類 21.7 萬個，衛生類 2.7 萬個，社會服務類 6.2 萬個，文化類 2.1 萬個，體育類 1.8 萬個，法律類 1,197 個，工商業服務類 3,652 個，宗教類 115 個，國際及其他涉外組織類 15 個，其他 3 萬個②。全國共有各類基金會 6,307 個，比上年增長 13.5%，其中：公募基金會 1,678 個，非公募基金會 4,629 個；民政部登記的基金會 213 個。2010—2017 年中國社會組織的發展情況見表 2.1。

表 2.1　2010—2017 年中國社會組織發展情況

指標	2010 年	2011 年	2012 年	2013 年	2014 年	2015 年	2016 年	2017 年
社會團體（萬個）	24.5	25.5	27.1	28.9	31.0	32.9	33.6	35.5
民辦非企業單位（萬個）	19.8	20.4	22.5	25.5	29.2	32.9	36.1	40.0

① 該公報中的部分數據經過了四捨五入處理，故存在分項數據與合計數據不等的情況。
② 中華人民共和國民政部. 2017 年社會服務發展統計公報［EB/OL］.（2018-08-02）［2019-03-11］. http://www.mca.gov.cn/article/sj/tjgb/201808/20180800010446.shtml.

指標	2010年	2011年	2012年	2013年	2014年	2015年	2016年	2017年
基金會（個）	2,200	2,614	3,029	3,549	4,117	4,784	5,559	6,307

數據來源：民政部《2017年社會服務發展統計公報》。

（二）社會團體

1950年中央人民政府政務院頒布的《社會團體登記暫行辦法》規定，社會團體是由中國公民自願組成，為實現會員共同意願，按照其章程開展活動的非營利性社會組織[1]。《社會團體登記暫行辦法》特意強調了社會團體的非營利性，即要求社會團體不得從事營利性經營活動。目前中國的社會團體主要有四種類型，分別為學術性、專業性、行業性和聯合性社會團體。

社會團體是中國社會組織的重要組成部分，在社會治理和經濟發展中都做出了不可磨滅的貢獻。中國的社會組織的最初官方界定就是「社會團體」，直到21世紀初才被統一稱作「社會組織」，因此社會組織管理制度變遷的過程在一定程度上與社會團體管理制度的變遷相一致。

1949年3月25日，北平市軍事管制委員會頒布的《關於社會團體暫行登記辦法》，是最早的關於社會團體管理制度的官方文件。它規定北平市管轄範圍內的社會團體經政府登記後才算合法，但這份文件只規定了北平市的社會團體的登記管理，並沒有形成較為完整的社會團體管理制度。

中華人民共和國成立後，政府為穩定政權和社會治安，決定清理一些帶有封建迷信色彩和反動色彩的社會團體，規範社會團體的管理與運轉，最終於1950年頒布實施了《社會團體登記暫行辦法》。雖然《社會團體登記暫行辦法》出抬的初衷是為了清理整頓社會團體隊伍，但是它也一定程度上改變了原先社會團體管理混亂的局面，促進了社會團體登記許可制度的建設，並且它將社會團體進行分類，為社會團體分類管理模式奠定了基礎。

自1950年《社會團體登記暫行辦法》以及1951年《社會團體登記暫行辦法施行細則》頒布實施後，政府在此後三十多年間的多數時間一直貫徹施

---

[1] 謝海定. 中國民間組織的合法性困境 [J]. 法學研究, 2004 (2): 17-34.

行社會團體分級登記制度。儘管「文化大革命」期間社會團體管理一度中斷，但改革開放後社會團體登記管理制度又逐漸恢復，社會團體也借助經濟建設的春風重獲生機，蓬勃發展。20世紀80年代末，20世紀中期制定的社會團體管理制度已經無法滿足數量和種類都遠勝從前的社會團體。1989年10月25日，國務院出抬《社會團體登記管理條例》，提出雙重管理制度，即由民政部門負責社會團體的登記管理、檢查監督和行政處罰等事宜，業務主管單位則負責社會團體的登記初審、督促指導和協助管理等事宜，細化和完善了有關社會團體管理的規定。

1989年的《社會團體登記管理條例》提出的社會團體雙重管理制度在實踐中不斷強化健全，使得社會團體管理愈發制度化和科學化，但同時也在無形之中提高了社會團體的准入門檻，限制了社會團體的活動空間，不利於社會團體乃至整體社會治理的長遠發展。因而中央人民政府在實踐中不斷反思總結經驗教訓，在1998年和2016年兩次對《社會團體登記管理條例》進行了修訂，但這些修訂都是建立在1989年的《社會團體登記管理條例》的基礎之上的，並沒有動搖社會團體雙重管理制度，沒能解決社會團體面臨的發展困境。2018年8月民政部發布了《社會組織登記管理條例（草案徵求意見稿）》。從徵求意見稿來看，社會團體的管理制度的主體依舊是雙重管理制度，但是科技類、協會商會類、公益慈善類、城鄉社區服務類四類社會組織將開始進行直接登記制度的探索與實踐，社會團體管理制度正在經歷新一階段的變遷與轉型，釋放出更大活力。

（三）民辦非企業單位

民辦非企業單位是中國社會公共事業的主力軍，是社會治理系統中不可或缺的重要主體。中國的民辦非企業單位的發展歷史相對於社會團體來說較短，民辦非企業單位是中國社會事業社會辦的特殊產物，它根植於中國事業單位制度的土壤。隨著民辦非企業單位的壯大以及政府機構改革的深入，民辦非企業單位逐漸脫離行政事業單位體制，成長為社會治理的一大主體。

1996年中共中央辦公廳和國務院辦公廳聯合發出的《中共中央辦公廳、國務院辦公廳關於加強社會團體和民辦非企業單位管理工作的通知》中提出

了「民辦非企業單位」這一概念，對以往的民辦事業單位這一概念進行了修正。即：事業單位是國家辦的，而民辦的組織不應再稱事業單位，從而區別於企業單位和事業單位。1998年10月，國務院頒布的《民辦非企業單位登記管理暫行條例》中表明民辦非企業單位是「企業事業單位、社會團體和其他社會力量以及公民個人利用非國有資產舉辦的，從事非營利社會服務活動的社會組織」[1]。1999年12月，民政部發布《民辦非企業單位登記暫行辦法》。至此，國家層面上的法規政策明確將具有民辦事業單位性質的社會組織如民辦學校、民辦醫院、民辦律師事務所、民辦文化藝術團體等定性為「民辦非企業單位」，正式以政策和行政法規的形式確立了民辦非企業單位的法律地位。

中國的民辦非企業單位類型多樣，基本覆蓋了教育、文化、科技、體育等公共領域。民辦學校、養老院、福利院、圖書館等社會服務機構是中國較為常見的民辦非企業單位。其中教育類民辦非企業單位發展最為迅速，並且也是政府部門最重視的民辦非企業單位類型。近些年來針對教育類民辦非企業單位，中央人民政府出抬了諸多政策文件，如：2007年民政部發布的《民政部關於進一步做好民辦高校登記管理工作的通知》，2016年國務院通過的《國務院關於鼓勵社會力量興辦教育促進民辦教育健康發展的若干意見》，以及2018年國務院辦公廳印發的《國務院辦公廳關於規範校外培訓機構發展的意見》，等等。其他類型的民辦非企業單位雖然在民辦非企業單位總體數量中占比不高，但也在高速發展。

中國的民辦非企業單位的管理制度目前來說，主要是以1998年頒布實施的《民辦非企業單位登記管理暫行條例》為基礎。一方面，它仿照1998年的《社會團體登記管理條例》制定了民辦非企業單位雙重管理制度，其中縣級及以上民政部門是民辦非企業單位的登記管理機關，而其他有關部門是民辦非企業單位的業務主管單位，具體內容規定與社會團體的雙重管理制度相似；

---

[1] 廣州社會組織研究院，廣州市社會組織聯合會. 社會組織政策法規 [M]. 廣州：廣東人民出版社，2017: 41.

另一方面，國家對不同類型的民辦非企業單位實行分類管理，制定實施了《中華人民共和國民辦教育促進法》（2002年12月頒布，2003年9月實施，2013年6月第一次修正，2016年11月第二次修正）、《科技類民辦非企業單位登記審查與管理暫行辦法》（科技部、民政部發布，國科發政字〔2000〕209號，2000年5月實施）和《文化類民辦非企業單位登記審查管理暫行辦法》（文化部、民政部發布，文人發〔2000〕60號，2000年12月實施）等系列法律法規和政策文件。

隨著社會組織管理制度改革創新趨勢的發展，各政府部門也開始探索民辦非企業單位管理制度的創新和細化。首先，政府部門進行了直接登記制度的實踐探索。2000年4月民政部發布了《民政部關於做好民辦非企業單位登記管理試點工作的通知》，將廣東省深圳市、浙江省溫州市、山東省青島市以及吉林省梅河口市作為民辦非企業單位直接登記的試點城市，總結實踐過程和經驗教訓後再逐步向全國推廣。其次，民辦非企業單位的管理制度逐漸細化並深化。中央相繼出抬《民辦非企業單位印章管理規定》（民政部、公安部令第20號，2000年1月施行）、《關於開展民辦非企業單位自律與誠信建設活動的通知》（民函〔2005〕27號）、《民辦非企業單位年度檢查辦法》（2005年民政部令第27號），以及《民政部關於深入開展民辦非企業單位信息公開和承諾服務活動工作的意見》（民發〔2007〕145號）等相關政策文件。2016年3月第十二屆全國人大發布的《中華人民共和國慈善法》，規定將民辦非企業單位調整為「社會服務機構」，並對民辦非企業單位的管理條例的相關內容進行修改。

（四）基金會

「基金會」一詞是由英文單詞「foundation」翻譯而來的。基金會發源於歐美國家，隨著資本主義思想在全世界範圍的傳播，歐美基金會的活動範圍也擴展至世界各地。20世紀初洛克菲勒基金會開始與當時的民國政府接觸，並在醫療、教育、科研等領域積極開展活動。改革開放後洛克菲勒基金會又積極幫助中國政府解決農業、醫療衛生和計劃生育領域的難題。中國真正意義上自主建立的基金會起步較晚，1981年7月28日，中國兒童少年基金會在

第二章　社會組織

北京成立，它是中華人民共和國成立後的第一家國家級公募基金會，隸屬於全國婦聯①。此後，多家官方和非官方的基金會陸陸續續地成立。截至2018年9月7日，根據基金會中心網的數據，中國目前已有6,829家基金會，總體淨資產高達1,379.64億元，其中公益支出423.09億元，主要用於教育、環境、扶貧、公共安全、動物保護等公共領域②。

2018年民政部發布的《社會組織登記管理條例（草案徵求意見稿）》規定：基金會，是指利用自然人、法人或者其他組織捐贈的財產，以提供扶貧、濟困、扶老、救孤、恤病、助殘、救災、助醫、助學、優撫服務，促進科學、教育、文化、衛生、體育事業發展，防治污染等公害和保護、改善生態環境，推動社會公共設施建設等公益慈善事業為目的，按照其章程開展活動的非營利法人。依據募捐資金對象的不同，基金會分為公募基金會和非公募基金會。公募基金會又按照募捐資金的地域範圍大小，分為全國性公募基金會和地方性公募基金會③。

中國的基金會管理制度大體經歷了「起步—萌芽—整頓—完善」四個階段。1981年至1987年，中國的基金會從無到有，緩慢發展。在1988年《基金會管理辦法》頒布實施之前，中國的基金會管理基本處於無章可循的狀況，各級政府大多參照《社會團體登記暫行辦法》和《社會團體登記暫行辦法施行細則》來開展對基金會的管理，導致出現基金會管理混亂、肆意發展的局面。

1988年9月27日，國務院頒布施行中國第一部關於基金會的行政法規《基金會管理辦法》，中國基金會管理制度開始走上法制化的軌道。《基金會管理辦法》首次明確規定了基金會的「非營利性」這一屬性，將基金會同社會團體和企業組織分離開來，同時對基金會的定義、成立條件、審批管理等做出闡釋。但《基金會管理辦法》對基金會的概念界定並不準確，對於基金會

---

① 周秋光，曾桂林. 當代中國慈善事業發展歷程回顧與前瞻［J］. 文化學刊，2007（5）：14-22.
② 基金會中心網. 數據榜單［DB/OL］.（2018-09-07）［2018-09-07］. http://datalist.foundationcenter.org.cn/data/DataList.aspx.
③ 中華人民共和國民政部. 民政部關於《社會組織登記管理條例（草案徵求意見稿）》公開徵求意見的通知［EB/OL］.（2018-08-03）［2019-04-01］. http://www.mca.gov.cn/article/xw/tzgg/201808/20180800010466.shtml.

管理制度的內容也沒有具體規定，《基金會管理辦法》還需要進一步完善補充。然而1990年和1997年兩次由國務院辦公廳和民政部主管的清理整頓社會組織的行動，使得基金會的發展處於停滯狀態，基金會數量大大減少。在兩次清理整頓行動後，基金會數量雖有所下降，但留存下來的都是符合《基金會管理辦法》規定的基金會，政府對於基金會的管理也逐漸步入正軌。

進入21世紀，在社會主義市場經濟蓬勃發展的時代背景下，基金會再一次高速發展，不僅數量急遽增加，涉及的領域也越來越多，1988年制定的《基金會管理辦法》已經無法滿足基金會的發展要求。2004年，國務院頒布了《基金會管理條例》，同時廢止1988年頒布的《基金會管理辦法》。《基金會管理條例》給出了基金會的明確的概念界定，即「本條例所稱基金會，是指利用自然人、法人或者其他組織捐贈的財產，以從事公益事業為目的，按照本條例的規定成立的非營利性法人」[①]，同時將中國的基金會分為公募基金會和非公募基金會，極大促進了中國非公募基金會的發展。在基金會管理制度方面，《基金會管理條例》首先明確規定了基金會的雙重管理制度，即需要同時有登記管理部門和業務主管部門，還進一步細化了基金會的機構設置、日常管理、財產監管，以及在華境外基金會的登記管理事項，基金會管理制度變得更加系統和規範。

隨後幾年裡，政府又接連出抬了關於基金會管理內容細化的政策文件，如2006年民政部頒布《基金會年度檢查辦法》和《基金會信息公布辦法》，基金會管理制度不斷完善健全。2016年民政部發布了《基金會管理條例（修訂草案徵求意見稿）》，其中最大改變是將基金會管理制度改為直接登記和雙重管理混合的登記管理制度，降低了基金會的准入門檻，大力促進基金會的發展。另外，政府還建立了更加全面具體的基金會信息公開制度，結合《中華人民共和國企業所得稅法實施條例》補充完善基金會監管制度，並且成立以基金會中心網為代表的組織來規範基金會整體的發展與管理，基金會管理

[①] 廣州社會組織研究院，廣州市社會組織聯合會. 社會組織政策法規 [M]. 廣州：廣東人民出版社，2017：51.

制度緊跟時情變化，不斷創新完善。

（五）境外非政府組織

境外非政府組織最早在清朝後期就已經在中國境內活動。當時的境外非政府組織主要由外國傳教士組成，開展一些宗教宣傳活動。這些宗教類的境外非政府組織後來又涉足醫療、婦女、兒童等公共領域，發展成紅十字會和育嬰堂等非營利組織。在抗日戰爭和解放戰爭期間，境外非政府組織在一定程度上也為中國人民提供了幫助。中華人民共和國成立後，為了獲得更多的國家認可和提升國際影響力，中國政府開始和一些國際非政府組織合作，比如國際奧委會、國際紅十字會等。「文化大革命」期間社會組織發展停滯不前，境外非政府組織也受到影響，使得境外非政府組織在中國的處境愈發艱難。改革開放後，中國才真正開放境外非政府組織在國內發展活動，並著手研究境外非政府組織的監督管理。在相關政策文件未出抬之前，中國的境外非政府組織管理只能參照《社會團體登記暫行辦法》和《社會團體登記暫行辦法施行細則》進行，這兩份文件規定的由政府集權管控的社會團體的管理制度，使得境外非政府組織失去了靈活性。

國務院 1989 年頒布實施的《外國商會管理暫行規定》和 2004 年頒布實施的《基金會管理條例》，對境外基金會和外國商會的概念界定、登記註冊和監督管理等各方面做出了具體規定，但境外非政府組織不僅僅指的是境外基金會和外國商會，它的概念範圍更加寬泛。因此這兩份政府文件雖然是中國早期關於境外非政府組織管理的較為系統的行政法規，但它們所適用的範圍太過狹窄，無法適應境外非政府組織快速發展的形勢。另外，《基金會管理條例》規定境外基金會由民政部登記註冊，《外國商會管理暫行規定》則是將外國商會交由商務部管理，其他的境外非政府組織的管理權限分散在工商部門、國家外國專家局等，甚至還有境外非政府組織處於無登記註冊狀態。管理權限如此分散，境外非政府組織整體的發展和管理自然艱難。中國政府仍需要研究制定出適用範圍更寬廣、制度更包容的境外非政府組織管理條例。

1995 年在北京召開的世界婦女大會以及 2001 年中國加入世界貿易組織這一事件，使得中國的境外非政府組織迎來發展的高峰期。政府對社會組織愈

發重視，陸續出抬《社會團體登記管理條例》和《民辦非企業單位登記暫行辦法》，表明中國社會組織管理制度進一步完善，高度集權管控的管理制度已轉變為雙重管理制度。儘管尚未出抬專門適用於境外非政府組織的法律法規，但雙重管理制度為境外非政府組織釋放了更多的活動空間，促進境外非政府組織更加活躍地發展。

國務院在 2013 年曾對《外國商會管理暫行規定》進行修訂。2016 年第十二屆全國人民代表大會通過了《中華人民共和國境外非政府組織境內活動管理法》，這意味著境外非政府組織終於有專屬的適用於全部境外非政府組織的法律，境外非政府組織管理法制化進程取得了重大的階段性勝利。該法首次對境外非政府組織進行明確的概念界定，即「本法所稱境外非政府組織，是指在境外合法成立的基金會、社會團體、智庫機構等非營利、非政府的社會組織」，同時對境外非政府組織的登記備案、活動規範、監督管理等做出詳細規定。從具體條例來看，對境外非政府組織的管理是三重管理制度，公安機關是境外非政府組織的登記管理機關，業務主管單位負責境外非政府組織的登記註冊、工作報告和活動開展的初審監管，此外還有國家安全、外交外事、財政、金融監督管理、海關、稅務、外國專家等相關的部門對境外非政府組織的相關事務進行監督管理。境外非政府組織的監督管理變得更加具體明晰，有利於境外非政府組織合法有效有序地在中國境內開展活動，促進境外非政府組織和諧穩定健康發展。

截至 2018 年 12 月 31 日，中國已有 441 個境外非政府組織代表機構依法登記，臨時活動備案 1,381 項。已登記的 441 個代表機構中，組織所在國家或地區按機構數量排名前 5 的為美國、中國香港、日本、韓國和德國，共占總數的 69.61%。已登記的 441 個代表機構中，註冊地排名前 5 的為北京、上海、雲南、廣東和四川，共占總數的 70.29%。業務主管單位主要集中在商務部門、民政部門、教育部門、衛生健康部門和人民團體，共占總數的 74.29%。業務領域排名前 5 的為經濟、濟困救災、教育、衛生和環保，共占總數的 83.22%。已備案的 1,381 項臨時活動中，組織所在國家或地區活動數量排名

前5的為中國香港、美國、德國、中國澳門和英國,共占總數的87.26%[①]。

(六) 志願服務組織

中國的志願服務作為伴隨改革開放出現的新生事物,是長期開展的學雷鋒活動的發展和延續,有著廣泛群眾基礎和獨特優勢。近年來各種形式的志願服務活動發展很快,黨員志願者、社區志願者、職工志願者、青年志願者、大學生志願者、巾幗志願者、家庭志願者、老年志願者、扶殘助殘志願者、紅十字志願者、治安志願者、科普志願者等各類志願服務隊伍比較活躍,成為社會主義精神文明建設的重要力量[②]。從一年一次的分散在各行各業的學雷鋒活動,到組織化、制度化、法制化的志願者活動,志願服務經歷了一個緩慢的發展過程。

志願服務組織這一概念最早出現在英國,是指主要依靠志願者來籌措資金、開展活動和營運組織的第三部門[③]。目前來說,國外的學者們對於志願服務組織的定義尚未形成共識,但都認為志願服務組織具有以下三個特徵:一是非營利性,志願服務組織不得開展營利性經營活動,其所有收入都必須用於組織活動和組織營運;二是非政府性,志願服務組織獨立於政府部門,它是獨立自主的,是有完善的規章條例和組織結構的;三是志願性,這是志願服務組織的內核,志願者秉承志願精神組成志願組織開展公益活動,為社會提供公共物品和服務。這也與中國的志願服務組織的內涵高度吻合。

中國的志願服務組織是在改革開放後緩慢發展起來的,志願服務組織的管理制度也經歷了一個從無到有的演變過程。改革開放後,國際志願服務組織陸續進入中國開展活動,志願服務思想也潛移默化地影響著中國新一代社會公民。中國志願服務組織在國際志願服務組織的幫助下逐漸轉型,從公益性社會團體獨立發展為符合中國國情的志願服務組織。這一階段的志願服務

[①] 境外非政府組織辦事服務平臺. 年度報告發布![EB/OL]. (2019-01-10) [2019-06-22]. http://ngo.mps.gov.cn/ngo/portal/view.do? p_articleId=174860&p_topmenu=3&p_leftmenu=1.
[②] 中央文明辦. 中央文明委關於深入開展志願服務活動的意見[EB/OL]. (2008-10-10) [2019-04-01]. http://www.wenming.cn/zyfw_298/zlk/201011/t20101104_4599.shtml.
[③] 王紹光. 多元與統一:第三部門國際比較研究[M]. 杭州:浙江人民出版社,1999:6-7.

組織沒有專門適用的登記管理法律法規，而是直接套用社會團體的管理制度。管理制度的缺失造成志願服務組織管理混亂，使得志願服務組織發展極其緩慢。

2008年的四川汶川地震讓愛凝聚，也讓中國志願者瞬間爆發出巨大能量。同年的北京奧運會與殘奧會，志願者的微笑讓世界和國人難忘，志願服務組織第一次在中國引發社會強烈關注，因此官方與學界將2008年稱為中國志願服務元年。政府和社會開始關注並重視志願服務組織這一新生的社會治理力量，政府也開始著手研究制定適用於中國志願服務組織的管理制度。2008年10月6日，中央精神文明建設指導委員會發布《中央精神文明建設指導委員會關於深入開展志願服務活動的意見》，肯定了志願服務組織在社會主義精神文明建設中的成就與作用，提出要進一步完善社會志願服務體系，明確了中國志願服務組織的重要意義、指導思想和基本原則，對志願者的培育管理和志願服務組織的領導監管做出了方向性建設意見。《中央精神文明建設指導委員會關於深入開展志願服務活動的意見》是中國志願服務組織管理制度的起源，表明中國政府自此開始研究志願服務組織管理制度。但是這個意見還沒有對志願服務組織做出明確的界定，只提到「全面推行志願者註冊制度，依託有關部門和行業協會成立的全國性志願者組織，建立完善志願者註冊管理系統和志願服務信息平臺」[1]。這時，全國的志願者組織還分散在各部門及各行業中，處於組織化的萌芽狀態。

最早出現的對志願服務組織進行界定的地方性法規是2008年12月廣州市的《廣州市志願服務條例》，志願服務組織被其定義為：「志願服務組織是指依法成立，從事志願服務活動的非營利性社會組織，包括專門從事志願服務活動的青年志願者協會、義務工作聯合會等非營利性社會組織和組織志願服務活動的總工會、婦女聯合會、殘疾人聯合會、紅十字會等社會團體」[2]。

---

[1] 中央文明辦. 中央文明委關於深入開展志願服務活動的意見 [EB/OL]. (2008-10-10) [2019-04-01]. http://www.wenming.cn/zyfw_298/zlk/201011/t20101104_4599.shtml.

[2] 中國人大網. 廣州市志願服務條例 [EB/OL]. (2008-12-19) [2019-04-01]. http://www.npc.gov.cn/npc/xinwen/dfrd/guangdong/2008-12/19/content_1462793.htm.

較為系統完整的關於志願服務組織管理制度的政策條例首先是由地方政府推出的。廣東、福建、山東、河南四省於 2013 年 12 月 13 日同日出抬了關於青年志願服務的管理條例，北京市和黑龍江、吉林、寧夏三省份則發布了關於志願服務的管理條例，此後數年間各地方人民政府紛紛出抬了本地區的志願服務條例。這些政策文件對於志願服務、志願者、志願服務組織以及志願服務組織管理制度的規定基本上大同小異，並且主要內容是志願者的登記管理，對於志願服務組織則參照《社會團體登記管理條例》進行領導監督。

自 2008 年以來，志願服務組織快速發展。根據中國志願服務網的數據，截至 2019 年 6 月，中國目前已有超過 62 萬個志願團體，志願項目超過 247 萬個，在全國志願服務信息系統中實名註冊的志願者人數超過 1 億人，累計志願服務時間超過 14 億小時[①]。這些志願者在教育、醫療、助殘、婦女、消防等領域默默地為社會主義和諧社會貢獻著自己的力量。

中央人民政府關於志願服務組織管理制度的政策文件則經歷了近十年的打磨，從 2008 年開始研究起草，2011 年被納入國務院立法工作計劃。直到 2017 年 8 月 22 日，政府才公布了中國第一部關於志願服務組織管理的國家級行政法規——《志願服務條例》。《志願服務條例》明確定義了志願服務、志願者和志願組織，將志願服務組織界定為依法成立的，以開展志願服務為宗旨的非營利性組織；並從志願服務、志願者和志願服務組織這三大模塊出發，建立了比較系統規範的志願服務體系。《志願服務條例》是中國志願服務管理制度化的一個重要成果，但《志願服務條例》實際上對於志願服務體系的內部治理機制和外部監管制度並沒有做出具體的規定。《志願服務條例》僅僅是指明志願服務組織可以按照基金會、社會團體、社會服務機構等的相關法律法規來進行登記管理，因此中國志願服務組織管理制度化還需要繼續向前推進。

（七）社會企業

隨著公民社會的不斷進步，社會治理體系中各個主體的任務也愈發繁重。

---

① 數據來源於中國志願服務網：http://www.chinavolunteer.cn/.

社會組織較好地彌補了政府與企業在社會治理方面存在的不足，但社會組織也會出現「志願失靈」的困境，社會企業便應運而生。

在西方國家，非營利組織很早就開始在從事社會使命活動的同時開展商業活動。1844年英國西北部城市洛奇代爾成立了世界第一家合作社，由28個紡織工人籌集28英鎊建立了被認為是世界上最早的社會企業[1]。目前使用最廣泛的社會企業的定義是由英國貿工部（DTI）於2004年提出的：社會企業是具有某些社會目標的企業，盈利主要按照它們的社會目標再投放於其業務本身或所在社區，而非為企業股東和所有人賺取最大利潤[2]。2018年中國人民大學尤努斯中心篩選並分析了13本國際頂尖學術期刊中144篇與社會企業相關的文章，以及100多個經典的社會企業案例，提出將社會企業定義為：將商業化運作手段與實現社會共同目標相結合的社會組織，是社會組織結合時代背景和社會要求自我創新的產物。社會企業是以解決社會問題為組織使命，具有識別由政府和市場雙重失靈帶來的變革機會的能力，具有不同於傳統公益慈善的創新的問題解決模式，並且具備行為或機制來保障對商業目標的追求不會損害社會使命的組織。更簡潔的說法是：社會企業是用符合企業家精神的手段解決社會問題，同時社會使命不會輕易產生漂移的組織[3]。

在學術界的專家學者們對「社會企業」進行嚴謹的概念定義探討的同時，各個社會組織和企業組織陸續成立了一些和社會企業有關的機構，如中國社會企業論壇、中國社會企業與社會投資論壇等，開展了一系列社會企業研究與宣傳活動，並且在政府部門的支持和領導下積極探討適用於中國社會企業的登記管理制度。

2013年博鰲亞洲論壇設立了「公益慈善與社會企業的亞洲探索」分論壇，認為中國的社會企業發展仍處於探索和掙扎階段，總體來說呈現發展規

---

[1] 王世強.「社會企業」概念解析[J]. 武漢科技大學學報（社會科學版），2012，14（5）：495-500.

[2] 王世強.「社會企業」概念解析[J]. 武漢科技大學學報（社會科學版），2012，14（5）：495-500.

[3] 趙萌，郭欣楠. 中國社會企業的界定框架——從二元分析視角到元素組合視角[J]. 研究與發展管理，2018，30（2）：136-147.

模小、管理素質低和人才儲備少的特點，尤其在政府政策和法律層面極不配套的情況下[1]。為了解決社會企業登記註冊的困境，中國首個由民間出抬的社會企業認證辦法《中國慈展會社會企業認證辦法（試行）》於 2015 年 9 月在第四屆中國慈展會期間正式發布，並發放了首批「民間執照」。《中國慈展會社會企業認證辦法（試行）》對社會企業做了初步界定，認為「社會企業是指在中國（含港澳臺地區）經合法登記註冊成立一年及以上，全職受薪團隊不少於三人，具有健全財務制度、實行獨立核算的企業或社會組織」[2]；制定了針對企業組織和社會組織的不同認證條件與程序。根據中國公益慈善項目交流展示會的數據，截止到 2017 年 12 月，慈展會共收到 730 多家申報數據，涉及環保、公益金融、養老等 14 個領域，其中包括了如「第一反應」「中和農信」「喜憨兒」「成都朗力」等一批具有中國特色的社會企業[3]。

2018 年 4 月 9 日，成都市人民政府辦公廳發布的《成都市人民政府辦公廳關於培育社會企業促進社區發展治理的意見》，將社會企業定義為「是指經企業登記機關登記註冊，以協助解決社會問題、改善社會治理、服務於弱勢和特殊群體或社區利益為宗旨和首要目標，以創新商業模式、市場化運作為主要手段，所得盈利按照其社會目標再投入自身業務、所在社區或公益事業，且社會目標持續穩定的特定企業類型」[4]。兩個月後，2018 年 6 月 6 日，中國慈展會社會企業認證辦公室和成都市工商行政管理局通過合作方式，開展了成都市 2018 年首屆社會企業評審認證工作。為此，中國慈展會社會企業認證辦公室根據《成都市人民政府辦公廳關於培育社會企業促進社區發展治理的意見》（成辦函〔2018〕61 號）、《成都市社會企業評審認定管理工作試行辦

---

[1] 網易財經. 公益慈善與社會企業的亞洲探索文字實錄 [EB/OL]. (2013-04-06) [2019-04-01]. http://money.163.com/13/0406/23/8RQJ7MRB00254TJE.html.

[2] 中國公益慈善項目交流展示會. 來，幾步教你順利通過社會企業認證！[EB/OL]. (2018-08-08) [2019-06-22]. http://www.sohu.com/a/245975620_818314.

[3] 中國公益慈善項目交流展示會. 關於中國慈展會社會企業認證 [EB/OL]. [2019-06-22]. http://www.cncf.org.cn/cms/node/171.

[4] 成都市人民政府辦公廳關於培育社會企業促進社區發展治理的意見：成辦函〔2018〕61 號 [A/OL]. (2018-04-09) [2019-06-22]. http://gk.chengdu.gov.cn/govInfoPub/detail.action?id=98295&tn=6.

法》(成工商發〔2018〕26號)、《中國慈展會社會企業認證辦法(試行)》,堅持「政府引導、社會參與、獨立運作、專業服務」的評審工作原則,制定成都市2018年首屆社會企業評審認證工作方案。這是國內第一個由政府部門推出的社會企業管理辦法,具有「破冰起航」的重大意義[①]。2018年12月,成都認定首批12家社會企業。

2018年8月8日,北京市社會企業促進會發布了《北京市社會企業認證辦法(試行)》(以下簡稱《辦法》),《辦法》的發布使北京市社會企業的發展有了可參照的規範標準。

然而社會企業認證只是一個開始,關於社會企業的明確概念、登記註冊和監督管理等問題,中國還需要加快研究與實踐的步伐,才能使社會企業更好地在中國社會治理體系中精準定位,發揮出更大的作用。

四、社會組織在社會治理中的意義

(一) 彌補政府失靈和市場失靈

在社會組織產生之前,社會和公民所需要的公共物品和服務都是統一由政府提供的。但隨著社會進步和人民生活水準的不斷提高,政府對於日益高漲的公共物品和服務需求量愈發「力不從心」,尤其是在養老、教育、文化等領域。因此對於這類社會問題,政府就會存在「政府失靈」的困境。除政府外,市場也是生產和提供物品和服務的重要主體,但是市場追求利益最大化的永恆目標使得市場不願損害自身利益去提供公共物品和服務,有時甚至會為了自身利益而損害公眾利益。因此在公共物品和服務供給問題上,市場會出現「市場失靈」的困境。社會組織由於其非營利性、公共性、非政府性和志願性的屬性,可以較好地彌補政府和市場在公共物品和服務供給上出現的失靈,從而對政府和市場在社會治理中的不足進行補充,有效地保障社會公

---

① 四川新聞網. 創新社會治理體系 成都率先啓動社會企業評審認定工作[EB/OL]. (2018-06-06) [2019-06-22]. http://scnews.newssc.org/system/20180606/000882256.html.

眾的利益。

(二) 維護社會穩定，促進社會和諧

中國目前正處於關鍵的轉型時期，各方面的關係和利益錯綜複雜地糾纏在一起，由此產生了多種多樣的社會矛盾和社會關係，僅僅依靠政府來解決這些矛盾糾葛是不現實的。這時就需要社會組織出來充當社會公眾與政府之間的「潤滑劑」和「緩衝器」，有效傳達公眾的意見訴求，快速介入各種社會矛盾和突發事件，以維護社會穩定，保障公平正義。另外，隨著人民受教育水準的不斷提高，政治意識和主人翁精神的日益增強，人民希望能夠更加有效地參與到社會治理中。社會組織可以引導人民有序參與社會治理和表達自身訴求，從而縮短政府、公眾和社會之間的距離，增進多方合作，促進社會和諧。

第二節　社會組織的制度變遷

中國的社會組織種類繁多，各類社會組織所涉及的領域基本覆蓋了社會和人民生活的方方面面，因此對社會組織進行系統有序的管理是政府在社會治理工作上的重點。中國政府對社會組織的管理自中華人民共和國成立起就在不斷探索中，至今已經形成了一套全面高效的社會組織管理制度，並且將會隨著時情變化而不斷創新完善。

王名、孫偉林對於社會組織管理制度的概念界定，是從靜態角度去分析的。他們認為，「社會組織管理體制，是國家關於社會組織管理的行政機構設置、權限劃分、權力運行機制等方面的體系和制度的總稱，同時社會組織管理體製作為國家與社會關係的具體表現形式，體現為黨和政府關於社會組織發展與管理的一系列制度規範、機構設置和政策措施，體現為貫徹在各級黨政部門具體的社會組織管理實踐中的戰略思路及相應的制度安排，也體現為

黨和政府對待社會組織的基本態度和指導思想」①。我們還可以從動態角度去分析「社會組織管理制度」，將社會組織管理制度看作是不同時代背景下政府對各類社會組織所採取的不同管理手段與方式。因此本節從靜態和動態兩個角度去梳理社會組織管理制度的變遷，既整理研究不同時代中國政府出抬的各類社會組織管理的法律法規和政策條例，也分析比較中國政府曾經使用過的和正在實踐中的各種社會組織管理的方式方法。

一、1949—1969 年：集權管理

中國的社會組織歷史源遠流長，古代社會便有商會、同鄉會和宗教組織等。它們密切聯繫百姓，舉辦豐富多樣的組織活動。中華民國成立後至中華人民共和國成立之前，許多社會組織都為民族解放和中華人民共和國的成立做出了重大貢獻，但也有部分社會組織有危害人民民主革命勝利果實的舉動，因此中國政府無論是在中華人民共和國成立之前還是之後，對於社會組織的管理都非常重視。1949 年 3 月 25 日北平市軍事管制委員會頒布的《關於社會團體暫行登記辦法》，是中國最早的關於社會團體管理的政府文件，這份文件規定北京市管轄範圍內的社會團體必須經由政府登記方可算作合法。1949 年 10 月 31 日，陝甘寧邊區政府公布了《陝甘寧邊區人民團體登記辦法》。這是中華人民共和國成立之後的第一份關於社會團體管理的政府文件，與北京市軍事管制委員會制定的登記辦法相似。1949 年 11 月 7 日，中央人民政府內務部正式成立。內務部設立辦公廳和五個司，其中社會司主管社會團體和宗教團體的登記，但具體的登記辦法中央政府當時還在研討制定中②。

1950 年 9 月 29 日，中央人民政府政務院第 52 次政務會議通過《社會團體登記暫行辦法》並頒布實施。這份政府文件是中國社會組織管理制度建設的開端。《社會團體登記暫行辦法》首次對中國的社會團體進行了類型劃分，

---

① 王名,孫偉林.社會組織管理體制：內在邏輯與發展趨勢 [J]. 中國行政管理, 2011 (7)：16-19.

② 劉春.當代中國會組發展史研究 [D]. 北京：中國社會科學院研究生院, 2013.

第二章　社會組織

除了參加中國人民政治協商會議的民主黨派和人民團體、機關學校等機構的內部團體，以及其他法律另有規定的團體之外，它將應登記的社會團體分為六類，包括人民群眾、社會公益、文藝、學術、宗教團體等六類①。同時，它還確定了社會團體的登記許可制度，重點關注社會團體的整頓和反動社會團體的取締。

1951年3月23日，中央人民政府內務部公布《社會團體登記暫行辦法施行細則》，配合1950年政務院頒布的《社會團體登記暫行辦法》，具體落實全國各省市地區社會團體的登記管理，是當時中國各級政府管理社會團體最重要的法理依據。《社會團體登記暫行辦法施行細則》明確規定了社會團體分級登記的原則，即全國性的社會團體向內務部登記，地方性的社會團體向當地人民政府申請登記②，這就意味著中國社會組織管理制度雛形已經出現。

雖然中國政府在成立之初就非常重視社會組織的管理，但從《社會團體登記暫行辦法》和《社會團體登記暫行辦法施行細則》這兩份行政法規來看，當時政府對於社會組織的關注重點不在於管理，而是清理，即清理取締反動的不符合中華人民共和國國情的社會組織，其他社會組織暫時予以保留。朱衛國就認為《社會團體登記暫行辦法》的出抬，只是「為清理、解散當時存在的社會團體提供法律和政策依據」③。同時，《社會團體登記暫行辦法》僅規定了各類社會團體的登記機關，卻沒提及社會團體的管理機關。由此可見在對社會組織集權管理的時期，政府對於社會團體的管理重點在於清理整頓，為的是維護新政權的穩定，導致那一時期社會組織數量急遽減少，存留下來的社會團體也受到黨政機關的嚴格管控，失去了社會組織應當發揮的社會治理作用。

---

① 鄧正來，丁軼. 監護型控制邏輯下的有效治理——對近三十年國家社團管理政策演變的考察 [J]. 學術界，2012（3）：5-26.
② 鄧正來，丁軼. 監護型控制邏輯下的有效治理——對近三十年國家社團管理政策演變的考察 [J]. 學術界，2012（3）：5-26.
③ 朱衛國. 民間組織的法治建設 [C] // 王名. 中國民間組織30年——走向公民社會. 北京：社會科學文獻出版社，2008：88.

二、1970—1989 年：分散管理

　　隨著社會組織第一次大規模清理整頓的結束，中國當時施行的社會組織管理制度也日益完善，政府高度集權地管控著社會團體的登記註冊，社會團體發展緩慢，因此《社會團體登記暫行辦法》和《社會團體登記暫行辦法施行細則》實際上變成了一紙空文。1956 年社會主義改造完成後，中國所有的政府部門基本上都參與社會組織的管理工作，負責與自身部門相關的社會組織的登記註冊，內務部形同虛設[①]。

　　1966 年至 1976 年，社會組織的發展與管理基本上處於停滯狀態。在「文化大革命」前所建立的社會組織管理制度與機構都受到巨大衝擊，無法發揮作用。1969 年 1 月，內務部被撤銷，社會組織的管理正式進入分散管理時期。各個政府部門都有權對社會組織進行審批和監管，由於管理權的分散，一方面，出現社會組織的審批管理混亂，重複設立甚至擅自設立社會組織的情況；另一方面，社會組織也借此快速發展，數量大幅度增加。

　　1978 年 2 月，民政部成立，但最初的民政部並沒有發揮之前內務部管理監督社會組織的作用，社會組織管理雜亂無章的局面依舊未變。十一屆三中全會召開後，政府的工作重心轉移到經濟建設上，對社會放鬆管制，讓渡出更多的空間，社會組織迎來一個爆炸式增長的時機。1990 年，全國性的社團達到 1,100 多個，地方性的社團達到 18 萬個左右，分別比「文化大革命」開始前增長了 10 倍和 29 倍[②]。雖然政府注意到社會組織數量的過快增加，在 1984 年 11 月 17 日由中共中央、國務院發布《中共中央、國務院關於嚴格控制成立全國性組織的通知》，明確規定社會團體由各歸口部門分別審查，由國家體改委負責審定，但這份行政文件沒能制止社會組織無序發展的態勢，政府對於社會組織的管理仍處於分散管理的狀態。

[①] 馬伊里，劉漢榜. 上海社會團體概覽 [M]. 上海：上海人民出版社，1993：10-11.
[②] 鄭琦. 發揮社團紐帶作用 做好新社會階層的統戰工作——基於北京市 30 家社團的實證研究 [J]. 毛澤東鄧小平理論研究，2007（4）：79-82.

三、1990—2013 年：雙重管理

　　隨著改革開放的有序推進，中國經濟建設形勢一片大好，政府的工作重心逐漸向社會治理方面轉移。由於社會主義市場經濟體制改革進一步深化，西方資本主義思想在國內盛行，社會組織借著這股思潮大肆舉辦各類社會組織活動，加之反動反社會主義思想開始抬頭，引起政府部門對社會組織管理的高度重視，改變社會組織分散管理、雜亂無章的局面勢在必行。1988 年 7 月 7 日，國家機構編製委員會第二次會議通過了民政部「三定」方案。該方案規定由民政部負責全國性和涉外社會團體的登記管理，同時指導各級民政部門處理地方性社會團體的登記管理，從而結束了此前長達數十年社會組織登記管理權力分散的局面。該方案將社會組織管理職能歸口至民政部門，此後民政部成立了社團管理司，專職負責社會組織的登記管理[①]。中國社會組織的歸口式雙重管理就此起步。

　　1988 年 9 月國務院頒布的《基金會管理辦法》，規定基金會首先必須由歸口管理部門報人民銀行審批，再由民政部門登記註冊後方能開展活動，從而開啓基金會依法登記的歷史。《基金會管理辦法》的出抬改變了以往民政部門單一歸口管理的制度，將社會組織的管理權力一分為三，歸口管理、審議批准、登記註冊這三者環環相扣，提高了社會組織管理制度的嚴密性，同時也為雙重管理制度奠定了基礎。

　　1989 年政府再一次提高了對各類社會組織的警惕，此前反復調整修改的《社會團體登記管理條例》也因此迅速敲定，並於 10 月 25 日頒布實施。《社會團體登記管理條例》規定社會團體經業務主管部門批准同意後，再到登記管理部門登記註冊，這樣才算是合法成立。雖然這部行政條例主要目的是清理、整頓、規範社會組織發展混亂無章的局面，從而維護社會穩定，但同時這部行政條例也使得雙重管理制度以行政法規的形式被確定，加速了雙重管理制度和社會組織現代化管理機制的形成。

---

① 吳皓. 中國社會組織成立登記管理制度研究 [D]. 揚州：揚州大學，2018.

1993年中共十四屆三中全會通過的《中共中央關於建立社會主義市場經濟體制若干問題的決定》，提出要轉變政府職能，政企分開，繼續並盡早完成政府機構改革。在此情況下，社會組織管理的行政化色彩被削弱，社會組織又一次迎來發展的高潮。1989年制定的《社會團體登記管理條例》雖然規定了社會團體的登記管理程序，但是當時中國的社會組織種類繁多，開展的組織活動涉及社會生活的方方面面，因此修訂《社會團體登記管理條例》，補充完善中國社會組織管理的法律法規體系迫在眉睫。

1997年1月28日，民政部發布了《關於清理整頓社會團體的意見》。該意見要求業務主管部門和登記管理部門嚴格把控，詳細檢查社會團體的發展情況和組織活動，清理整頓不合格的社會團體；與此同時，明確規定了業務主管部門和登記管理部門的職責範圍，確定雙重管理制度的主要內容，即登記管理部門負責社會組織的登記註冊和法律法規的制定工作，業務主管部門則負責社會組織的管理監督和法律法規的具體落實。

經過幾年的研究與實踐，國務院於1998年10月25日頒布實施了新版的《社會團體登記管理條例》，進一步完善了雙重管理制度。首先，雙重管理部門分工再一次細化。業務主管部門負責社會組織的日常管理監督以及成立申請、年度檢查等初審工作，登記管理部門則負責登記註冊和其他事項的最終審批工作。其次，社會組織准入門檻和監督管理要求進一步提高。1998年的《社會團體登記管理條例》明確了社會團體的法人地位，提高了社會團體註冊資金、人員機構等硬性准入條件，同時要求業務主管部門輔助社會團體建立日常工作年度報告制度。最後，社會組織內部管理工作得到詳細規定。新版《社會團體登記管理條例》細緻地規定了社會團體內部的資產、人事、信息公開等工作，要求社會團體形成合乎法律規定的內部運行機制和信息公開制度。

1998年《社會團體登記管理條例》頒布實施後，中國社會組織管理工作整體上有所進步。但有些地方和部門還未重視和貫徹社會組織管理工作，雙重管理制度沒有得到有效落實，相關法律法規尚未健全，社會組織管理工作沒有取得應有的效果，因此民政部在2000年下發了《民政部關於重新確認社會團體業務主管單位的通知》。該通知明確界定了社會組織的業務主管單位，

規定了業務主管單位的職責，列舉了全國性社會團體的業務主管單位，進而有力保障了雙重管理制度的具體落實。

四、2014 年至今：直接登記制度與備案管理制度

此前的集權管理制度、分散管理制度以及雙重管理制度都是自上而下建立落實的，即先由中央人民政府出抬政策條例，地方人民政府及各部門具體落實。直接登記制度則是首先由地方人民政府進行的社會組織管理制度的探索實踐，卓有成效後才上報中央，最後在全國範圍內推廣落實。

沿海地區的社會組織在最近十來年中都是非常活躍且在全國名列前茅的。深圳市早在 2004 年就開始了社會組織直接登記的實踐探索，成立了市行業協會服務署，將原先各業務主管單位的職責統一歸於市行業協會服務署，切斷行業協會管理的行政關聯，提高行業協會的自由度和民主化。鑒於深圳行業協會改革的良好效果，2005 年 12 月 2 日廣東省第十屆人民代表大會通過了《廣東省行業協會條例》，其中規定：「縣級以上人民政府民政部門是行業協會的登記管理機關；其他有關部門在各自職責範圍內依法對行業協會進行相關業務指導。」[1] 該條例首次將「業務主管單位」改為「業務指導單位」，並且取消了業務指導單位關於行業協會成立申請的初審管理權力，改由民政部門作為登記管理機關直接負責行業協會的成立審批和登記註冊。

直接登記制度在行業協會首先取得突破，但這只是一個開始。2008 年深圳市出抬了《關於進一步發展和規範我市社會組織的意見》，直接登記制度進一步覆蓋工商經濟類、社會福利類、公益慈善類的社會組織，直接登記制度建設工作有序推進。同年國務院批復的《深圳市綜合配套改革總體方案》和 2011 年民政部簽署的《民政部、深圳市人民政府推進民政事業綜合配套改革合作協議》，表明了中央人民政府對廣東省開展的社會組織直接登記制度的實

---

[1] 廣州社會組織研究院，廣州市社會組織聯合會. 社會組織政策法規 [M]. 廣州：廣東人民出版社，2017：120.

踐探索的認可。此後數年內，廣東省繼續推進社會組織直接登記制度在全省範圍內的建設落實，不僅使得廣東省的社會組織活力進一步釋放，同時也為全國各地社會組織管理制度的改革提供了寶貴的經驗。

2013 年 3 月第十二屆全國人民代表大會第一次會議通過的《國務院機構改革和職能轉變方案》指出，「重點培育、優先發展行業協會商會類、科技類、公益慈善類、城鄉社區服務類社會組織。成立這些社會組織，直接向民政部門依法申請登記，不再需要業務主管單位審查同意」[①]。該方案意味著直接登記制度在涵蓋全國範圍內的行業協會商會類、科技類、公益慈善類、城鄉社區服務類等類型的社會組織方面取得了重大進步，直接登記制度首次在國家層面得到明確規定。隨後各地方人民政府相繼出拾了符合當地實際情況的社會組織直接登記的地方性法規，比如 2013 年 8 月湖南省民政廳印發的《湖南省民政廳關於對四類社會組織實行直接登記管理的暫行辦法》，2014 年 4 月上海市民政局制定的《上海市社會組織直接登記管理若干規定》，2015 年 1 月陝西省民政廳出拾的《陝西省四類社會組織直接登記管理辦法》，等等[②]。雖然各地制定實施的社會組織直接登記制度在細節規定上略有不同，但都緊跟中央步伐，共同實踐及探索符合時代背景和實際情況的社會組織管理制度。

自 2013 年直接登記制度在全國範圍內推廣開來後，經過這幾年的發展與實踐，雖然取得了一些成績，但總體進步不大。從 2018 年 8 月民政部發布的《社會組織登記管理條例（草案徵求意見稿）》來看，「設立下列社會組織，依照本條例的規定直接登記：（一）行業協會商會；（二）在自然科學和工程技術領域內從事學術研究和交流活動的科技類社會團體、社會服務機構；（三）提供扶貧、濟困、扶老、救孤、恤病、助殘、救災、助醫、助學服務的公益慈善類社會組織；（四）為滿足城鄉社區居民生活需求，在社區內活動的

---

① 新華社. 國務院機構改革和職能轉變方案［EB/OL］.（2013-03-15）［2019-04-01］. http://www.gov.cn/govweb/2013lh/content_2354443.htm.
② 徐家良. 新時期中國社會組織建設研究［M］. 北京：中國社會科學出版社，2016：61.

城鄉社區服務類社會團體、社會服務機構①。設立前款規定以外的社會組織，以及依照法律、行政法規和國家有關規定須有業務主管單位的行業協會商會，應當經其業務主管單位審查同意，並依照本條例的規定進行登記」，在國家層面直接登記至今仍局限於行業協會商會類、科技類、公益慈善類、城鄉社區服務類四類社會組織。直接登記制度在全國推進的步伐較為緩慢，沒能覆蓋大部分社會組織，中國社會組織管理制度目前依舊處於雙重管理與直接登記並存的轉型階段。漫長的轉型期無疑對中國日益活躍的社會組織的登記管理造成了阻礙，不僅不利於各類社會組織繁榮發展，同時也將限制社會組織在社會治理體系中的作用的發揮，因而中央人民政府和各級地方人民政府應當加快直接登記制度的研究步伐，加大直接登記制度在中國多層次、全方位的推廣力度。

儘管新時期的社會組織管理制度的主體是直接登記制度，但為了更好地發揮中國社會組織在社會治理中的功能和作用，中國應對那些尚不符合社會組織直接登記制度的社會組織實施備案制度。備案制度最早實踐於青島市，2002年青島市對不符合登記條件的社區民間組織實施了備案制度②，這是備案制度在地方上的實踐與突破。2005年，民政部下發了《民政部關於促進慈善類民間組織發展的通知》，准許對基層慈善類民間組織進行備案管理，這是備案制度在全國性基層慈善類民間組織的突破。隨後幾年裡民政部在北京、江西、上海、深圳等地區進行備案制度的試點，在試點工作順利進行並取得不錯成績後，備案制度進而在全國其他地區推行。截至目前，備案制度在全國範圍內都沒有一個統一的具體規定，各地實施的備案制度各不相同，中央人民政府也還沒有完全明確肯定和界定備案制度在社會組織管理工作中的功能和作用。因此中國還需再進一步研討和實踐備案制度，它才能與直接登記制度一道共同構建新時代社會組織管理制度。

---

① 王勇. 解讀《社會組織登記管理條例（草案徵求意見稿）》，15項內容值得重點關注 [EB/OL].（2018-08-07）[2019-04-01]. http://www.gongyishibao.com/html/yaowen/14548.html.
② 李玫. 非營利組織管理學 [M]. 北京：高等教育出版社, 2016：163.

第三節　小結與評價

自中華人民共和國成立以來，國內的社會組織不斷蓬勃發展，為社會和諧與穩定做出了巨大貢獻。改革開放後，在政府扶持下，社會組織成為社會治理的主力軍，社會治理煥發出更多活力，公眾的參與和主人翁意識日益增強，中國的社會治理體系緊跟時代步伐不斷革新。

中華人民共和國的社會組織經歷了概念內涵、組織構成和管理制度等多方面的變遷。「社會組織」這一名稱於21世紀初被官方確認，從而結束了在此之前非營利組織、非政府組織等諸多概念並存，不利於中國社會組織有序發展和規範管理的局面，同時也理清了中國社會組織的類型和發展脈絡。伴隨著社會組織概念內涵的確定，社會組織管理制度也在不斷變遷中，自中華人民共和國初期的集權管理制度到現如今仍在探索突破階段的直接登記制度，社會組織管理制度在不同時期都契合著當時的社會狀況，並且注重社會組織的新發展，將大部分社會組織類型都納入管理制度中，探討新興社會組織類型的界定與管理。

中國社會組織及其管理制度目前都初具規模，但仍有進步的空間。首先，儘管中國社會組織管理制度正朝著直接登記這個更加寬鬆靈活的方向轉變，但從現如今的情況來看，中國依舊是以雙重管理為主體和核心，新制度仍有很長的路要走，有很多困難要克服。雙重管理制度在過去社會組織相關法律法規不完善的時期發揮了重要作用，然而在社會治理和社會組織需要更大的空間和主動權的新時期，雙重管理制度會嚴重限制社會組織的快速發展，影響社會治理體系功效的實現，因此我們應該加快推動社會組織管理制度的改革步伐，促進社會組織健康有序發展。其次，梳理社會組織及其管理制度的變遷過程，我們可以從中發現諸多改變和進步都是以法規、條例和政府文件為主要推動力的，法律制度出現嚴重缺位，尤其是專門針對社會組織的法律。這不利於社會組織的有序發展，因而我們必須重視社會組織的立法工作，早

日形成社會組織的法律體系。最後，中國的社會組織管理存在著管理規範與實際情況不符的困境。一方面，中國的社會組織目前已經形成了非常龐大的規模，並且不斷湧現出新興社會組織，而社會組織的管理制度卻沒有將所有的社會組織納入其中，仍然有一些社會組織處於「黑戶」狀態。另一方面，對於已經取得活動資格的社會組織，社會組織管理制度並沒有明確規定其業務主管單位，相關政府部門與民政部門銜接不暢，社會組織管理制度在地方上沒能得到確切落實，從而極大地影響了社會組織的有效管理。

在未來的發展上，中國首先應持續深化社會組織領域的各項改革，包括完善慈善事業相關制度，推進社會組織領域「放管服」改革，強化社會組織信用管理，推進「互聯網+」社會組織建設；其次應加強對社會組織的監督管理，包括規範社會組織登記管理，開展打擊整治非法社會組織專項行動，規範行業協會商會涉企收費，營造社會組織發揮作用的良好環境；最後應鼓勵和支持社會組織發揮作用，加大培育扶持力度，聚焦脫貧攻堅，引領社會組織、社會工作和志願服務發揮積極作用[①]。

[①] 最大限度地釋放社會組織、社會工作和志願服務正能量——民政部社會組織管理局（社會組織執法監察局、社會工作司）2017年工作綜述 [J]. 中國社會組織，2017（24）：8-15.

經典案例：「多背一公斤」

社會企業：連結商業與公益

20世紀80年代以來，歐美資本主義國家屢屢發生金融危機和經濟危機，為應對緩慢發展的資本主義經濟和高財政負擔的福利制度，歐美國家和人民將振興資本主義社會的希望寄予商業與公益相結合的社會企業。社會企業家們在政府的扶助下大力興辦社會企業，為社會和公民提供免費或者低價的公共物品和服務，比如孟加拉國的穆罕默德·尤努斯以鄉村銀行為基礎，創辦了格萊珉電信和格萊珉達能食品公司等社會企業，美國人彼爾·德雷頓創建的「阿育王」致力於發現和資助社會企業家，等等。社會企業在21世紀初才逐漸在中國興起，並且得到政府和學術界的關注，「第一反應」「喜憨兒」「成都朗力」等一批具有中國特色的社會企業陸續成立，社會企業的活動涉及養老、扶貧、環保等公共領域。「多背一公斤」這個將旅遊與公益相結合的社會企業尤其受到被鋼筋水泥包圍、崇尚說走就走的旅行的當代年輕人的關注。下面就對「多背一公斤」這個案例進行分析，從中瞭解社會企業的興起與發展，探索中國社會組織發展的未來趨勢①。

一個人的公益旅遊到一群人的志願服務

「多背一公斤」於2004年成立，最初設想是公益旅遊，現今的活動內容更加豐富，主要集中於鄉村兒童和鄉村教育。創始人餘志海在創立「多背一公斤」之前是一名關心社會、熱衷公益的公司白領，網絡用名為「安豬」，是由英文名Andrew音譯而來的，下文即用「安豬」稱呼他。2004年4月在朋友雲南支教體驗故事的啓發下，安豬提出「多背一公斤」的設想，即在旅行時多背一公斤物品，比如衣物、書本、文具等，送給留守在偏遠地區的兒童和

---

① 本部分依據相關資料改寫。人民政協網．安豬：快樂公益「一公斤」［EB/OL］．（2014-08-05）［2019-06-09］．http://www.rmzxb.com.cn/c/2014-08-05/358785.shtml.

支教老師們。安豬搭建了一個志願者們交流溝通的「多背一公斤」網絡社區，這時的「多背一公斤」實際上還是一個規模較小的志願服務組織，或者說是公益類的社會團體。「多背一公斤」活動參與者多為驢友，活動影響區域也僅限於雲貴地區的偏遠農村，社會影響力有限。在安豬跟隨「多背一公斤」活動到貴州地區實地考察，並參觀瞭解了西部陽光行動、復新學校和中國青年志願者扶貧接力計劃等公益項目後，安豬決定將「多背一公斤」的內涵進一步擴展，使它不僅僅是為貧困農村地區兒童送去物資，更重要的是為偏遠鄉村的兒童帶去文化知識和外界諮詢，注重志願者與孩子們的交流與溝通。處於志願服務組織階段的「多背一公斤」，組織結構無序鬆散，組織活動無章可循，組織活動資金主要來自組織成員和極少的外部捐獻，無法達到社會團體的登記註冊條件，缺失足夠的官方和非官方的外部宣傳，組織發展緩慢。

以內部治理機制明晰的商業公司來運作公益項目

2008年，在「多背一公斤」網站註冊的志願者越來越多，達成合作的鄉村學校超過500所，安豬開始研究「多背一公斤」的未來發展道路。他註冊了一家名為「愛聚」的公司，跟商業企業合作，以服務費的形式賺取收入並解決營運成本等問題。公益項目還可以得到社會捐贈，用以為「多背一公斤」爭取更多的活動資金，「多背一公斤」開始逐漸轉型為社會企業。與此同時，安豬開始著手「多背一公斤」內部治理機制的建設，先是創建廣州、上海等地的團隊，由各地的團隊負責人領導「多背一公斤」活動的開展，而後在網上公開招聘平臺管理、活動管理、組織建設等內部治理模塊的工作人員，以提高「多背一公斤」團隊的專業性和多樣性。隨著專業性團隊和系統明晰的內部治理機制的建立，「多背一公斤」的項目也不斷擴充。2011年7月，「多背一公斤」團隊研發出了「一公斤盒子」項目，分為美術、閱讀、手工、戲劇四大類。盒子裡有基本的教學材料，包括筆、顏料、活動提示。一線的志願者或老師只要填寫一份表格，說明活動計劃並承諾反饋，就可以申請「一公斤盒子」。第一個「盒子」大獲成功後，團隊又針對孩童成長教育中的具體情況設計了一系列主題教育盒子，內容涵蓋洗手、零食、垃圾管理等多個主題。以前「背包客」無論怎麼背物資，在學校的互動都很難深入。有了這樣

一個盒子，教師們發揮各自的創意，能夠給孩子們帶去多元化的課程體驗。更為關鍵的是，盒子再一次向人們證明了「多背一公斤」的公益理念———孩子們精神層次的收穫比起物質捐贈更為重要。目前，全國已有500餘所學校使用過「一公斤盒子」，覆蓋了25個省份，為「多背一公斤」創造了穩固的盈餘。

通過社會企業認證

2015年中國首部民間社會企業認證辦法《中國慈展會社會企業認證辦法（試行）》的出抬，意味著社會企業管理制度正在醞釀中。這對社會企業來說，既是機遇，又是挑戰。社會企業管理制度的形成雖然會使得部分社會企業因達不到某些登記註冊條件而無法繼續順利開展活動，但對於社會企業整體來說，社會企業得以納入社會治理體系中，享受政府的幫扶，在法律法規的支持下吸納更多的資金，開展更多更豐富的組織活動，社會企業未來發展前景是光明的。「多背一公斤」同樣認識到社會企業認證的重要性，以廣州愛聚企業管理諮詢有限公司（一公斤盒子）的名義於2017年通過了社會企業認證。

思考：社會企業如何在社會治理中發揮作用？

「多背一公斤」是中國社會組織和社會企業發展的一個縮影。通過對「多背一公斤」發展歷程的分析，我們可以發現社會組織生存發展的困境，總結社會組織不斷尋求自我、突破自我、尋求發展的經驗；最重要的是，研究探討社會企業作為社會組織未來發展會面臨的機遇與挑戰。在社會主義市場經濟快速發展和政府職能機構改革不斷深化的大背景下，中國的社會組織無疑成為新時代社會治理的重要主體，政府要加快研究制定社會組織管理的法律法規，社會組織要在政府的指導下開展更多真正惠及人民、有助和諧的公益活動，企業組織、學術界和公民個人要積極配合和參與社會治理，如此方能使經濟更加繁榮，社會更加和諧，人民生活更加美好。

本章參考文獻

［1］王名. 非營利組織管理概論［M］. 2 版. 北京：中國人民大學出版社，2010.

［2］王名，賈西津. 中國 NGO 的發展分析［J］. 管理世界，2002（8）：30-43.

［3］韓晉芳，董亞崢.「人民團體」的歷史演變［J］. 學會，2012（12）：3-8.

［4］李學舉. 以六中全會精神統領民政工作［J］. 中國民政，2006（11）：4-6.

［5］王勇. 中國社會組織已達 81 萬個［N］. 公益時報，2019-01-08（5）.

［6］王名，孫偉林. 社會組織管理體制：內在邏輯與發展趨勢［J］. 中國行政管理，2011（7）：16-19.

［7］鬱建興，金蕾. 社區社會組織在社會管理中的協同作用——以杭州市為例［J］. 經濟社會體制比較，2012（4）：157-168.

［8］張冉. 非營利組織管理［M］. 北京：北京大學出版社，2014.

［9］黃震海. 促進中國社會組織發展的若干思考［J］. 學術界，2011（6）：210-215.

［10］王名，孫偉林. 社會組織概論［M］. 北京：中國社會出版社，2010.

［11］徐家良. 新時期中國社會組織建設研究［M］. 北京：中國社會科學出版社，2016.

［12］謝海定. 中國民間組織的合法性困境［J］. 法學研究，2004（2）：17-34.

［13］廣州社會組織研究院，廣州市社會組織聯合會. 社會組織政策法規［M］. 廣州：廣東人民出版社，2017.

[14] 周秋光, 曾桂林. 當代中國慈善事業發展歷程回顧與前瞻 [J]. 文化學刊, 2007 (5): 14-22.

[15] 王紹光. 多元與統一: 第三部門國際比較研究 [M]. 杭州: 浙江人民出版社, 1999.

[16] 王世強.「社會企業」概念解析 [J]. 武漢科技大學學報 (社會科學版), 2012, 14 (5): 495-500.

[17] 趙萌, 郭欣楠. 中國社會企業的界定框架——從二元分析視角到元素組合視角 [J]. 研究與發展管理, 2018, 30 (2): 136-147.

[18] 劉春. 當代中國會組發展史研究 [D]. 北京: 中國社會科學院研究生院, 2013.

[19] 鄧正來, 丁軼. 監護型控制邏輯下的有效治理——對近三十年國家社團管理政策演變的考察 [J]. 學術界, 2012 (3): 5-26.

[20] 朱衛國. 民間組織的法治建設 [C] // 王名. 中國民間組織30年——走向公民社會. 北京: 社會科學文獻出版社, 2008.

[21] 馬伊里, 劉漢榜. 上海社會團體概覽 [M]. 上海: 上海人民出版社, 1993.

[22] 鄭琦. 發揮社團紐帶作用 做好新社會階層的統戰工作——基於北京市30家社團的實證研究 [J]. 毛澤東鄧小平理論研究, 2007 (4): 79-82.

[23] 吳皓. 中國社會組織成立登記管理制度研究 [D]. 揚州: 揚州大學, 2018.

[24] 李玟. 非營利組織管理學 [M]. 北京: 高等教育出版社, 2016.

[25] 最大限度地釋放社會組織、社會工作和志願服務正能量——民政部社會組織管理局 (社會組織執法監察局、社會工作司) 2017年工作綜述 [J]. 中國社會組織, 2017 (24): 8-15.

第三章
社區自組織

第一節　社區自組織的內涵與意義

一、社區自組織的定義與內涵

何謂「社區自組織」，社區自組織與社區自治的概念之間有哪些異同？我們需要先從自組織的概念談起。

自組織並非社會科學概念，而是衍生於自然科學。「自組織」概念源於20世紀60年代末期開始建立與發展的自組織理論，其基本思想和理論內核由耗散結構論和協同學等自然科學前沿給出，研究的主要是非線性的複雜的自組織形成過程。具體來說，所謂自組織，是指不需要外界指令而能自行組織、自行創生、自行演化，能夠自主地從無序走向有序的過程[1]。自組織是自然界和社會長期演化選擇和形成的優化過的進化方式[2]。近年來，自組織的概念被廣泛運用於社會科學領域。

和自組織的概念相對的是他組織。他組織指的是由一個權力主體指定一群人組織起來，以完成一項被賦予的任務[3]。自組織（self organization）則是一群人基於自願的原則主動結合在一起，具有以下特點：一是一群人基於關係與信任而自願地結合；二是結合的群體產生集體行動的需要；三是為了管理集體行動而自定規則、自我管理[4]。自組織是與市場及層級相區別的第三種治理模式，具有獨特的治理機制、內部運行邏輯和規則。在社會治理的研究中，自組織的概念通常用以指稱在社會生活領域作為非國家、非市場領域的

---

[1] 吳彤. 自組織方法論研究 [M]. 北京：清華大學出版社，2001：3.
[2] 吳彤. 自組織方法論研究 [M]. 北京：清華大學出版社，2001：12.
[3] 梁肖月，羅家德. 城市社區自組織培育歷程研究——以大柵欄街道培育社區自組織為例 [J]. 國際社會科學雜誌（中文版），2019，36（1）：60-74.
[4] 羅家德，梁肖月. 社區營造的理論、流程與案例 [M]. 北京：社會科學文獻出版社，2017：16.

第三章　社區自組織

自治理機制或自治理團體。自治是一種十分悠久的治理方式，在國家未產生之前，人類主要依靠的便是自我治理[①]。

那麼，什麼是社區自組織？從現有的文獻資料來看，自組織概念通常派生為社區自組織[②]，以用於研究社區建設與社區治理。社區自組織意味著不需要外部具體行政指令的強制，社區成員通過面對面協商，取得共識，消除分歧，解決衝突，增進信任，合作治理社區公共事務，並使社區逐步進入「自我維繫」狀態[③]。社區自組織是指不需要外部力量的強制性干預，社區通過自身就可以實現自我管理、自我教育、自我服務、自我約束，進而實現社區公共生活的有序化[④]。對農民而言，農民自組織是在自發性和自願性基礎上建立的民間社團，它是農民自我組織、自我管理、自我教育、互助合作，旨在維護其合法權益，具有高度自主性和獨立性的群眾性組織[⑤]。社區自組織就是社區利益共同體的「自我組織」與「自我管理」[⑥]。

城鄉社區是社會治理的基本單元。儘管不同的學者對社區自組織所下的定義不盡相同，但其落腳點基本一致，即均強調治理機制或組織要素的自發性、自願性和自主性等特性，其目的是實現城鄉社區居民的自我管理、自我教育和自我服務。「社區自組織」的概念正是基於以上理論意義和研究背景提出的。

社區自組織與社區自治的概念又有什麼區別呢？在學者們看來，社區自

[①] 徐勇. 實踐創設並轉換範式：村民自治研究回顧與反思——寫在第一個村委會誕生35週年之際 [J]. 中國社會科學評價, 2015 (3): 4-12.
[②] 社區自組織與社區自治的概念既有聯繫又有區別，但組織概念的引入突破了社區自治概念的缺陷，下文將介紹兩種說法的相關性和區別。此外，如無特別說明，下文所出現的「自組織」說法均指代「社區自組織」。
[③] 陳偉東, 李雪萍. 社區自組織的要素與價值 [J]. 江漢論壇, 2004 (3): 114-117.
[④] 楊貴華. 轉換居民的社區參與方式，提升居民的自組織參與能力——城市社區自組織能力建設路徑研究 [J]. 復旦學報 (社會科學版), 2009 (1): 127-133.
[⑤] 胡澤勇. 新農村建設中農民自組織的再生和發展研究 [J]. 湖北社會科學, 2009 (8): 38-41.
[⑥] 宋言奇. 中國農村生態環境保護社區「自組織」載體芻議 [J]. 中國人口·資源與環境, 2010, 20 (1): 81-86.

組織概念的提出突破了目前學術界流行的社區自治①概念的局限，其概念優勢表現在：第一，強調自我賦能而非政府分權，合作而非對立。社區自治強調的是社區組織的自主權，實際上是社區特定的管理組織的權力規則和利益格局；社區自組織更注重社區對於資源、人員和其他要素的組織過程和功能狀況，包括以社區為單位的自我傳遞、自我複製、自我整合和自我推動②。社區自組織能力的提高會要求社區自組織與政府協調及合作，協力打通社區公共治理與服務的「最後一公里」。第二，彌補了社區自治組織概念內涵的不足。社區自治組織是實現社區自治的組織載體。在當前有關社區自治的研究中，大部分學者僅把居（村）委會視為社區自治的唯一組織主體，忽略了社區領域實際大量存在的「自組織治理」狀態及其組織力量，譬如業委會、社區仲介組織、群眾社團等非政治性、非營利性的組織③。事實上，就「自組織」的研究而言，「儘管存在這種社會上必要的最低限度的自組織實踐，自組織只是晚近才成為科學探討的焦點」④。第三，避免組織功能的「全能化」傾向。從現實層面來看，現代社區公共事務越來越多地呈現出複雜性、多樣性和動態性等特點⑤，表明任何一個社區要達到有效的治理都不可能完全依賴於居（村）委會的力量，不同類型與功能的社區自治組織各有所長，而居（村）民差異化的需求是否滿足及其滿足的程度則取決於這些組織的能力與數量。

通過以上對社區自組織概念的梳理，我們可以發現，社區自組織的內涵是城鄉社區內居（村）民對社區事務的自治理，其形式屬性外延，則是指廣泛存在於城鄉社區中的自治理狀態及其組織力量。具體來看，居民委員會和

---

① 目前，學術界流行的社區自治概念包括兩種：一是社區自治就是地方自治，主張通過分權化改革，地方獲得相對於中央（國家）的自治權；二是社區自治是政府管理之外的社會自治，通過分權，社區自治組織獲得相對於地方政府的自治權。這兩種觀點均主張政府分權來達到社區自治的目的，其內容過於褊狹。參見：聶運麟. 走向社區自組織——評《社區自治：自組織網絡與制度設置》[J]. 社會主義研究，2004（4）：128-129.
② 沈紅. 扶貧傳遞與社區自組織 [J]. 社會學研究，1997（5）：32-41.
③ 曾望軍，呂耀懷. 論社區自組織在社區管理中的角色歸類及自治功能 [J]. 理論與改革，2006（1）：30-33.
④ 俞可平. 治理與善治 [M]. 北京：社會科學文獻出版社，2000：58-59.
⑤ 陳偉東，李雪萍. 社區自組織的要素與價值 [J]. 江漢論壇，2004（3）：114-117.

村民委員會是城市和農村按居民居住地區設立的基層群眾性自治組織，業主委員會是城市居民參與和管理社區公共事務的最典型的自治組織[1]，而農民專業合作社是一種農民「滿足共同的經濟和社會需要的自治組織」[2]。此外還包括由社區居民發起成立，在城鄉社區開展為民服務、公益慈善、鄰里互助、文體娛樂和農村生產技術服務等活動的社區社會組織[3]。這些組織具有的共同特點是：①基於共同的社區生活產生的關係與信任自願結合；②自下而上地發起成立，不需要來自外部或者上級的強制性干預力量；③為了達到合作治理社區公共事務的目的而自定規則、自我管理；④具有根據社區居民需求與社區公共事務的差異化而動態化發展的特點。

二、社區自組織的發展概況

總體來看，各種類型的社區自組織隨著中國改革開放的縱向推進，呈現出一種積極發展的態勢，以下對社區自組織的典型代表力量進行介紹。

（一）村委會、居委會發展概況

民政部發布的《2017年社會服務發展統計公報》顯示，截至2017年年底，中國基層群眾性自治組織共計66.1萬個，其中：村委會55.4萬個，比上年下降0.9%；村民小組439.7萬個，村委會成員224.3萬人，比上年下降0.5%；居委會10.6萬個，比上年增長2.9%；居民小組137.1萬個，居委會成員56.5萬人，比上年增長4.7%（見表3.1）[4]。

---

[1] 柴小華.當居民成為業主——試論城市社區居委會與業委會的整合[J].寧波大學學報（人文科學版），2005（5）：105-110.
[2] 井世潔，趙泉民.組織發展與社會治理：以鄉村合作社為中心[M].北京：中國經濟出版社，2017：90.
[3] 中華人民共和國民政部.民政部關於大力培育發展社區社會組織的意見：民發〔2017〕191號[EB/OL].（2018-01-08）[2019-05-11].http://leyi.hacz.edu.cn/s/153/t/1457/db/9f/info56223.htm.
[4] 中華人民共和國民政部.2017年社會服務發展統計公報[EB/OL].（2018-08-02）[2019-05-12].http://www.mca.gov.cn/article/sj/tjgb/201808/20180800010446.shtml.

表 3.1　2010—2017 年中國居（村）委會數量　　　　單位：萬個

年份	2010 年	2011 年	2012 年	2013 年	2014 年	2015 年	2016 年	2017 年
居委會	8.7	8.9	9.1	9.5	9.7	10.0	10.3	10.6
村委會	59.5	59.0	58.8	58.9	58.5	58.1	55.9	55.4

數據來源：民政部《2017 年社會服務發展統計公報》。

（二）城鄉社區服務組織發展概況

從民政部統計的登記註冊組織數量來看，截至 2017 年年底，全國共有社會組織 76.2 萬個，包括：社會團體 35.5 萬個，其中社會服務類 4.8 萬個，占 13.5%；民辦非企業單位 40.0 萬個，其中社會服務類 6.2 萬個，占 15.5%；基金會 6,307 個。這些組織中的一部分，尤其是社會服務類組織大都針對城市社區開展服務工作。從專門針對社區服務的統計數據來看，截至 2017 年年底，全國共有各類社區服務機構和設施 40.7 萬個，其中，社區服務指導中心 619 個（其中農村 16 個），社區服務中心 2.5 萬個（其中農村 1.0 萬個），社區服務站 14.3 萬個（其中農村 7.5 萬個），其他社區服務設施 11.3 萬個；社區服務中心（站）覆蓋率 25.5%，其中城市社區服務中心（站）覆蓋率 78.6%，農村社區服務中心（站）覆蓋率 15.3%。社區志願服務組織 9.6 萬個（見表 3.2）。

表 3.2　2010—2017 年中國社區服務中心（站）數量

年份	2010 年	2011 年	2012 年	2013 年	2014 年	2015 年	2016 年	2017 年
社區服務機構和設施（萬個）	15.3	16.0	20.0	25.2	31.1	36.1	38.6	40.7
社區服務中心（站）（萬個）	5.7	7.1	10.4	12.8	14.3	15.2	16.1	16.8
社區服務中心（站）增長率（%）	-9.8	23.9	47.8	23.1	11.7	6.2	5.8	4.3

數據來源：民政部《2017 年社會服務發展統計公報》。

民政部現行社會服務發展的統計口徑仍以城市社區服務為主，並未單獨體現農村社區服務的發展，但在社會組織分類中列有農業及農村發展類。截至

2017年年底，該類社會團體數量達到6.2萬個，占全國社會團體總數的17.5%①。

另據民政部社會組織管理局的數據，截至2018年11月，中國社區社會組織數量已達39.3萬個，其中，基層民政部門登記6.6萬個，街道和社區管理32.7萬個。與此同時，全國以社區居民為主要服務對象的民辦社工機構已超過7,000家，設置社工崗位23萬多個②。

按照民政部關於大力培育發展社區社會組織的要求，中國力爭到2020年，實現城市社區平均擁有不少於10個社區社會組織，農村社區平均擁有不少於5個社區社會組織。再過5到10年，社區社會組織管理制度更加健全，支持措施更加完備，整體發展更加有序，作用發揮更加明顯，成為創新基層社會治理的有力支撐③。

（三）業主大會與業主委員會發展概況

1988年1月第一次全國住房制度改革工作會議拉開了中國住房制度改革的大幕。1989年2月15日北京首次公開出售商品房，邁出了中國住房商品化的第一步。1991年3月，中國第一個業委會在深圳萬科天景花園宣告成立④。一方面，是商品房院落的出現，另一方面是原有的單位公有住房也從單位交由商業性的服務公司管理。隨著城鎮住房制度改革的力度不斷深化，房屋的所有權結構發生了重大變化，公有住房逐漸轉變成個人所有。原來的公房管理者與住戶之間的管理與被管理的關係，也逐漸演變為物業管理企業與房屋所有權人之間的服務與被服務關係⑤。《物業管理條例》在2007年應運而生，並在2016年和2018年進行了兩次修訂。《物業管理條例》規定：「房屋的所有權人為業主」「同一個物業管理區域內的業主，當在物業所在地的區、縣人

---

① 中華人民共和國民政部.2017年社會服務發展統計公報［EB/OL］.（2018-08-02）［2019-05-12］.http://www.mca.gov.cn/article/sj/tjgb/201808/20180800010446.shtml.
② 岳弘彬，袁勃.中國社區社會組織逾39萬個［N］.人民日報，2018-11-23（2）.
③ 中華人民共和國民政部.民政部關於大力培育發展社區社會組織的意見：民發〔2017〕191號［EB/OL］.（2018-01-08）［2019-05-11］.http://leyi.hacz.edu.cn/s/153/t/1457/db/9f/info56223.htm.
④ 劉成偉.中國「業主委員會」發展史：從維權到自治［N］.中國新聞周刊，2015-06-24（1）.
⑤ 郭於華，沈原.居住的政治——B市業主維權與社區建設的實證研究［J］.開放時代，2012（2）：83-101.

民政府房地產行政主管部門或者街道辦事處、鄉鎮人民政府的指導下成立業主大會，選舉產生業主委員會」①。

迄今為止，因為中國從未進行過全國性的住房普查，所以無論是國家統計局還是住房和城鄉建設部都缺乏全面的住房統計數據，因此也缺少《物業管理條例》中規定的在「同一個物業管理區域」中的業主大會及業主委員會總量數據。當住房成為一種私有財產時，實際上也就打開了人們通往公共生活之門。一個人在擁有了自己的財產之後，才可能形成獨立的人格、自主的表達意識，才可能積極關心自身的利益並參與公共討論，住房的意義已經遠遠超越其本身的居住功能，而是日漸成為中國公民社會發育和成長的一塊沃土②。因此，商品房小區的業主大會與業主委員會將在未來基層社會治理中發揮越來越重要的作用。

(四) 農民專業合作社發展概況

2006年頒布的《中華人民共和國農民專業合作社法》在2017年進行了修訂，2018年7月1日起施行。該法規定，農民專業合作社是指在農村家庭承包經營基礎上，農產品的生產經營者或者農業生產經營服務的提供者、利用者，自願聯合、民主管理的互助性經濟組織。設立農民專業合作社，應當向工商行政管理部門提交文件，申請設立登記③。中國農民專業合作社的數量逐年增加，但近幾年趨於平穩。從圖3.1中可以發現，以2007年為基期，2007年中國農民專業合作社僅為2.64萬個，入社的成員為35萬個。到2017年7月中國農民專業合作社的數量已經達到193.3萬個，是2007年農民專業合作社的73.32倍，實有入社農戶超過1億戶，約占全國農戶總數的46.8%，平均每個村有3家農民專業合作社；同時，通過共同出資、共創品牌、共享利益等方式組建的聯合社有7,200多家（見圖3.1）。另據中國農村網數據，截

---

① 中華人民共和國國務院. 物業管理條例 [EB/OL]. (2018-03-19) [2019-05-22]. https://www.chashebao.com/zhufanggongjijin/18598.html.
② 郭於華，沈原，陳鵬. 居住的政治：當代都市的業主維權與社區建設 [M]. 桂林：廣西師範大學出版社，2014：2.
③ 中華人民共和國全國人大常務委員會. 中華人民共和國農民專業合作社法 [EB/OL]. (2017-12-27) [2019-05-22]. http://nyj.sg.gov.cn/hdzx/zcjd/201808/t20180829_692100.html.

至 2017 年年底，納入統計調查的農民專業合作社總數達 175.4 萬個，比 2016 年年底增加 19.1 萬個，增長 12.2%。其中，被農業部門認定為示範社的有 14.9 萬個，占合作社總數的 8.5%。山東、河南、河北、山西、四川、安徽、江蘇、甘肅、吉林等 9 省份被納入調查的合作社數占比超過全國 50%。農民專業合作社成員數達 6,794.3 萬個（戶），比 2016 年年底增長 5.2%。按成員類型劃分，普通農戶成員有 5,677.9 萬個，占 83.6%；專業大戶及家庭農場成員占 3.1%；企業成員占 0.4%。在普通農戶中，建檔立卡貧困戶有 237.5 萬個，占普通農戶的 4.2%[①]。農業農村部的最新數據顯示，中國每個村平均有 3 個農民專業合作社。截至 2018 年 2 月底，全國依法登記的農民專業合作社達 204.4 萬家，是 2012 年年底的 3 倍；實有入社農戶 11,759 萬戶，約占全國農戶總數的 48.1%；成員出資總額 46,768 萬億元，是 2012 年年底的 4.2 倍[②]。越來越多的農民感到自己離不開專業合作社了。

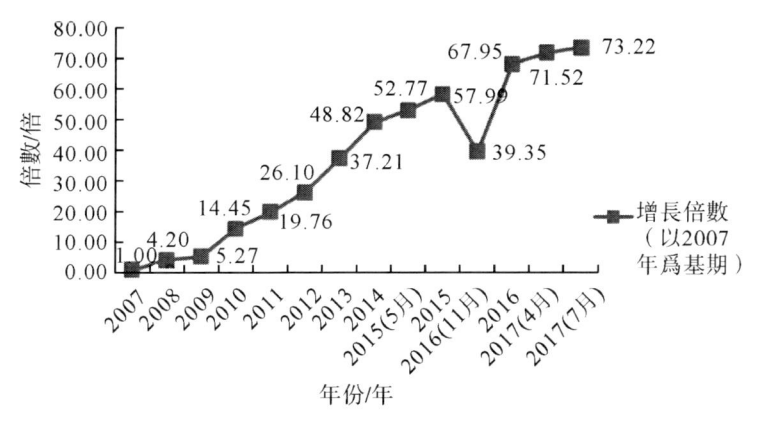

圖 3.1　2007—2017 年以 2007 年為基期的中國農民專業合作社增長倍數
數據來源：中國農業科學院《2017 年中國農民專業合作社發展回顧與展望》。

綜觀以上四類自組織的發展概況，可以發現以下特點：①自組織遍布人們的社會生活與經濟生活領域，並開始尋求在公共生活領域維護權益；②不

---

① 郭媛. 2017 年農民專業合作社發展情況［EB/OL］.（2018-11-06）［2019-04-01］. http://journal.crnews.net/ncjygl/2018n/d10q/bqch/107635_20181106111347.html.
② 喬金亮. 農民合作社發展三問［N］. 經濟日報，2018-05-02（14）.

同自組織的總體數量均呈上升趨勢，並根據人們需求的多元性呈現專業化、細分化的趨勢，可以預見未來自組織在基層社會治理中會發揮愈加重要的作用；③由於自組織的活動領域不同，歸口管理的政府部門及相應的政策法規也有很大差異，如居（村）委會和社區服務組織歸口民政部門，農民專業合作社歸口工商管理部門，業主大會與業主委員會則歸口房地產行政主管部門或街道、鄉鎮政府；④從管理的方式來看，自組織主要分為行政區劃設置、登記與備案三種情況。居（村）委會的數量與行政區劃有關，某種意義上是依附於行政區劃的，因此有詳盡的數據。社區服務組織則分為兩部分：一部分是社區外生的但是在社區提供服務的社會組織，它們主要是在民政部門登記的社會組織；另一部分是社區內的社會組織，它們大部分是在民政部門或街道、鄉鎮政府備案的社會組織。業主大會與業主委員會則需要在房地產行政主管部門（通常是區級房管局）、街道或鄉鎮政府同時備案。農民專業合作社是在工商管理部門申請登記，並由農村農業部匯總統計的。

三、社區自組織在社會治理中的意義

（一）治理新視域

如前所述，「它們（筆者註：自組織）實際上並未消失；只是在理論上和政治上被置於邊緣地位。乃至70年代，人們對國家的作用不再抱幻想；到90年代，對市場的作用也不再抱幻想，這才重新喚起了人們對這種從未真正消失的事物的興趣」[①]。我們今天常常在講社會治理和社會建設，那麼怎樣才能達到治理和善治的目的？怎樣才能實現治理實踐的創新？怎樣才能將治理的理念落到實處？現在，關於自組織的理論提供給了我們一個新的思維和著力點。

自組織源於居民的需要，它就能夠滿足居民個性化、多樣化的需求；自組織基於關係和信任，它就能夠降低社區治理的成本；自組織通過試錯發現

[①] 俞可平. 治理與善治 [M]. 北京：社會科學文獻出版社，2000：58-59.

規則，它就能夠實現社區治理的可持續；自組織伴隨多種演化方向，它就能夠提供社會管理創新的可能。怎樣著力？就是要讓民間產生很多的自治理小團體，讓它們通過自我管理、自我服務，及時發現和解決日常生活中出現的問題，在自我教育和自我監督中不斷提升自我組織的意識和能力，推動整個社會向前發展。

（二）治理新界面

首先是實現歷時與現時的有效對接。一方面，現代社區建設中的自組織作為社區自治的組織載體，作為公民個體自治意識的集合與承接，它們的發生和發展，正好與市民社會對自主性組織的需要實現了歷時對接[①]。另一方面，隨著社會治理理念的持續創新，社會治理方式的不斷改進，基層民主特別是社區自組織已成為基層社會治理實踐創新的主要內容，這與黨和國家推進國家治理體系和治理能力現代化的要求，社會治理頂層設計的政策背景，實現了現時對接。

其次是充當「政府之窗」與「社會之眼」。一方面，自組織最重要的特點之一，就在於它能夠直接反應公眾的訴求，向政府提供決策信息和政策建議，同時有效宣傳和推動公共政策的執行和落實，充當「政府之窗」；另一方面，自組織能夠有效應對政府政策執行過程中的偏誤，監督政府機構及其工作人員的日常工作，形成對政府運作機制的有效制衡，充當「社會之眼」。

第二節　社區自組織的制度變遷

在中國特定的情景下，考察社區自組織制度變遷，就是對以居（村）委會為力量代表的各類自治組織的制度的產生、替代和改變的動態過程的討論，

[①] 曾望軍. 論社區自組織在中國城市社區管理中的困境及其化解 [D]. 長沙：中南大學，2005：10.

其實質是探討推進和完善城鄉社區治理的各種自治力量的培育和發展的過程。事實上，中國社會長期以來形成的變遷格局和態勢，很難讓我們針對一種具體組織形態做長期的結構性的考察①。本書將中華人民共和國成立以來城鄉社區自組織的發展分為三個階段，簡要介紹每一階段社區自組織發展的背景，並就各階段典型社區自治力量及其制度產生與發展的過程進行討論。

一、1949—1979：社區自治邊緣化發展，相關制度萌芽

1949年中華人民共和國成立，中國逐步走上了計劃經濟的軌道，而其原因，既有意識形態因素，又有加快工業化實現現代化的目標的影響，也受到國際經濟環境的制約②。但其催生的結果是政府機構的自我膨脹與政府權力的不斷擴張，伴隨著的是權力集中的行政管理體制和社會管理體制，這既是計劃經濟體制的客觀要求，也是計劃經濟體制的伴生後果。這一時期，政府壟斷資源和權力，其行為表現為資源的向上集中和權力的向下滲透，其結果是政府吞噬市場與社區，形成「國家一元化結構」③，造成國家與社會關係的嚴重失衡，形成社會對國家高度的資源依賴和權力依附。這種「強國家—弱社會」的關係背景決定了自組織只能長為灌木，而不能形成叢林。

具體來看，由於國家全面主導社會的時勢和城鄉隔離的政策約束，形成了以「公社制」為基礎的農村社會和「單位制」為基礎的城市社會④。從國家法制建設來看，城市自治萌芽要早於農村社會⑤。根據現存檔案資料，關於

---

① 李漢林，渠敬東，夏傳玲，等. 組織和制度變遷的社會過程——一種擬議的綜合分析 [J]. 中國社會科學，2005 (1)：94-108.
② 陳甬軍. 中國為什麼在50年代選擇了計劃經濟體制 [J]. 中國經濟史研究，2004 (3)：48-55.
③ 「國家一元化結構」，是指政府壟斷權力和資源，自上而下地建立起自己的「單位」，形成垂直式的、依附性的權利關係結構，依靠單一的行政機制（命令等級制）來協調各方行為。參見：陳偉東. 社區自治：自組織網絡與制度設置 [M]. 北京：中國社會科學出版社，2004：48-50.
④ 布成良. 地方政府在經濟社會發展中的作用和制度創新——以「新蘇南模式」為例 [J]. 中共天津市委黨校學報，2008 (2)：44-49.
⑤ 孟迎輝，鄧泉國. 農村村民自治與城市居民自治的法制建設比較 [J]. 社會主義研究，2007 (3)：82-85.

第三章 社區自組織

在城市建立居委會的政令，最早見於 1949 年 12 月杭州市人民政府正式發出的《關於取消保甲制度建立居民委員會的指示》，該政令的主要目的是以居民委員會替代民國時期的保甲制度[①]。與此同時，天津、武漢、上海等地也湧現出各種名稱和類型的群眾自治組織。1953 年 6 月，彭真同志向黨中央遞交《關於城市街道辦事處組織、居民委員會組織和經費問題的報告》。該報告建議將居委會定性為群眾自治性的居民組織。同年，內政部起草了《城市居民委員會組織通則》（另有《城市街道辦事處組織通則》）[②]。1954 年 12 月 31 日，全國人民代表大會常務委員會第四次會議通過的《城市居民委員會組織條例》（另有《城市街道辦事處組織條例》），首次明文規定居委會的性質、任務、機構設置等問題，標誌著中國城市居民自治制度的正式確立和初步定型[③]。到 1956 年年底，全國各地陸續完成街道辦事處和居民委員會的組建工作[④]，中國居民自治發展出現了短暫的「黃金時期」。1958 年「大躍進」後，城市基層政權隨之被人民公社替代，居民委員會的角色和地位則完全異化，行政化傾向嚴重，逐漸成為街道辦事處的派出機構。值得一提的是，1962—1965 年，各地先後對居委會進行了調整，居委會短暫恢復自治性質；1966 年後，居民自治則完全停滯，居民委員會或被解散，或被改組為「革命委員會」，以作為階級鬥爭的「里弄」陣地。相對於城市社會居民自治發展的複雜情況，農村社會自治發展則要簡單得多。中國傳統鄉村社會一直有「皇權不下縣，縣下惟宗族，宗族皆自治」的說法[⑤]，這一自治的組織載體即為以宗族為代表的民間自治力量。中華人民共和國成立到改革開放前夕，儘管劇烈的社會運動和意識形態鬥爭破壞了農村宗族的內部結構和外在生存環境，但並

[①] 陳偉東. 社區自治：自組織網絡與制度設置 [M]. 北京：中國社會科學出版社，2004：62-63.
[②] 董帥. 中國城市居民委員會的職能問題研究：以服務型政府建設為視角 [D]. 南京：南京工業大學，2012.
[③] 鄧泉國. 中國城市社區居民自治 [D]. 天津：天津師範大學，2003.
[④] 陳偉東. 社區自治：自組織網絡與制度設置 [M]. 北京：中國社會科學出版社，2004：62-63.
[⑤] 這一說法語義上的真實性還有待史家明晰，但不能否認的是，在中國農村，儘管有著地域上的差別與自治程度的強弱，但從大範圍來看，部分地區宗族力量確實存在並發揮著自治的作用。參見：項繼權. 中國鄉村治理的層級及其變遷——兼論當前鄉村體制的改革 [J]. 開放時代，2008（3）：77-87. 另外，從目前來看，國家對農村宗族力量的態度仍然模棱兩可，後續的討論將不再贅述。

未完全剝奪宗族的生存依據①。而前一說法的後兩句「自治靠倫理，倫理造鄉紳」則表明，傳統宗族組織與民族國家現代化要求的不相容，傳統與現代的碰撞形成了這一時期中國農村「現代」他組織——合作社和人民公社，與邊緣化的「傳統」自組織——宗族並行的局面。

總體來看，城市居民自治大致經歷了 1949 年杭州孕育，首發其凡的階段；1952 年華東區試點，各地湧現的階段；1954 年立法後全國統一規範和迅速發展的階段；1958 年至「文化大革命」結束，曲折發展與停滯受挫的階段。農村村民自治的傳統代表即以家庭血緣關係等為基礎的宗族力量，因傳統的慣性、農民生存和安全的需要而在以合作社和人民公社為代表的集體化政策下獲得延續。嚴格來講，無論是從居委會制度的產生來看，還是從該制度所產生的效果來看，居委會制度都不能算作真正意義上的社區自治制度。它的產生是國家出於治理社會的需要而進行制度設計的結果，它的作用也僅僅限於對單位體制的拾遺補闕。因此，這一時期的居委會制度並不能成為居民自治的實現形式，而只是一種法律上的存在或制度中的「擺設」，是社區自治制度在變遷歷程中的「萌芽」。

二、1980—1998：社區自治逐漸發育及相關制度漸趨成熟

「組織不僅僅是技術需要的產物，而且是制度環境的產物，各種組織同時生存在制度環境中，是制度化的組織」②。具體來看，緊隨市場經濟體制改革及其引致的社會結構的變化，國家、市場與社會開始合理分化，國家的部分權力也逐漸向社會迴歸。更進一步地說，從 20 世紀 80 年代改革初期自治制度的恢復與發展，到 20 世紀末至 21 世紀初的社區建設運動，居民自治和村民自治的情勢已然興起。可以說，這一階段不僅為社區自組織的培育和發展打下了基礎，也為自治制度體系的不斷創新與完善奠定了基石。另外，「正式

---

① 李成貴. 當代中國農村宗族問題研究 [J]. 管理世界，1994（5）：184-191.
② 周雪光. 組織社會學十講 [M]. 北京：社會科學文獻出版社，2003：72-73.

第三章　社區自組織

制度，從憲法到成文法、普通法，到具體的內部章程，再到個人契約——界定了約束，從一般性規則直到特別的界定」[1]。毫無疑問，實現自治的基礎和保障是法制，而法律的位階與制度的層次則決定著自治制度的地位和作用。城鄉社區是社會治理的基本單元，城市居民自治和農村村民自治則是實現自治的基本方式。其中，居（村）委會是自治組織群的最主要的組織載體，而其相關的法律與制度則是整個社區自治制度體系的基石。

1980年，全國人大常委會重新頒布了20世紀50年代中期通過的《城市居民委員會組織條例》等有關法律文件[2]。而此時的農村社會，伴隨著農村包產到戶的興起和強控制的公社制的式微，獲得自由的農民很快又面臨新的問題——社會治安惡化，社會矛盾增多，農村社會出現了一定的無序狀態[3]。這種自由而無序的狀態既為國家所擔憂，也是農民不願意忍受的。為此，廣西宜山（現宜州區）果作村85戶農民於1980年自發地創立了第一個村委會，共同維持公共秩序，創造公共福利。之後，四川、河南等省份的一些農村地區也陸續出現了村委會組織。在擁有數億農民的農村實行村民自治，無疑是一場歷史性變革[4]。但是，「在改革過程中，不但強制性制度變遷的實現必須通過政府的強制實施，誘致性制度變遷也必須通過政府放鬆約束才能夠實現」[5]。這一歷史性的創造很快得到黨中央的重視，並得到積極的支持和引導。為此，在通過實地調查並進行多地試點和多種形式試驗的基礎上，1982年年底，村民委員會被正式載入憲法第111條，與居民委員會一同被規定為群眾自治性組織。中國首次以國家根本大法的形式肯定了村民委員會與居民委員會的法律地位，村民自治和居民自治得到了憲法的承認，並就居（村）委會的性質、任務和作用等一般性規則進行了明確規定。隨著居（村）委會的逐

---

[1] 諾思.制度、制度變遷與經濟績效[M].杭行，譯.上海：上海人民出版社，2008：66-67.
[2] 鄧泉國.農村村民自治與城市居民自治興起的背景與動因比較[J].當代世界與社會主義，2008(1)：101-105.
[3] 徐勇.村民自治：中國憲政制度的創新[J].中共黨史研究，2003(1)：64-69.
[4] 徐勇.「綠色崛起」與「都市突破」——中國城市社區自治與農村村民自治比較[J].學習與探索，2002(4)：32-37.
[5] 苗壯.制度變遷中的改革戰略選擇問題[J].經濟研究，1992(10)：72-80.

步建立及其自治實踐的推進，憲法規範的原則性和無具體適用性無法解決實踐中出現的問題，需要制定專門的法律以做出特別的界定和規範。因此，1987年11月與1989年12月，全國人大常委會分別通過《中華人民共和國村民委員會組織法（試行）》和《中華人民共和國城市居民委員會組織法》（以下分別簡稱《村委會組織法（試行）》《居委會組織法》），對村委會和居委會的性質、地位、任務、產生方式、機構設置、工作方式和居（村）民會議的組成方式及其權利等做了全面的規定，同時明確規定由其所在地人民政府給予指導、支持和幫助。至此，中國城市社會和農村社會的自治制度體系的基石得以奠定。

如果說20世紀80年代末是中國社區自治制度體系奠定基石的階段，那麼整個20世紀90年代則是為基石「修葺」與「添磚加瓦」的階段。1991年，國家民政部在20世紀80年代中期倡導社區服務的基礎上，首次提出了「社區建設」的概念並啓動了社區建設的工程①。社區建設的運動推動了城市管理體制的重大變革，全國各地相繼湧現出一大批社區建設的先進典型，並形成了青島模式、上海模式、沈陽模式、江漢模式以及百步亭模式等社區治理的典型模式②，社區治理模式由政府主導型逐步轉向半行政半自治型乃至趨向社區自治型③。2000年11月3日，民政部向黨中央和國務院上報了《民政部關於在全國推進城市社區建設的意見》（中辦發〔2000〕23號）（以下簡稱「中辦23號文件」）。同年11月19日，中共中央辦公廳、國務院辦公廳轉發了中辦23號文件。該文件明確了城市社區建設的根本方向和目標是實現居民自治。該文件得到了各地的積極回應，以此為標誌，城市社區建設進入一個新的發展時期④。而在城市社區發展的另一面，隨著住房制度改革的推動，「大致在20世紀90年代中期開始，首先在毗鄰香港的深圳和廣州，出現了名

---

① 陳濤.轉型期城市社區自治問題研究［D］.上海：復旦大學，2008.
② 任遠，章志剛.中國城市社區發展典型實踐模式的比較與分析［J］.社會科學研究，2003（6）：97-100.
③ 李霞，陳偉東.社區自組織與社區治理成本——以院落自治和門棟管理為個案［J］.理論與改革，2006（6）：88-90.
④ 王敬堯.參與式治理：中國社區建設實證研究［M］.北京：中國社會科學出版社，2006.

第三章　社區自組織

為『業主委員會』的城市居民自治組織」[1]。

而在農村，自《村委會組織法（試行）》頒布後，各省、自治區、直轄市紛紛結合本地的實際情況，先後制定《村委會組織法（試行）》的實施辦法，但是各地貫徹執行《村委會組織法（試行）》的進程並不一致[2]。為推進村民自治的實踐，1990 年 9 月，民政部發布了《民政部關於在全國農村開展村民自治示範活動的通知》，進一步加強對《村委會組織法（試行）》實施工作的指導，以有組織、有計劃、有步驟地在農村基層逐步實現村民自治。1994 年 2 月民政部又下發了《全國農村村民自治示範活動指導綱要（試行）》，同年 12 月民政部辦公廳印發《關於全國農村村民自治示範單位命名管理工作的意見》，進一步規範村民自治示範活動。1994 年 10 月，中共中央發出《關於加強農村基層組織建設的通知》，提出健全村民自治組織、集體經濟組織和群團組織，促進村級各項工作制度化、規範化的要求。1995 年 2 月，民政部下發《關於進一步加強村民委員會建設工作的通知》，重點提出明確村委會建設的目標、指導思想和工作重點，進一步建立、健全和完善村民自治的各項制度，深入開展村民自治示範活動。1998 年 4 月，中共中央辦公廳、國務院辦公廳聯合發布《關於在農村普遍實行村務公開和民主管理制度的通知》，對實行村務公開和民主管理提出更加具體的要求。經過長達 10 年的村民自治實驗和對《村委會組織法（試行）》的修改完善，1998 年 11 月 4 日全國人大常務委員會正式通過《中華人民共和國村民委員會組織法》[3]。與村民自治逐步完善相對照的是，在整個農業支持與服務系統中，以協會、研究會、聯合會、促進會、研究所、服務社（站、部）、合作社等等名稱出現的，以農民自我組織、自我管理、自我服務即自我使用（或利用）為基本目標的農民自組織紛紛湧現，並成為整個服務體系中引人注目的一類組織[4]。

不可否認，居民自治和村民自治制度的發展對於推動整個社會自治的發

---

[1] 夏建中. 中國公民社會的先聲——以業主委員會為例 [J]. 文史哲, 2003 (3)：115-121.
[2] 董紅. 當代中國村民自治問題研究 [D]. 咸陽：西北農林科技大學, 2012：36-37.
[3] 燕繼榮. 中國的社會自治 [J]. 中國治理評論, 2012 (1)：79-112.
[4] 國務院發展研究中心課題組. 農民自組織的成長與約束 [J]. 管理世界, 1994 (6)：170-176.

展有著極其重要的意義。如前所述，如果說 20 世紀 80 年代末是中國自組織制度體系奠定基石的階段，那麼整個 20 世紀 90 年代則是為基石「修葺」與「添磚加瓦」的階段。「基石」表現為從「一般性規則」——憲法直到「特別的界定」——《村委會組織法（試行）》《居委會組織法》，既肯定了村民委員會與居民委員會的法律地位（村民自治和居民自治得到了法律的承認），也明確規定了村民委員會和居民委員會的制度內涵，村民自治和居民自治實踐的基本途徑和方式。「修葺」在農村意味著《中華人民共和國村民委員會組織法》從「試行」終於「轉正」以及村民自治的有效運作，在城市則意味著社區建設工程的啟動以及「社區制」的不斷完善。「添磚加瓦」則表現為以各種名稱出現的農民自組織的湧現和名為「業主委員會」的城市居民組織的興起。

三、1999 年至今：社區自治不斷深化及其制度的補充與完善

21 世紀以來，村民自治和居民自治不僅發展成為國家治理社會的一種制度，而且居（村）民自治的權利得到了國家法律層面的承認，村民自治正在內化為國家法律賦予農村村民和城市居民的不可剝奪的權利[1]。基層群眾自治是 21 世紀國家治理體系下社會治理的重要的邏輯起點和現實基點[2]。進入 21 世紀，建構以村居民自治為中心的治理結構，多角度、全方位地拓展、深化與創新自治的範圍、內容和方式，尋求對已有的居（村）委會自治模式的突破和超越，已成為中國推進社會治理發展的主題和難題。

20 世紀 90 年代後期和 21 世紀開始，隨著居（村）委會這一群眾自治性組織形式的完全成型並開始有效運作，農村村民和城市居民自治需求和能力也逐漸提高，城鄉社區又出現了新的自組織形式——業主委員會和農民專業合作社。

---

[1] 徐勇. 村民自治的深化：權利保障與社區重建——新世紀以來中國村民自治發展的走向 [J]. 學習與探索, 2005（4）：61-67.
[2] 林尚立. 基層群眾自治：中國民主政治建設的實踐 [J]. 政治學研究, 1999（4）：47-53.

第三章　社區自組織

2003年6月，國務院頒布《物業管理條例》，對業主組織——業主大會和業主委員會的權利和義務做出了統一的規範，並且規定業主委員會應當自選舉產生之日起30日內，向物業所在地的區、縣人民政府房地產行政主管部門備案[1]。2007年3月《中華人民共和國物權法》出抬，更從人大立法的高度確立了業主大會和業主委員會的法律地位。

2006年10月，全國人大常委會通過了《中華人民共和國農民專業合作社法》，明確規定合作社是自願聯合、民主管理的互助性經濟組織，同時規定設立農民專業合作社，應當向工商行政管理部門提交有關文件，申請設立登記。從此，業主委員會和農民專業合作社第一次有了合法的身分。此後，中央和地方人民政府不斷出抬各種相關的法律、政策和規章，加大對業主委員會和農民專業合作社的「制度系統」的建設，其「政策體系」漸趨完備。業主委員會和農民專業合作社的發展，在城鄉社區分別形成了「居—業」「村—社」良性互動的局面，成為城鄉社區自組織發展的「門廊立柱」。

應該看到的是，儘管目前中國基層民主自治發展的速度有所減緩，但其深度卻在不斷推進[2]，這主要表現為自治範圍的擴大化、自治內容的精細化以及自治方式的多樣化。近十年來，隨著社會治理重心向基層下移，中國城鄉社區出現大量的社區社會組織，實現從居民「微心願」到社區「微管理」的「微自治」，成為社區建設的微觀主體，是中國基層社會治理的重要力量。自組織在社區就是社區社會組織[3]。2016年8月，中辦國辦印發《關於改革社會組織管理制度促進社會組織健康有序發展的意見》，對培育和發展社區社會組織做了專門的論述；2017年6月，中共中央、國務院發布的《關於加強和完善城鄉社區治理的意見》，成為中華人民共和國歷史上第一個在國家層面上提出的關於城鄉社區治理的綱領性文件，表達了群體自治和民主對話、協商

---

[1] 中華人民共和國國務院. 物業管理條例 [EB/OL]. (2018-03-19) [2019-05-22]. https://www.chashebao.com/zhufanggongjijin/18598.html.
[2] 趙秀玲.「微自治」與中國基層民主自治理 [J]. 政治學研究，2014 (5): 51-60.
[3] 李強. 協商自治·社區治理：學者參與社區實驗的案例 [M]. 北京：社會科學文獻出版社，2017：3.

機制的構建①。同年12月，民政部發布《關於大力培育發展社區社會組織的意見》，提出了培育發展社區社會組織的總體要求，加大社區社會組織培育扶持力度的具體措施以及加強社區社會組織管理服務的具體要求，即符合法定登記條件的社區社會組織，可以到所在地縣級民政部門申請登記，其中符合直接登記條件的可以直接提出申請②。

可以預見，隨著業主委員會、農民專業合作社以及社區社會組織等自治組織實踐的不斷擴展與深化，社區自組織的管理制度的不斷健全和完善，支持措施的不斷推進和落實，社區自組織將不斷發展，作用更加凸顯。但是，我們也要清楚地看到，由於發展起步較晚，統籌規劃不足，培育扶持政策不夠健全，社區自治組織存在服務能力不強、居民參與度不高、作用發揮不夠充分等問題③，我們還需進一步在實踐中不斷總結經驗、培育先進，在改革中不斷探索和完善自治制度與政策。

隨著互聯網和信息技術的迅速發展，社區的地域性邊界開始變得模糊，一股以網民為主體、以網絡為平臺的網絡領域結社浪潮在中國快速發展，出現了新的自組織形態——網絡社團④。網絡社團是以互聯網為媒介，基於網民共同的興趣愛好、利益訴求或者價值理念，按照一定規則志願相聚而成，具有較穩定的成員或會員，以增進社會公益或者自身互益為目標，能夠自我組織、自我管理和自主展開活動的非營利性、非政治性、非宗教性的虛擬社會共同體⑤。網絡社團活躍於虛擬空間和現實生活之間，在積極參與社會建設、滿足人們多樣化需求的同時，也在一定程度上衝擊著人們現有思維觀念和社

---

① 法制網. 2017中國十大法治影響力事件 [EB/OL]. [2019-05-23]. http://www.legaldaily.com.cn/zt/node_90842.htm.
② 民政部社會組織管理局負責同志就《民政部關於大力培育發展社區社會組織的意見》答本報記者問 [N]. 中國社會報，2018-01-09 (2).
③ 民政部社會組織管理局負責同志就《民政部關於大力培育發展社區社會組織的意見》答記者問 [EB/OL]. (2018-01-08) [2019-05-27]. http://www.mca.gov.cn/article/gk/jd/shzzgl/201801/20180115007212.shtml.
④ 鄭振宇. 中國網絡社團發展問題及治理研究 [J]. 理論導刊，2015 (12)：32-36.
⑤ 車峰. 中國網絡社團的認定與監管創新研究 [EB/OL]. (2017-02-07) [2019-06-22]. http://www.chinanpo.gov.cn/700106/108483/newswjindex.html.

會結構，對中國社會產生了巨大影響。網絡社團在網絡輿論引導、網絡生態治理、網絡文化建設、網絡公益事業等方面將會發揮積極作用。學術界、政府部門對網絡社團的有效治理還沒有提出成熟的政策建議，致使許多網絡社團遊離於合法和非法的「灰色地帶」，處於自生自滅狀態，繁榮背後潛藏著一定的社會風險。因此，加強對網絡社團有關問題的研究有助於促進網絡社團健康有序發展，有助於政府創新社會組織管理體制、改善社會治理結構，對於切實提升中國虛擬社會管理的科學化水準也具有十分重要的現實意義。但是，目前中國網絡社團的監管仍處於空白，這將是今後社區自治制度健全與創新的重點方向之一。

第三節　小結與評價

縱觀三個階段城鄉社區自治實踐及其組織形式的變化可以發現，城鄉社區自組織的產生與發展主要有以下四種動力來源：

第一，政府基於特定的目的主導創建一個委員會，典型表現為中華人民共和國成立初期城市居民委員會的產生。嚴格來講，無論是從居委會制度的產生來看，還是從制度所產生的效果來講，中華人民共和國成立初期的居民自治及其居委會制度都不能算作真正意義上的自治制度，它是國家出於管理和控制社會的需要而進行制度設計的結果，它僅僅是對單位體制的拾遺補闕，這一時期的居委會制度並不能為實踐居民自治做出有效指導。

第二，個人和團體圍繞著有關社區的共同利益而聯合起來[①]，這些議題包括本居住地區的公共事務和公益事業，調節民間糾紛，維護社會治安，等等。

[①] 博克斯. 公民治理：引領21世紀的美國社區 [M]. 孫柏瑛，等譯. 北京：中國人民大學出版社，2005：52-53.

例如，在20世紀，伴隨著農村包產到戶的興起和強控制的公社制的式微，農村社會出現了一定程度的自由而無序的狀態。面對這種境況，廣西宜山（現宜州區）、羅城等縣的農民自發地組織起來建立村民委員會之類的自治組織，共同維持公共秩序，創造公共福利①。

第三，一個公民利益團體組織起來實現某一特定的目標②，不斷吸納與其存在得失關係的個人。業主委員會成立的目的是維護業主和物業服務企業的合法權益，規範物業管理活動；在農村家庭承包經營基礎上出現的農民專業合作社，就是農產品的生產經營者或者農業生產經營服務的提供者、利用者自願聯合、民主管理的互助性經濟組織。

第四，某一群體基於共同的志業、興趣或公益目標而自發組織形成，組織活動不以營利為目標，表現出互益型或公益性的特點。社區自組織即社區社會組織是由社區居民發起成立，在城鄉社區開展為民服務、公益慈善、鄰里互助、文體娛樂和農村生產技術服務等活動的社會組織，其帶有公益性和服務性等特性③。

著眼於各個階段城鄉社區自組織及其自治制度的產生與變化可以歸納出，城鄉社區自組織的制度變遷主要表現出三個方面的特點：

第一，制度變遷的路徑，城市先於農村發展，演變為城鄉互動發展再到城鄉協同並進。城市居民自治的制度建設要早於農村，其最早可追溯到1954年出抬的《城市居民委員會組織條例》，這一點在學界已達成共識。同時，如前所述，無論是從城市居民自治的外部環境來看，還是從城市居民自治的內部能力來講，中華人民共和國成立初期的城市居民自治制度都無法付諸實踐。改革開放後，城市和鄉村的發展日益交融，互為影響，但是由於存在城鄉二元結構的障礙，村居民自治的制度安排仍然是「就城市論城市、就鄉村論鄉

---

① 徐勇.「綠色崛起」與「都市突破」——中國城市社區自治與農村村民自治比較[J].學習與探索，2002（4）：32-37.
② 博克斯.公民治理：引領21世紀的美國社區[M].孫柏瑛，等譯.北京：中國人民大學出版社，2005：52-53.
③ 民政部社會組織管理局負責同志就《民政部關於大力培育發展社區社會組織的意見》答本報記者問[N].中國社會報，2018-01-09（2）.

村」，典型如《中華人民共和國村民委員會組織法》和《中華人民共和國居民委員會組織法》、業主委員會和鄉村合作社的制度。隨著基層社會自治實踐的不斷推進和深化，同時國家有意打破制度的壁壘和消除政策的圍牆，城鄉自治組織制度開始出現了融合的趨勢，例如，《關於加強和完善城鄉社區治理的意見》明確指出了城鄉社區是社會治理的基本單元，在此後民政部發布的《關於大力培育發展社區社會組織的意見》中更是將城鄉社區社會組織一起加以規範。

第二，制度變遷的內容，從政治領域擴展到經濟領域再擴展到社會領域。這一點可以從各階段各類社區自組織的性質中看出端倪。村居民委員會是基層群眾性自治組織，屬於社會主義民主政治的重要內容。我們應當認識到，各種形式的社區自組織既以改革開放以來的村居民自治為前提和基礎，又是對其的突破與超越。農民專業合作社和業主委員會的共同特徵是所有者與使用者的同一，準公共物品供給理論是業委會制度和合作社制度產生的經濟學基礎；而社區社會組織是由社區居民發起成立，在城鄉社區開展為民服務、公益慈善、鄰里互助、文體娛樂和農村生產技術服務等活動的社會組織，其帶有公益性和服務性等特性。事實上，這一特點與中國市場經濟體制改革的進程有關，更準確地說，20世紀80年代初到90年代中期，是國家與市場合理分化的階段；而20世紀90年代以來，是國家、市場、社區合理分化的階段，也是「21世紀中國」體制改革和社會結構變遷的主題[1]。

第三，制度變遷的方式，實踐先於制度，群眾與政府互動。「中國的改革過程交織著政府選擇外部規則和社會成員選擇內部規則的雙重秩序演化路徑，前者是表面上的主線，實際的主線則是後者」[2]。換句話說，中國自治制度變遷是基層群眾自發的制度創新行為導致的，即是誘致性制度變遷的方式。具體來說，在公共治理領域，當已有的市場交換機制和層級命令機制均無法有效發揮作用時，自組織將借其成本最低和收益最大的優勢並依賴存在於民間

---

[1] 陳偉東. 社區自治：自治組織網絡與制度設置 [M]. 北京：中國社會科學出版社，2004：68-69.
[2] 周業安. 中國制度變遷的演進論解釋 [J]. 經濟研究，2000（5）：3-11.

的各種自發倡導、組織和實行的社會自治團體的力量參與治理。同時,「雖然在自發的制度安排,尤其是正式的制度安排變遷中,往往也需要用政府的行動來促進變遷過程」[1]。這就形成了「實踐先於制度,群眾與政府互動」的自治制度變遷的方式。

一方面,總體來看,社區自治實踐及其組織形式——從居(村)委會到業主委員會和鄉村合作社再到社區社會組織的發展——表現出三個方面的特點:①組織規模趨於小型化,即小而富有回應性的社區組織;②更加強調公民的參與,開放與可進入性;③放而不亂、活而不散。另一方面,從社區自治制度的建設與發展來看,其表現出:①治理頂層設計與基層民主自治的有效對接;②城鄉統籌規劃,有意破除城鄉藩籬;③上下互動,制度設計由「強制」變「誘致」。

---

[1] 林毅夫. 關於制度變遷的經濟學理論:誘致性變遷與強制性變遷 [C] // 科斯,阿爾欽,諾斯. 財產權利與制度變遷:產權學派與新制度學派譯文集. 上海:上海三聯書店,1994:384.

經典案例：雲村重建紀事

雲村在汶川大地震後的重建過程中，經歷了三個階段自組織力量的漲落①。下面分析影響雲村村民自組織的關鍵因素。

政府退後，自組織力量全面復甦

雲村重建的過程可謂是「萬丈高樓平地起」。整個重建過程是一道道工序——地基、立架、砌牆、門窗、粉刷、收尾等的疊加，每一道工序不僅蘊含著雲村村民的匠心，也體現著雲村村民強大的自組織力量。

在重建的前期工作中，為保證資源分配的公平和公正，地基的分配和立架的順序均採用抓鬮的方式。地基的分配進行了兩次抓鬮：第一次決定抓鬮順序；第二次按照順序抓鬮決定地基分配。立架的順序同樣採取抓鬮的方式，依號立架。其後的挖地基、打地基以及砌牆的工作由各戶獨立完成或相互換工完成。以砌牆為例：砌牆需要一定的技術，因此全部由男性承擔，女性負責和泥漿、運泥漿和運石頭等小工。建房子的過程中以大工換大工（砌牆）、小工換小工（輔手）。

雲村重建的前期工作體現出了雲村的自有規範。鄉村社會的自有規範是在村民長期的共同生活、合作勞動和對公共事務處理過程中形成的習慣的規範，這種規範在法律和規章之外影響著村民的行為，協調著村民的社會關係。

信任危機，自組織力量嚴重削弱

門窗到貨後，村民們發現質量存在問題。村民對統一訂購的門窗不滿意，不願意要貨，認為村幹部拿了商家的回扣；而商家以合同為據，要求村民付錢，雙方爭執不下……最後，經過三方協商，商家決定在原來的定價上少收一部分錢，村民才收下這批貨。門窗事件後，村民和村幹部好像都對對方有了戒心。

---

① 本案例改寫自：羅家德，孫瑜，楚燕. 雲村重建紀事：一次社區自組織實驗的田野記錄［M］. 北京：社會科學文獻出版社，2014.

如果說門窗事件使整個村子蒙上了一層不信任的陰影，那麼，在這之後的「鋼網事件」因為物資的分配不均更使得整個村子陷入分裂。2009年6月12日，雲村爆發了有史以來最嚴重的信任危機。之後，村裡就再也沒有統一訂購任何建材了，以前整體協作的村子分崩離析。

信任是影響自組織力量的關鍵一環。雲村大部分村民都有著「家門親」（同姓）、「竹根親」（姻親）的關係，用村民的話來說，全村的人都是親戚。這種盤根錯節的社會關係網就構成了雲村村民之間信任的基礎。但是，當村民與村幹部之間、村民與村民之間，因共有資源出現質量和分配不均的問題時，信任的基礎不再牢固，雲村的自組織力量便受到了嚴重的削弱。

政府介入，自組織力量逐漸消退

當信任的基礎不再牢固，雲村的自組織力量便大打折扣。

由於施工需要一定的技術和其他原因，2009年5月14日，雲村的村民開始借助外部的施工隊來建房，換工的傳統沒有再延續。由於當時災區普遍都在建房，技術工稀缺，市價上漲，村民們請的都是自家的親戚，或是親戚的朋友、朋友的親戚等熟人，價格略低於市場價。

歐特克公司希望在2009年9月24日舉行一個大型的公關活動「村寨重建落成儀式」，這為雲村的重建工作——不只是農房還包括全村的基礎設施——設定了一個截止日期。政府開始介入，雲村重建速度明顯加快，自組織力量逐漸消退。

2009年9月24日，雲村舉行了村寨重建落成儀式。當年12月11日至13日，雲村榮獲阿壩州重建示範村二等獎，關於雲村的新聞報導也多了。對於雲村來說，這是一個永遠未寫完的故事，只要生活在繼續，雲村的故事也就在繼續。

思考：成功或失敗？政府該怎樣定位？

雲村村民的自組織力量終究沒有貫穿雲村重建的整個過程。但是，不可否認的是，雲村的自組織力量仍舊發揮了巨大的作用。因此，在某種程度上可以說雲村重建的自組織是成功的。但更為重要的是，一個自組織的自治理機制怎樣運作和如何維繫；同時在治理結構中，如何平衡層級、市場、自治理三者之間的關係，實現整個社會的善治，這應是未來自組織研究的重點和關鍵。

本章參考文獻

［1］吳彤. 自組織方法論研究［M］. 北京：清華大學出版社，2001.

［2］梁肖月，羅家德. 城市社區自組織培育歷程研究——以大柵欄街道培育社區自組織為例［J］. 國際社會科學雜誌（中文版），2019，36（1）：60-74.

［3］羅家德，梁肖月. 社區營造的理論、流程與案例［M］. 北京：社會科學文獻出版社，2017.

［4］徐勇. 實踐創設並轉換範式：村民自治研究回顧與反思——寫在第一個村委會誕生35週年之際［J］. 中國社會科學評價，2015（3）：4-12.

［5］陳偉東，李雪萍. 社區自組織的要素與價值［J］. 江漢論壇，2004（3）：114-117.

［6］楊貴華. 轉換居民的社區參與方式，提升居民的自組織參與能力——城市社區自組織能力建設路徑研究［J］. 復旦學報（社會科學版），2009（1）：127-133.

［7］胡澤勇. 新農村建設中農民自組織的再生和發展研究［J］. 湖北社會科學，2009（8）：38-41.

［8］宋言奇. 中國農村生態環境保護社區「自組織」載體芻議［J］. 中國人口·資源與環境，2010，20（1）：81-86.

［9］聶運麟. 走向社區自組織——評《社區自治：自組織網絡與制度設置》［J］. 社會主義研究，2004（4）：128-129.

［10］沈紅. 扶貧傳遞與社區自組織［J］. 社會學研究，1997（5）：32-41.

［11］曾望軍，呂耀懷. 論社區自組織在社區管理中的角色歸類及自治功能［J］. 理論與改革，2006（1）：30-33.

［12］俞可平. 治理與善治［M］. 北京：社會科學文獻出版社，2000.

［13］柴小華. 當居民成為業主——試論城市社區居委會與業委會的整合

[J]．寧波大學學報（人文科學版），2005（5）：105-110．

［14］井世潔，趙泉民．組織發展與社會治理：以鄉村合作社為中心[M]．北京：中國經濟出版社，2017．

［15］岳弘彬，袁勃．中國社區社會組織逾39萬個［N］．人民日報，2018-11-23（2）．

［16］劉成偉．中國「業主委員會」發展史：從維權到自治［N］．中國新聞周刊，2015-06-24（1）．

［17］郭於華，沈原．居住的政治——B市業主維權與社區建設的實證研究［J］．開放時代，2012（2）：83-101．

［18］郭於華，沈原，陳鵬．居住的政治：當代都市的業主維權與社區建設［M］．桂林：廣西師範大學出版社，2014．

［19］喬金亮．農民合作社發展三問［N］．經濟日報，2018-05-02（14）．

［20］曾望軍．論社區自組織在中國城市社區管理中的困境及其化解[D]．長沙：中南大學，2005．

［21］李漢林，渠敬東，夏傳玲，等．組織和制度變遷的社會過程——一種擬議的綜合分析［J］．中國社會科學，2005（1）：94-108．

［22］陳甬軍．中國為什麼在50年代選擇了計劃經濟體制［J］．中國經濟史研究，2004（3）：48-55．

［23］陳偉東．社區自治：自組織網絡與制度設置［M］．北京：中國社會科學出版社，2004．

［24］布成良．地方政府在經濟社會發展中的作用和制度創新——以「新蘇南模式」為例［J］．中共天津市委黨校學報，2008（2）：44-49．

［25］孟迎輝，鄧泉國．農村村民自治與城市居民自治的法制建設比較[J]．社會主義研究，2007（3）：82-85．

［26］董帥．中國城市居民委員會的職能問題研究：以服務型政府建設為視角［D］．南京：南京工業大學，2012．

［27］鄧泉國．中國城市社區居民自治［D］．天津：天津師範大學，2003．

［28］項繼權．中國鄉村治理的層級及其變遷——兼論當前鄉村體制的改

革[J]. 開放時代, 2008（3）：77-87.

[29] 李成貴. 當代中國農村宗族問題研究[J]. 管理世界, 1994（5）：184-191.

[30] 周雪光. 組織社會學十講[M]. 北京：社會科學文獻出版社, 2003.

[31] 諾思. 制度、制度變遷與經濟績效[M]. 杭行, 譯. 上海：上海人民出版社, 2008.

[32] 鄧泉國. 農村村民自治與城市居民自治興起的背景與動因比較[J]. 當代世界與社會主義, 2008（1）：101-105.

[33] 徐勇. 村民自治：中國憲政制度的創新[J]. 中共黨史研究, 2003（1）：64-69.

[34] 徐勇.「綠色崛起」與「都市突破」——中國城市社區自治與農村村民自治比較[J]. 學習與探索, 2002（4）：32-37.

[35] 苗壯. 制度變遷中的改革戰略選擇問題[J]. 經濟研究, 1992（10）：72-80.

[36] 陳濤. 轉型期城市社區自治問題研究[D]. 上海：復旦大學, 2008.

[37] 任遠, 章志剛. 中國城市社區發展典型實踐模式的比較與分析[J]. 社會科學研究, 2003（6）：97-100.

[38] 李霞, 陳偉東. 社區自組織與社區治理成本——以院落自治和門棟管理為個案[J]. 理論與改革, 2006（6）：88-90.

[39] 王敬堯. 參與式治理：中國社區建設實證研究[M]. 北京：中國社會科學出版社, 2006.

[40] 夏建中. 中國公民社會的先聲——以業主委員會為例[J]. 文史哲, 2003（3）：115-121.

[41] 董紅. 當代中國村民自治問題研究[D]. 咸陽：西北農林科技大學, 2012.

[42] 燕繼榮. 中國的社會自治[J]. 中國治理評論, 2012（1）：79-112.

[43] 國務院發展研究中心課題組. 農民自組織的成長與約束 [J]. 管理世界, 1994 (6): 170-176.

[44] 徐勇. 村民自治的深化: 權利保障與社區重建——新世紀以來中國村民自治發展的走向 [J]. 學習與探索, 2005 (4): 61-67.

[45] 林尚立. 基層群眾自治: 中國民主政治建設的實踐 [J]. 政治學研究, 1999 (4): 47-53.

[46] 趙秀玲. 「微自治」與中國基層民主治理 [J]. 政治學研究, 2014 (5): 51-60.

[47] 李強. 協商自治·社區治理: 學者參與社區實驗的案例 [M]. 北京: 社會科學文獻出版社, 2017.

[48] 鄭振宇. 中國網絡社團發展問題及治理研究 [J]. 理論導刊, 2015 (12): 32-36.

[49] 車峰. 中國網絡社團的認定與監管創新研究 [EB/OL]. (2017-02-07) [2019-06-22]. http://www.chinanpo.gov.cn/700106/108483/newswjindex.html.

[50] 博克斯. 公民治理: 引領21世紀的美國社區 [M]. 孫柏瑛, 等譯. 北京: 中國人民大學出版社, 2005.

[51] 民政部社會組織管理局負責同志就《民政部關於大力培育發展社區社會組織的意見》答本報記者問 [N]. 中國社會報, 2018-01-09 (2).

[52] 周業安. 中國制度變遷的演進論解釋 [J]. 經濟研究, 2000 (5): 3-11.

[53] 林毅夫. 關於制度變遷的經濟學理論: 誘致性變遷與強制性變遷 [C] // 科斯, 阿爾欽, 諾斯. 財產權利與制度變遷: 產權學派與新制度學派譯文集. 上海: 上海三聯書店, 1994.

[54] 羅家德, 孫瑜, 楚燕. 雲村重建紀事: 一次社區自組織實驗的田野記錄 [M]. 北京: 社會科學文獻出版社, 2014.

中篇
社會治理政策

1949年後
中國社會治理制度變遷

第四章
貧困治理

第一節　貧困的變遷

一、城市貧困變遷

(一) 城市貧困的概念

不同的研究者對城市貧困的界定及意涵也擁有著不同的觀點,如部分學者認為城市貧困即在城市地區發生的貧困。這一定義顯然值得商榷,因為城市貧困人口是一個模糊和寬泛的表述,它是否應該包括農村流動人口尚不明確。此外,還有部分學者認為,城市貧困即在城市居住的家庭或個人,他們主要依靠自身的勞動收入及其他的合法收入,卻處於不能維持基本生存的狀態[1]。這一定義的延伸範圍可能很窄,因為在事實上,流入城市的大量農民工實際上也是城市貧困人口的主要來源之一。這群人由於工資水準較低,而且不被納入城市的社保體系,常常會陷入貧困之中。

關於城市貧困的定義,不同的學者觀點也不盡一樣。本書採取的概念是:城市貧困是指發生在城市地區,覆蓋城市常住人口的貧困,而不僅僅是城鎮戶籍居民的貧困[2]。具體地說,城市貧困是指城鎮地區的常住居民和家庭受內外部因素影響,生活水準無法達到當地普遍認可的、有尊嚴的最低水準。城市貧困的綜合表現是人的消費和收入水準較低,享受到的衛生保健、教育及個人營養以及用於個體發展的各類資源均少於當地正常水準。這極大地限制了他們自身發展的能力。

(二) 城市貧困的變遷過程

從全世界的視角來看,貧困是一個永恆的但又常新的話題,它不僅涉及經濟上的問題,而且是一個關係到執政基礎和社會穩定的政治問題。中華人

---

[1] 蔣青,段海英,王黎華. 中國城市貧困的研究與思考 [J]. 社會科學研究, 1996 (2): 68-73.
[2] 王寧,魏後凱,蘇紅鍵. 對新時期中國城市貧困標準的思考 [J]. 江淮論壇, 2016 (4): 32-39.

第四章 貧困治理

民共和國成立之初，國家面臨諸多歷史遺留問題，國家財政乏力，這一階段對城市「三無人員」①的救助是政府扶貧工作的重點。進入20世紀90年代，隨著中國經濟發展速度的加快，國家財力也得到迅速累積。然而，中國城鄉二元結構的現狀也導致這一階段中國城鄉貧富差距迅速擴大，政府扶貧的工作重心也轉移至農村扶貧上。國家對於農村「五保」的救濟是社會救濟的重要構成部分，它使農村貧困人口的數量迅速下降。

在這段時期，隨著對國有企業的深入改革，城市的失業人數快速提升，城市貧困人口比重顯著增加，城市貧困問題日益突出②。世界銀行的研究報告《中國減貧戰略》（1992年）的數據顯示，1980年中國農村貧困率達到了28%，而這一時期的城市貧困率僅為2%；另外，1995—1999年，中國城市貧困率在五年的時間裡就增長了10%；到了2005年，城市貧困率（6%~8%）和農村貧困率（2.6%）的高低完全扭轉。根據民政部發布的《2015年社會服務發展統計公報》，截至2015年年底，全國共有957.4萬戶家庭和1,711.1萬城鎮居民領取最低生活保障救濟金，這一數據是2000年的4.2倍。

當前，隨著中國經濟結構的轉型、城市化進程的加速推進，城市貧困發生率也逐漸攀升，對中國政治、經濟和社會穩定構成了巨大的威脅。儘管這是一個潛在的因素，但它已成為影響中國經濟發展及全面建成小康社會的一個消極因素。面對中國扶貧工作的新形勢、新問題，習近平總書記就「精準扶貧、精準脫貧」發表了一系列重要講話。「精準扶貧」理念對農村扶貧及城市扶貧都是適用的。在建設小康社會的過程中，城市和農村沒有一個是可以拋在後面的。精準扶貧、精準脫貧必須進行城鄉統籌、協同治理③。

具體而言，中國城市貧困變遷過程如下：

---

① 城市「三無人員」是指城市非農業戶籍的無勞動能力、無生活來源且無法定贍養、撫養、扶養義務人，或者其法定贍養、撫養、扶養義務人無贍養、撫養、扶養能力的老年人、殘疾人以及未滿16週歲的未成年人。
② 杜為公，王靜. 轉型期的中國城市貧困問題及治理［J］. 當代經濟管理，2017，39（6）：23-30.
③ 章熙春，範世民，韓瑩瑩. 中國城市貧困治理評估及創新路徑［J］. 華南理工大學學報（社會科學版），2017，19（2）：69-77.

1. 1949—1978 年的傳統城市貧困階段：以物質貧困和絕對貧困為主

中華人民共和國成立以後，中國借鑑了蘇聯的經驗，在短時間內建立了城鄉分別治理的計劃經濟體制：城市實行了高就業、低工資和高福利的就業政策；在農村開展了低生活水準的合作化及公社化運動，而且受限於當時的戶籍制度，農村人口進城受到了限制。在這樣的背景下，城市居民總體生活質量較為低下，貧困發生率偏低，貧困人口主要是城市的「三無人員」，這對社會帶來的影響並不明顯。在這段時期，對城市貧困的治理主要集中於從經濟方面對城市絕對貧困人口提供生活保障。傳統城市貧困作為當時社會發展的非主流問題，扶貧策略是低價供應生產資料、高就業、社會救助和依靠社區幫助等。

這一階段的城市貧困屬於貧困線以下的絕對貧困。從 1949 年到 1978 年，中國的貧困問題一直被視作是農村的特有現象，城市貧困人口較少[1]。因為這一階段 80% 的人口在農村，而城市人口只是少數。此階段城市貧困的基本特徵是：城市貧困人口較少，對城市「三無人員」實行救助是政府扶貧工作的重點；城市貧困治理主要是從經濟層面為城市絕對貧困人口提供生活保障[2]。

依據周亮、沈丹在《中國城市貧困的關鍵問題及研究進展》一文中對城市貧困類型的分類（如表 4.1 所示）可看出，這一階段的城市貧困類型主要是：從物質維度來看，屬於物質貧困、絕對貧困和生產性貧困；從精神維度來看，屬於精神貧困和政治貧困；從時間維度來看，屬於暫時性貧困；從空間維度來看，屬於隱性貧困；從發展維度來看，屬於能力貧困和知識貧困[3]。

表 4.1　主要城市貧困類型

維度	劃分依據	城市貧困分類
物質維度	滿足人類生存的基本物質資料	物質貧困、絕對貧困、生存性貧困
精神維度	人類生活態度和社會參與權利	精神貧困、政治貧困、發展性貧困

[1] 成元君. 治理城市新貧困的路徑選擇 [J]. 理論月刊, 2007 (9): 132-134.
[2] 李偉. 中國現階段城市貧困人口狀況分析 [J]. 廣西社會科學, 2005 (7): 169-171.
[3] 周亮, 沈丹. 中國城市貧困的關鍵問題及研究進展 [J]. 開發研究, 2017 (1): 84-88.

表4.1(續)

維度	劃分依據	城市貧困分類
時間維度	人類處於貧困狀態的時間長度	暫時性貧困、永久性貧困、選擇性貧困
空間維度	各區域GDP與貧困率的關係	顯性貧困、隱性貧困、特殊性貧困
發展維度	阻礙人類發展的各個影響機制	能力貧困、知識貧困、發展性貧困

資料來源：周亮，沈丹. 中國城市貧困的關鍵問題及研究進展［J］. 開發研究，2017（1）：84-88.

這一階段的主要貧困特點在於絕對貧困。絕對貧困即在一定的社會生產及生活方式下，個人和家庭依靠其個人勞動收入和其他正規收入難以滿足基本生存需要，這樣的個人或家庭被稱作貧困人口或貧困家庭。出現這樣的局面是因為中華人民共和國剛剛成立不久，百廢待興，當時中國的底子還很薄弱，並受到戰爭和自然災害的影響。加上城市人口較少、「三無人員」規模小和意識形態等原因，國家對城市貧困的重視程度不夠（1977年中國的人口總數是9.74億人，其中82%在農村），習慣將城市貧困進行隱性處理，採用臨時性、運動性的社會救濟，並未建立起完善的城市扶貧制度體系，從而造成了這樣的局面。

2. 1979—1992年的城市貧困階段：以生產性貧困和發展性貧困為主

十一屆三中全會以後，中國開始以經濟建設為中心，改革開放政策得以實施。中國的經濟在這一階段逐漸發展起來，但由於是發展初期，再加上傳統的「重農抑商」思想的根深蒂固，所以這一階段經濟發展並不算好，這一階段的貧困狀況與前一階段基本相似。根據世界銀行1992年發表的《中國減貧戰略》，1980年中國農村貧困人口比例達到28%，按上述比例計算的農村貧困人口總數超過2億人。當時，城市貧困人口比例僅有2%左右，城市貧困人口總數約400萬人。前者是後者的50倍[①]。

這一階段中國政策上的改變以及中共中央的高度重視，導致中國這一階

---

① 成德寧. 中國「貧困人口城市化」的趨勢與對策［J］. 中國地質大學學報（社會科學版），2007，7（5）：37-41.

段的城市貧困的基本特徵產生了一些變化，變為：城市貧困人口較少，城市貧困問題微乎其微。這一階段的城市貧困類型主要是：從物質維度來看，屬於生產性貧困；從精神維度來看，屬於政治貧困和發展性貧困；從時間維度來看，屬於選擇性貧困；從空間維度來看，屬於隱性貧困；從發展維度來看，屬於發展性貧困。

這一階段的主要貧困特點在於選擇性貧困。選擇性貧困是指在一定時期內，人們的收入高於貧困線，但由於過去或未來有著特殊的支出需要而不得不將其現有消費壓到貧困線以下的狀況，相應的人口稱之為「選擇性貧困人口」。在中國的城市貧困人口中，大部分是這種選擇性貧困。這主要是因為在社會轉型過程中，人們在就業和獲得社會保障方面的不確定性提高，家庭的現期收入不再能夠代表持久性收入，一部分低收入家庭也通過縮減現有消費以備特殊之需[1]。之所以會這樣，正如前文所說，是由於政策上的轉變和中共中央的高度關注，以及20世紀80年代以來鄉鎮企業的興起及中國城市傳統第三產業的迅速發展。

3. 1993—2002年的新城市貧困階段：多元貧困開始顯現

1993年以來，中國城市貧困群體規模迅速擴大，結構也發生了重大變化，被稱為新城市貧困（或城市新貧困）。20世紀90年代以來，貧困不再是農村特有的嚴重現象，城市貧困問題也日漸突出[2]。在這一時期，城市貧困人口來源廣泛，導致貧困的因素也多種多樣，貧困人口規模相當大，結構也比較複雜[3]。與傳統城市貧困進行對比發現，國有企業失業和下崗人口、城市化建設過程中的流動人口和農民工等成為新城市貧困群體的主要組成部分。在社會轉型時期，大多數城市貧困群體具有工作能力，有擺脫貧困及致富的意願和動力。新城市貧困與城鄉二元結構下的農村貧困和傳統城市貧困不同[4]。它是中國經濟迅速發展、城市化進程加快、國有企業改革深化及社會轉型的副產

---

[1] 高雲虹. 中國城市貧困問題的制度成因 [J]. 經濟問題探索，2009（6）：57-62.
[2] 楊冬民，黨興華. 中國城市貧困問題研究綜述與分析 [J]. 經濟學動態，2010（7）：81-84.
[3] 楊冬明. 社會排斥與中國的城市貧困：一個理論框架的分析 [J]. 思想戰線，2010（3）：34-38.
[4] 範達春. 城市新貧困：扶貧之困與治理之道 [J]. 理論探討，2016（1）：156-161.

物。它主要涉及三類人：缺乏就業機會的城鎮居民、相對貧困的城市居民以及傳統城市中的「三無人員」。其中，就業機會不足而形成的貧困人口是城市貧困人口的主要組成部分之一。城市貧困者很多是深化國有企業改革帶來的失業和下崗職工。僅 1994 年，在國有企業改革中實施的 3,080 個政策性破產項目就導致了大量的下崗人員。1996—2000 年，隨著國有企業改革的不斷深化，大量國有企業職工失業，城市貧困人口數量進一步提升（見圖 4.1）。1993—2002 年城鎮登記失業人數及失業率見表 4.2。

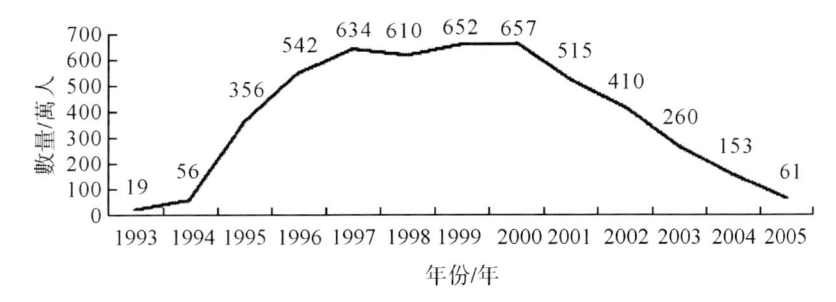

圖 4.1　國有企業下崗職工數量（萬人）（1993—2005 年）

數據來源：1993—2005 年國家統計局《勞動和社會保障事業發展統計公報》。

表 4.2　城鎮登記失業人數及失業率（1993—2002 年）

年份	1993	1997	1999	2001	2002
失業人數（萬人）	420	570	575	681	770
登記失業率	2.6%	3.1%	3.1%	3.6%	4.0%

數據來源：根據國家統計局網 http//data.stats.gov.cn/easyquery.htm？cn=C01 的數據整理而成。

這一階段城市貧困的基本特徵是城市貧困人口逐漸增加。國有企業的失業和下崗人口、在城市建設過程中的流動人口和農民工已成為城市新貧困群體的主要組成部分。此外，中西部地區也存在差異。具體來說，沿海地區城市貧困發生率較低，居民抵禦貧困風險的能力較強；東北老工業區、中部地區城市貧困發生率較低，但居民抵禦貧困風險的能力較弱；西部地區城市貧

困發生率較高，居民抵禦貧困風險的能力也較弱①。在這一階段，開始出現了貧富差距較為顯著的態勢。

這一階段的城市貧困類型主要是：從物質維度來看，屬於生產性貧困；從精神維度來看，屬於政治貧困和發展性貧困；從時間維度來看，屬於選擇性貧困；從空間維度來看，屬於顯性貧困；從發展維度來看，屬於知識貧困和發展性貧困。

這一階段的主要貧困特點在於選擇性貧困。這主要是因為在轉型過程中，人們在就業和獲得社會保障方面的不確定性程度提高了。這一階段家庭的收入可能無法維持持久性的家庭供給，即便是低收入家庭，也會通過縮減現有消費以備特殊之需。之所以會這樣是因為中國建立市場經濟體制的決定以及國家的政策。並且在這一階段，中國開始出現了一元貧困向多元貧困轉變的態勢。

這一階段的多元貧困類型主要有以下幾種：因為物質匱乏帶來的物質貧困；城市化發展帶來的失業貧困；文化程度較低、家庭勞動力少所導致的階層性貧困；等等。

4. 2003年以來的現代城市貧困階段：多元貧困特徵明顯

2003年以來，中國經濟發展態勢良好，一躍成為全世界第二大經濟體，綜合國力得到顯著提升，人民生活水準得到顯著改善。但在發展良好的同時，中國一部分人口仍然沒有擺脫貧困。這對中國實現「兩個一百年」奮鬥目標顯然是不利的②。

這一階段的城市貧困特點主要是各地貧困發生率差異較大，其中東部沿海地區城市貧困發生率較低，而中西部內陸地區城市貧困發生率較高，全國城市貧困人口在不同地域的分佈有著較大的差異。東部沿海地區經濟實力強，發展機會也更多，政府的扶貧措施實施較早。儘管這裡城市居民數量最多，但貧困人口最少，城市貧困發生率相對較低。中西部地區經濟基礎薄弱，國

---

① 曾慶久，畢於榜. 中國城市貧困與反貧困問題探討［J］. 重慶社會科學，2005（5）：87-93.
② 楊榮. 論中國城市貧困治理中的社會工作［J］. 新視野，2008（3）：35-37.

有企業和集體企業改革導致大量職工下崗，使得城市貧困問題較為嚴重。特別是在中部地區，城市貧困人口占總貧困人口的 52.9%，貧困發生率達到 8.4%。這些年來，城市貧困問題總體上得到緩解，但地區差異依然明顯，中西部地區仍然是城市貧困高發地區（如表 4.3 所示）[1]。

表 4.3　東中西部貧困狀況

地區	城市貧困人口（萬人）	城市居民總數（萬人）	貧困發生率（%）
東部地區	393.4	12,891.5	3.1
中部地區	949.7	11,333.2	8.4
西部地區	452.8	6,208.6	7.3
總計	1,795.9	30,433.3	5.9

數據來源：李軍. 中國城市反貧困論綱 [M]. 北京：經濟科學出版社, 2004.

另外，這一階段財富的「馬太效應」也比較明顯。轉型時期，中國城鄉居民收入差距較大。貧困群體的初始資源較為欠缺，謀生能力不足。他們的生活水準長期沒有提高，不能擺脫貧困。而富人有穩定的高收入，資本經營收入比較突出，窮人越窮、富人越富的「馬太效應」很明顯[2]。圖 4.2 反應了中國居民基尼系數的變化。2008 年，中國基尼系數高達 0.491，雖然在 2008 年之後開始逐漸下降，但下降速度非常緩慢。2015 年，中國基尼系數仍高達 0.462，非常接近 0.5。0.5 及以上的基尼系數表示該國居民收入差距相當懸殊或出現兩極分化。兩極分化將嚴重影響一個國家的經濟發展和社會穩定[3]。因此，縮小城市居民收入差距是城市扶貧工作的一個重要方面。

---

[1] 王莉麗. 城市貧困：現狀及對策 [J]. 河南社會科學, 2008, 16 (6)：85-87.
[2] 賀慶生, 劉葉. 論中國城市貧困治理的現實困境與路徑選擇 [J]. 學習與實踐, 2015 (12)：81-88.
[3] 杜為公, 王靜. 轉型期的中國城市貧困問題及治理 [J]. 當代經濟管理, 2017, 39 (6)：23-30.

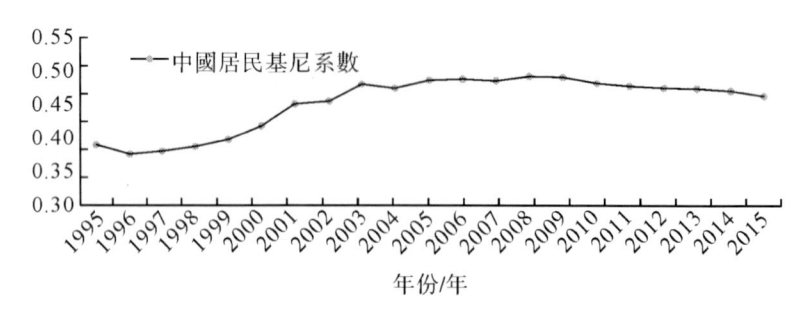

圖 4.2　中國居民基尼系數變化情況

數據來源：國家統計局網站。

　　這一階段的城市貧困的特點是東西部差異較大，東西部貧困發生率不平衡，貧富差距也較大。這一階段的城市貧困類型主要是：從物質維度來看，屬於生產性貧困；從精神維度來看，屬於發展性貧困；從時間維度來看，屬於選擇性貧困；從空間維度來看，屬於顯性貧困；從發展維度來看，屬於發展性貧困。這一階段呈現出了從一元貧困到多元貧困的發展態勢。這是因為，隨著中國經濟的快速發展，戶籍制度的放寬，以及城鎮化進程的加快，農村人口源源不斷地流入城市，農民工的貧困問題也於近年來迅速凸顯。農民工這一特殊的社會群體的境況使得中國的城鄉結構顯得尤為複雜。雖然這部分人的生活比農村貧困人口要好，但與城市居民相比，他們面臨的難題更多，必須為其在城市的生存支付極高的經濟成本和心理成本[①]。所以，現階段出現了這一發展趨勢。

　　這一階段比起上一階段主要是新增加了區域性貧困、階層性貧困等類型。隨著中國經濟發展的加速，加上中國東西部地理位置的差異，進入 21 世紀以後，中國東西部差異越來越明顯。中國地大物博，各個階層狀況不一，隨著社會的進步，階層性貧困也越發凸顯，社會呈現了兩極分化的態勢。

　　中國的城市貧困從中華人民共和國成立初期的微乎其微，到改革開放後逐漸顯著，再到 20 世紀 90 年代的逐步增加及農村貧困的逆轉，最後發展為如今的多元貧困。幾十年來，中國的城市貧困問題一直存在著。

---

① 高雲虹. 中國城市貧困問題的制度成因 [J]. 經濟問題探索，2009（6）：57-62.

二、農村貧困變遷

(一) 農村貧困的概念

中華人民共和國成立之初，通過對農業進行集體化改造及一系列制度化的安排，把農村的經濟及社會發展等問題放置於一攬子計劃中，農村貧困問題並不顯著。自 20 世紀 70 年代末以來，隨著國家從農村的逐步退出，農村貧困問題開始進入政府的視野。扶貧已成為中國政府相對獨立的一項事業，具有越發重要的社會意義和影響力，已成為國家退出社會過程中在局部加強介入的象徵[1]。

貧困是指一個人或家庭的生活水準不符合社會公認的標準，這個標準即貧困線。農村貧困的定義相對簡單，即指發生在農村地區的貧困。世界上有很多方法可以確定貧困線。而中國的官方貧困線是指維持人們基本生存的最低費用標準（又稱溫飽線）。該貧困線用農村人均年純收入表示，1978 年為 100 元，1984 年為 199.6 元，1985 年為 206 元，1994 年為 625 元，2003 年為 637 元。2001 年，中國政府鑒於以初步解決溫飽為目標的貧困線標準較低，貧困人口溫飽狀況不穩定，按當年的收入狀況提出了 865 元的扶貧標準，即低收入貧困線（相當於 2003 年的 882 元的標準）。根據 2003 年的標準，中國政府將年人均純收入為 637~882 元的人口稱為低收入貧困人口，年人均純收入低於 637 元的人口稱為絕對貧困人口。

1978 年，中國農村絕對貧困人口數量為 2.5 億人，貧困發生率為 30.7%。1978 年年底召開的十一屆三中全會正式提出了加快農業發展和改善人民生活水準的問題，中國的扶貧事業開始了。此後，中國政府在解決農村貧困問題方面做出了巨大的努力，成效顯著[2]。

---

[1] 丁軍，陳標平. 新中國農村反貧困行動的制度變遷與前景展望 [J]. 毛澤東鄧小平理論研究，2009 (6)：34-39.
[2] 陸漢文，豈曉宇. 當代中國農村的貧困問題與反貧困工作——基於城鄉關係與制度變遷過程的分析 [J]. 江漢論壇，2006 (10)：108-112.

(二) 農村貧困的變遷過程

中華人民共和國成立以來，中國農村貧困變遷過程具體如下：

1. 1949—1978 年的傳統農村貧困階段：以絕對貧困和普遍性貧困為主

中華人民共和國成立初期，面臨經濟落後和長期戰爭遺留下的「一窮二白」的局面，加上後來的戰略失誤和自然災害等，廣大農村居民生活水準仍然普遍低下。以營養標準來衡量，改革開放前，至少有 40%～50% 的人群處於生存困狀態[1]。根據貧困發生的成因，可將貧困分為普遍性貧困、制度性貧困、區域性貧困和階層性貧困四類。普遍性貧困是由經濟社會發展水準低下導致的。制度性貧困則是由社會、經濟、政治、文化等制度決定的不同社區、地區、社會團體和個人之間的生活資源分配不均，導致一些社區、地區、社會團體和個人的貧困狀態[2]。區域性貧困是一種由自然條件惡劣、社會發展水準不高導致的貧困現象。中國農村貧困人口分佈具有比較明顯的區域性，主要集中在自然條件相對較差的地區。此外，東西部地區發展差異所導致的農村貧困，也是明顯的區域性貧困的表現。階層性貧困則是指自身身體素質較差、教育水準不高、家庭勞動力較少、生產資料匱乏等帶來的一些個人、家庭或社會群體的貧困。改革開放前，中國農村處於普遍貧困狀態。

根據這一階段的基本情況，這一階段的貧困屬於絕對貧困，主要由當時中國底子薄弱，常年自然災害，加上資源匱乏、技術欠缺等原因導致。

2. 1979—1992 年的農村貧困階段：以制度性貧困為主，區域性貧困顯現

1978 年，隨著十一屆三中全會的召開，中國開始以經濟建設為中心，政府制定及實施了一系列配套的政策，取得了良好的效果。根據中國政府給定的貧困標準，1978 年至 1985 年，農村沒有解決溫飽問題的貧困人口由 2.5 億人減少至 1.25 億人，貧困人口占農村總人口的比例由 30.7% 降至 14.8%。1978 年，中國農村的絕對貧困人口數量為 2.5 億，貧困發生率為 30.7%[3]。

---

[1] 汪三貴. 在發展中戰勝貧困：對中國 30 年大規模減貧經驗的總結與評價 [J]. 管理世界, 2008 (11)：78-88.
[2] 青連斌. 貧困的概念與類型 [N]. 學習時報, 2006-06-05 (5).
[3] 史志樂. 1978—2015 中國扶貧演進歷程評述 [J]. 中國市場, 2016 (24)：35-36.

第四章　貧困治理

　　進入 20 世紀 80 年代中期，農村經濟體制改革中的扶貧效益呈現下降態勢，不平等及貧富分化現象開始顯現，舊的貧困管理體制面臨新的問題及挑戰①。不平等現象的出現，既有農業收入（具有緩解不平等功能）比重在農民收入結構中不斷下降，而工資性收入（具有拉大收入差距作用）比重和私營活動收入比重不斷增加的微觀因素，也有區域發展原始資源數量帶來的區域經濟發展差距拉大（主要是東部沿海與中西部地區的差距）的宏觀因素。「老、少、邊、窮」地區基礎設施落後，市場和社會發展水準低，體制改革和市場力量推動扶貧效果不明顯②。

　　這一階段，由於政府對農村實施了針對性的扶貧政策，農村貧困人口數量減少幅度較大③。這一階段的貧困主要屬於制度性貧困，但區域性貧困也開始顯現出來，主要體現在東部沿海地區和中西部地區的發展不平衡。這是因為自改革開放以來，中國優先發展了東南沿海地帶，建立了經濟特區，東南沿海地區具有天然的地理優勢，而中西部地區在地理上存在一定的劣勢④。

　　3. 1993—2002 年的農村貧困階段：區域性貧困明顯，階層性貧困開始凸顯

　　進入 21 世紀後，隨著中國貧困人口數量的不斷下降，農村貧困人口的分佈呈現出「大分散、小集中」的新特徵。貧困人口的分佈從集中於原扶貧開發重點縣區域轉變為集中到下一級農村社區。國家認定的貧困縣貧困人口占全國貧困人口的比例下降到 61.9%（2001 年）。這一階段中國從政策上也給予了高度關注，到 2000 年年底，農村貧困人口中還沒有解決溫飽問題的人口數量由 1985 年的 1.25 億人下降到 2000 年的 3,000 萬人，農村貧困率由 14.8% 下降到 3% 左右，其中八七扶貧攻堅計劃期間扶貧投資獲得了高於 10% 的回報率⑤。2000 年，中國農村絕對貧困人口的數量下降到 3,209 萬人，貧困發生率為 35%。2001 年，根據溫飽線統計，59.5% 的貧困人口生活在貧困村；

---

① 吳金波，董雪豔. 中國扶貧路徑及發展探析 [J]. 農業展望，2018，14（1）：78-82.
② 陸漢文，豈曉宇. 當代中國農村的貧困問題與反貧困工作——基於城鄉關係與制度變遷過程的分析 [J]. 江漢論壇，2006（10）：108-112.
③ 楊晶. 多維視角下農村貧困的測度與分析 [J]. 華東經濟管理，2014，28（9）：33-38.
④ 羅迤. 1980 年代中期以來中國貧困問題研究綜述 [J]. 學術界，2007（6）：247-257.
⑤ 周中華，張紅霞. 精準扶貧的新制度經濟學探析 [J]. 金融理論與教學，2018（2）：63-66.

根據低收入線統計，51.9%的貧困人口生活在貧困村①。

這一階段的農村貧困人口顯著下降。這一階段的區域性貧困較為明顯，階層性貧困開始凸顯。因為隨著中國市場經濟制度的確立，中國富起來了一批人，所以逐漸開始出現階層性貧困。

4. 2003年以來的農村貧困階段：階層性貧困和相對貧困明顯

進入21世紀後，中國在各方面都呈良好的發展態勢，農村貧困人口持續減少。按照2010年1,274元的扶貧標準，農村貧困人口由2000年年底的9,422萬人降至2010年的2,688萬人，農村貧困人口比例由2000年的10.2%降至2010年的2.8%②。

21世紀第二個十年是中國全面建成小康社會的關鍵時期③。中國共產黨第十八次全國代表大會提出了全面建設小康社會、全面深化改革開放的宏偉藍圖；全面落實經濟建設、政治建設、文化建設、社會建設和生態文明建設五位一體總體佈局，推進新型工業化、信息化、城鎮化、農業現代化協調發展④；同步推進國家治理體系和治理能力現代化。「小康不小康，關鍵看老鄉。」全面建成小康社會的重點和難點就是農村和貧困地區⑤。儘管實施了進一步的扶貧開發，但是中國這一階段的農村貧困問題依然嚴峻。一是隨著扶貧標準的提高，農村仍有大規模的貧困人口。根據2,300元的新扶貧標準，2011年中國農村扶貧對象總數為1.22億人。二是農村貧困人口面臨的各種風險不斷增加，返貧現象時有發生。貧困人口在穩定扶貧方面面臨挑戰。三是農村勞動力轉移到城鎮後，農業生產粗放化、農村空心化現象突出，農村相對貧困問題突出⑥。

---

① 劉銳，賀雪峰. 農村貧困結構及治理路徑研究 [J]. 社會科學戰線，2018 (3)：218-226.
② 顧仲陽. 扶貧取得成就工作仍需努力 [N]. 新農村商報，2011-11-23 (B7).
③ 鄭必堅. 21世紀第二個十年的中國和平發展之路 [J]. 國際問題研究，2013 (3)：1-8.
④ 楊俊良，陳蘭傑，楊雅旭. 黨的十八大以來社會治理的理論演變與制度創新 [J]. 治理現代化研究，2018 (4)：75-79.
⑤ 張暉. 試論全面建成小康社會的戰略目標 [J]. 山東社會科學，2015 (7)：24-29.
⑥ 成志剛，易文波. 改革開放40年中國反貧困史研究綜述 [J]. 湘潭大學學報（哲學社會科學版），2018, 42 (6)：59-63.

到 2014 年年底，精準扶貧政策以新的起點高水準推進，全年扶貧機制創新取得突破；重點工作全面展開，片區規劃順利實施，各個方面取得了新進展和新成果。2017 年 6 月，習近平總書記在講話中指出，2016 年年底中國農村貧困人口仍有 4,300 多萬人。2018 年 8 月 20 日，中農辦指出，中國有 3,000 萬農村貧困人口在未來三年需要脫貧。可以說，在第一個百年任務實現之前，中國仍然面臨所有貧困縣摘帽和所有農村貧困人口脫貧的巨大壓力[1]。

這一階段中國的農村貧困人口呈持續下降態勢，人民生活水準顯著提高，但仍然存在貧富差距懸殊、階層性貧困現象明顯的問題。這一階段因病致貧現象比較突出；致貧原因較多，呈現多元貧困的態勢，在部分地區甚至還出現了高額「彩禮」導致貧困的現象。

第二節　貧困治理的制度變遷

一、城市貧困治理的制度變遷

如上一部分所述，中國的城市貧困經歷了四個階段，每個階段中國都採取了相應的治理措施。其主要內容如下：

（一）1949—1978 年的城市貧困治理：政府救濟占主導地位

這一階段，由於中國國情特殊，中國人口主要集中在農村，城市人口較少，城市貧困治理得較少。治理手段和方式主要是政府出抬對應的政策來對貧困人口進行幫扶，治理主體也主要是政府。由於當時城市「三無人員」規模小和意識形態等原因，國家對城市貧困的重視不夠，對城市貧困進行隱性處理，採取臨時性、運動性的社會救濟，沒有建立起完善的城市貧困治理制

---

[1] 彭春凝. 當前中國農村精準扶貧的路徑選擇研究 [J]. 農村經濟，2016（5）：91-95.

度體系。城市貧困控制的目標主要是從經濟層面為城市絕對貧困人口提供生產和生活保障。具體情況如下：

1950年4月，中共中央在《關於舉行全國救濟失業工人運動和籌措救濟失業工人基金辦法的指示》文件中號召，全社會積極捐款救助因戰爭致貧的城鎮職工。同年5月，政務院《關於救濟失業工人的指示》要求，對失業人員採取勞動救濟、移民墾荒、生產自救等扶貧措施[①]。1957年內務部、財政部、中國人民銀行聯合下發了《關於城市烈屬、軍屬和貧困生產單位的稅收減免和貸款扶助問題的通知》，為城鎮貧困居民提供了稅收優惠和貸款扶助[②]。1958年，第四次全國民政會議提出，著力推廣興辦殘疾人習藝所、精神病人療養院、離退休人員公寓、貧民教養院等福利事業的建設經驗。1962年，國務院頒布了《關於精簡職工安置辦法的若干規定》，要求對精簡下來的職工結合其自身情況進行合理安排。「文化大革命」期間，內務部等相關部門受到衝擊，城市扶貧工作停滯不前[③]。這一階段的治理，政府的投資發揮了重要作用，佔據了主導地位，如表4.4所示。

表4.4　城市救濟費用（1952—1978年）

年份	1952	1956	1960	1967	1973	1978
救濟費用（億元）	0.5	0.82	1.03	1.59	1.57	2.17

資料來源：根據《新中國五十年統計資料匯編》和《中國農村統計年鑒》（1952—1978年）的數據整理而成。

（二）1979—1992年的城市貧困治理：以政府治理為主，其他仲介組織為輔

改革開放後，中國城市扶貧工作得以恢復。隨著中國城市經濟體制改革的逐步推進，企業下崗職工和離退休職工越來越多，政府扶持政策也隨之改

[①] 高中偉. 新中國初期城市失業治理的歷史考察 [J]. 深圳大學學報（人文社會科學版），2013（4）：137-143.
[②] 丁芳，張本效. 中國就業救助制度存在的問題及對策淺析 [J]. 新西部，2015（11）：5-6.
[③] 章熙春，範世民，韓瑩瑩. 中國城市貧困治理評估及創新路徑 [J]. 華南理工大學學報（社會科學版），2017，19（2）：69-77.

第四章　貧困治理

變，從扶持企業開始轉變為對城市貧困人口進行直接幫助[1]。中國政府採取了多種措施來解決這一問題，並開始探索和逐步建立起較為完善的城市扶貧體系。1983 年，第八次全國民事會議恢復了 20 世紀 50 年代和 60 年代的救濟制度，擴大了救濟範圍，提高了救濟的標準；1986 年，國家建立了國有企業待業保險制度。1991 年，國務院在《關於企業職工養老保險制度改革的決定》中，提出擴大養老保險制度的繳費基礎[2]。由此可見，城市貧困問題已開始受到重視，城市貧困治理取得了一定成效。通過相關數據統計，至 1989 年，中國城市貧困人口數量僅有 100 萬左右，城市貧困人口佔比不到 0.4%。

這一階段的城市貧困治理主體依然還是政府，但是公眾、社區以及社會組織也逐步加入進來[3]。1978 年以來，隨著國家和社會的逐步分離，單位制、街居制逐步向單位制、街居制和社區制共存轉變。這一階段的社會治理是以政府治理為主，其他仲介組織為輔。十一屆三中全會以後，政府工作的重心進行了轉移，對於社會治理放鬆管制，讓渡出更多的空間，社會組織迎來了一個快速增長的機會。至 1990 年，全國性的社團有 1,100 多個，地方性的社團有 18 萬個左右，分別比「文化大革命」開始前增長了 10 倍和 29 倍。社會組織開始參與社會治理[4]。另外，到 1982 年年底，村民委員會正式被列入憲法第一百一十一條，並與居民委員會一道，成為群眾性自治組織，村民委員會和居民委員會的法律地位首次以根本大法的形式得到確認。憲法承認村民自治和居民自治，並就居（村）委會的性質、任務和作用等一般性規則進行了明確規定。因此，公眾已成為社會治理的主體之一。

這一階段的治理內容主要涉及社會救助、社會保障、擴大救濟範圍等領域。但此時城市扶貧仍以「三無人員」為主要的扶貧對象，扶貧對象較為單一，扶貧標準也比較低。此外，由於城市扶貧的制度化和法制化水準較低，

---

[1] 洪大用. 改革以來中國城市扶貧工作的發展歷程 [J]. 社會學研究, 2003, 18（1）: 71-86.
[2] 彭超, 龔立霞. 論中國養老體制的建立與完善 [J]. 中國商貿, 2014（2）: 169-170.
[3] 田海軍. 公民有序參與城市治理的現實困境及其突圍 [J]. 人民論壇, 2018（25）: 66-67.
[4] 苗紅培. 中國社會組織公信力的建設路徑——基於政府購買公共服務的分析 [J]. 廣州大學學報（社會科學版）, 2015（6）: 37-42.

救濟標準容易受到政府財政的影響，城市社會的救濟水準與貧困狀況脫節。《中國統計摘要》（1994 年）的數據顯示：1992 年，全國約有 19 萬城鎮居民享受國家定期救助，佔全國城鎮人口的 0.06%；同年，在城市人均收入已到達 152 元的情況下，城鎮貧困人口的人均救濟金額僅為 38 元。此外，還有數以千萬計的城市居民成為「（政府、單位、家庭）三不管」的對象[1]。這一階段的城市救濟費用如表 4.5 所示。

表 4.5　城市救濟費用（1978—1992 年）

年份	1978	1983	1986	1988	1990	1992
救濟費用（億元）	2.17	3.97	6	7.68	9.82	12.11

資料來源：根據《新中國五十年統計資料匯編》和《中國農村統計年鑒》（1978—1992 年）的數據整理而成。

（三）1993—2002 年的城市貧困治理：國家財政支持和地方生產自救相結合

20 世紀 90 年代以來，城市貧困人口數量不斷增加，構成也越發複雜。傳統的以「三無人員」為主要對象的城市社會救助制度，由於其暫時性和運動性的缺陷，已經不能滿足城市貧困管理的需要[2]。在嚴峻的社會現實條件下，中央和地方有關部門都在探索建立新的城市扶貧政策體系。

第一，建立最低生活保障制度。1993 年，上海市政府首次創建了城市居民最低生活保障制度，標誌性文件就是《關於上海市城市居民最低生活保障線的通知》。1999 年，國務院在總結上海等地經驗的基礎上，頒布了《城市居民最低生活保障條例》，規定了城市居民最低生活保障標準。這一標準主要針對非農業戶籍的城鎮居民，包括傳統的「三無人員」、低收入失業人員、低收入職工和退休人員。

第二，建立就業援助制度。在推行市場化改革進程中，國有企業中的大

---

[1] 易柳. 改革開放 40 年中國扶貧政策的演化與前瞻——立足國家層面政策文本的分析 [J]. 西南民族大學學報, 2018, 39（4）：183-191.
[2] 曾狄, 申曉梅. 新城市貧困的社會後果 [J]. 理論與改革, 2000（2）：81-82.

量職工下崗失業，再就業問題日益突出①。1995 年，勞動部發布了《關於全面實施再就業工程的通知》，強調通過實施就業培訓、就業安置等措施，加強城市失業人員再就業能力，提高城市就業率以及強化就業指導。2002 年，中共中央、國務院發布的《關於進一步做好下崗失業人員再就業工作的通知》，要求各級政府重視失業人員再就業工作，實施再就業優惠政策，向城鎮失業人員頒發「再就業優惠證書」②。

第三，建立教育援助制度。1999 年，教育部和財政部聯合下發了《關於進一步加強高校自主經濟困難學生工作的通知》，提出了勤工助學、補貼、貸款、學費減免等幫助貧困學生的具體措施；2001 年，教育部、財政部和國務院扶貧辦聯合下發《關於落實和完善中小學貧困學生助學金制度的通知》，提出通過助學金專項遞減的方式提高對貧困學生上學費用的救助水準③。

第四，實施住房救助政策。住房援助的主要形式有廉租房、經濟適用房等保障性住房。1994 年，建設部和國務院住房制度改革領導小組、財政部聯合發布了《城鎮經濟適用住房建設管理辦法》，提出保障性住房主要解決低收入和中等收入家庭住房困難的問題。1998 年，國務院發布《關於進一步深化城鎮住房制度改革，加快住房建設的通知》，提出由政府或單位為低收入家庭提供廉租住房。

第五，建立財政援助制度。2001 年下半年開始，中央人民政府加大了財政投入力度。幾年來，援助貧困人口數量從 2000 年年底的 450 萬人增長至 2008 年的 2,200 多萬人④。

這一階段，國家對於貧困治理採取了國家政策和財政支持的方式，地方採取了生產自救的形式，國家層面涉及了社會保障、就業、教育、住房等多

---

① 岳國震，田崇厚. 建立目標瞄準機制，提高失業保險基金的保障能力 [J]. 經濟與管理，2000 (2)：47-48.
② 章熙春，範世民，韓瑩瑩. 中國城市貧困治理評估及創新路徑 [J]. 華南理工大學學報（社會科學版），2017，19（2）：69-77.
③ 章熙春，範世民，韓瑩瑩. 中國城市貧困治理評估及創新路徑 [J]. 華南理工大學學報（社會科學版），2017，19（2）：69-77.
④ 王莉麗. 城市貧困：現狀及對策 [J]. 河南社會科學，2008，16（6）：85-87.

個方面。

(四) 2003年以來的城市貧困治理：多措並舉

進入21世紀後，中國經濟高速發展，各個方面都得到了明顯提升，社會治理水準也顯著提高。進入這一階段後，中國政府出抬了一些相關政策。在最低生活保障制度方面，2012年民政部頒布了《最低生活保障審批辦法（試行）》[1]。它規定，在取消農業和非農業戶籍劃分的地區，原則上，申請人的戶籍可以設在城鎮，而且居住時間需要超過一定期限，無承包地、不參加農村集體收入分配等是申請城市最低生活保障的條件。為解決「人情保」和「保險詐欺」等問題，中國實行多部門聯動核查機制[2]。在醫療救助制度方面，2003年民政部在總結各地區經驗的基礎上，發布《關於建立城市醫療救助制度有關事項的通知》，初步在國家層面建立了醫療救助制度。2009年，民政部、財政部、衛生部、人力資源和社會保障部聯合下發了《關於進一步完善城鄉醫療救助制度的意見》。在就業援助制度方面，國務院於2005年頒布了《國務院關於進一步加強就業再就業工作的通知》。通知規定在延續原有就業優惠政策的基礎上，進一步擴大優惠範圍。2010年，全國人大通過了《中華人民共和國就業促進法》，從立法層面解決就業優惠、就業援助和就業歧視等問題。在教育援助領域，2007年，國務院實施了「兩免一補」政策，以及部分師範類院校師範生免費教育、義務教育學雜費全免等政策。在住房援助方面，2004年建設部實施了《城鎮最低收入家庭廉租住房管理辦法》。至此，中國基本建立了以最低生活保障制度為核心的城市扶貧體系，這是不同於傳統城市扶貧體系的最大之處。為了進一步增強城市扶貧體系的法律效力，整合分散的城市扶貧體系，國務院於2014年5月1日頒布實施了《社會救助暫行辦法》，正式建立了以最低生活保障、特困人員供養、災區救助、醫療救助、教育救助、住房保障、就業救助和臨時救濟八項制度為主體，以社會力

---

[1] 張浩淼. 救助、就業與福利依賴：兼論關於中國低保制度「養懶漢」的擔憂 [J]. 蘭州學刊，2014 (5)：163-169.
[2] 章熙春，範世民，韓瑩瑩. 中國城市貧困治理評估及創新路徑 [J]. 華南理工大學學報（社會科學版），2017，19 (2)：69-77.

第四章 貧困治理

量參與為補充的城市扶貧體系①。

這一階段，中國的城市貧困治理有以下幾個特點：一是城市貧困治理從臨時性、運動式救濟階段，進入法制化的制度建設和完善階段，其標誌是《社會救助暫行辦法》（2014）的頒布實施；二是城市貧困治理由單純的經濟扶貧逐步轉變為以經濟扶貧為主，以教育幫扶、就業援助等權利性扶貧、能力性扶貧為輔的綜合性扶貧，體現出城市貧困治理理念的不斷進步；三是政府對城市貧困治理的財政投入力度持續加大。權威統計數據顯示，1998年，全社會城鎮低保金總投入為12億元；2015年，全社會城鎮低保金總投入已經達到719.3億元，增長了60倍以上②。

由上面幾個階段可知，中國的城市貧困治理的主體在各個階段都包括政府，政府必須發揮好其應有的帶頭作用。尤其是在中華人民共和國成立初期，主要是依靠政府對城市貧困進行治理。治理手段從最開始的一元化變為後期的多元化，治理內容單一化變為多樣化，體現了政府對城市貧困治理的努力探索以及為人民群眾辦實事的決心。

二、農村貧困治理的制度變遷

如前文所述，中國的農村貧困經歷了四個階段，每個階段都有相應的治理措施。

（一）1949—1978年的農村貧困治理：以政府治理為主

中華人民共和國成立後，通過對農業的集體化改造及一系列相關制度的安排，農村的經濟、社會發展等問題被放置於一攬子計劃中。中華人民共和國成立後還經歷了抗美援朝，進行了浩浩蕩蕩的「大躍進」運動及人民公社化運動，中國這一階段的農村貧困處於普遍貧困階段。在這一階段，政府發布了前四個五年計劃。在「一五」計劃期間，中國還推行了一化三改造：逐

---

① 陸一波，茅冠雋.民生安全網：保基本兜底線[N].解放日報，2014-03-08（2）.
② 劉敏.城市貧困治理範式的轉變——多元化治理的視角[J].社會工作，2011（8）：55-59.

步實現了國家的工業化，及國家對農業、手工業和資本主義工商業的社會主義改造。這一期間中國的農業得到了進一步的發展，農業總產值年均增長4.3%。這對人民生活水準的提升起到了一定的促進作用。而在「二五」計劃期間，由於「大躍進」，中國糧食產量出現下降態勢，1960年糧食產量下降到1,438.5億千克，對比1959年，共減少了265億千克，跌落至1951年的水準。「二五」計劃期間，中國農業大幅度減產。「三五」計劃在農業上規定的主要任務是大力發展農業，解決人民的衣食問題。然而，在1966年開始的「文化大革命」打亂了「三五」計劃，導致這一期間中國經濟發展並不良好。隨著第四個五年計劃的公布和推行，中國農業發展有所恢復，在此期間，農業總產值年均增長4.0%[1]。

這一階段，中國農業在挫折中不斷發展，農民生活水準並沒有得到顯著提升。由於這一階段中國長期處於計劃經濟體制之下，所以政府充當了貧困治理的主體，治理手段也更多依靠行政手段和財政手段。

（二）1979—1992年的農村貧困治理：開發式扶貧治理結構逐步建立

在開始改革開放後，中國的扶貧事業拉開了序幕。

1978年，中共十一屆三中全會召開，黨和國家把工作重心轉移到經濟建設上來，率先在農村進行了體制改革，以家庭聯產承包經營制度取代了人民公社集體經營制度，賦予農民農業生產自主權，極大地激發了廣大農民的勞動熱情，糧食產量不斷提高，農村經濟發展迅速。同時，政府在農村還實施了放寬農產品價格、大力發展鄉鎮企業等諸多措施。農產品價格提升，傳統農業產業向高附加值產業轉化，以及允許農村勞動力在非農領域就業等舉措，對提升農民的收入水準產生了巨大影響，為農村貧困人口數量的大幅度減少奠定了基礎[2]。

在改革開放的初期，中國實施了以扶貧體制改革為主、以各種救濟方法為輔的貧困治理政策，幫助大規模的貧困人口擺脫了貧困[3]。為提高扶貧資源

---

[1] 馮瑛. 貧困定義的演化及對中國貧困問題的思考 [J]. 經濟研究導刊, 2010 (18): 6-8.
[2] 杜志雄, 詹琳. 實施精準扶貧新戰略的難題和破解之道 [J]. 中國發展觀察, 2015 (8): 23-26.
[3] 李文政. 中國農村貧困治理的策略選擇 [J]. 宏觀經濟管理, 2009 (7): 36-38.

第四章　貧困治理

瞄準精準度，1986年以來，國家在農村扶貧管理方面進行了一系列的制度創新，逐步建立起了以公共治理為主體的開發式扶貧治理結構。一是扶貧戰略由救濟式扶貧向開發式扶貧轉變——設立專門的扶貧工作機構，確定扶貧標準，安排專項資金，制定專項優惠政策。二是轉變扶貧開發的瞄準方式，建立縣域目標機制（1988年確定國家級貧困縣370個），把70%的扶貧資金用於貧困縣。三是為適應農村綜合發展和扶貧的需要，中央和地方各級政府充分發揮自身的專業優勢，積極參與扶貧工作。農村扶貧管理體制的改革創新，帶來了較好的扶貧資源瞄準效果，農村貧困人口進一步減少[1]。

這一階段，中國提高了扶貧工作的準確性，建立了適合當時國情、規模較小的縣域目標定位機制，建立了以公共治理為主體的開發式扶貧治理結構。而且，賦予廣大貧困農民充分發揮自主權的權力已經得到落實，參與治理的主體也逐步由之前的單一化走向多樣化[2]。同時，政府注重引導農民將「輸血」轉變為「造血」，積極引導農民進行生產自救。扶貧思想也由「道義」向「制度」轉變，由「救濟」向「開發」轉變。國家扶貧戰略經歷了從1978—1985年的「體制改革促進扶貧」到1986—1993年的「大規模開發式扶貧」。

（三）1993—2002年的農村貧困治理：以村級瞄準為重點

隨著農村相關體制改革的深入和扶貧工作的有效開展，中國農村貧困人口逐年減少，但新的貧困問題也在出現。傳統貧困地區（如革命老區、少數民族地區）的貧困問題解決緩慢，貧困發生率明顯高於其他地區。國務院於1994年3月制訂並頒布了「國家八七扶貧攻堅計劃」，旨在幫助自身條件較差的地區早日擺脫貧困。該計劃主要採取了以下扶貧措施：一是對國家級貧困縣進行了重新確定，全國貧困縣由1988年的370個增加至592個[3]；把

---

[1] 賀雪峰. 中國農村反貧困戰略中的扶貧政策與社會保障政策 [J]. 武漢大學學報, 2018, 71 (3): 147-153.
[2] 林閩鋼, 尹航. 走向共治共享的中國社區建設——基於社區治理類型的分析 [J]. 社會科學研究, 2017 (2): 91-97.
[3] 史志樂. 1978—2015中國扶貧演進歷程評述 [J]. 中國市場, 2016 (24): 35-36.

70%的扶貧資金用於貧困縣，增加對貧困縣的經濟投資。二是加強扶貧資金投入，把扶貧項目帶到村、戶。三是號召社會力量進入扶貧領域，廣泛動員社會力量參與扶貧工作。據統計，此階段農村貧困人口由 8,000 萬人減少至 3,000 萬人，農村貧困發生率由 8.7% 下降到 3% 左右。此階段，中國的貧困問題也呈現出了新的特點，即從普遍貧困和絕對貧困轉變為點、線、片式的貧困及相對貧困①。

針對 21 世紀的貧困問題，中國提升了扶貧的精準度。2001 年，國家開始運行扶貧資源村級瞄準機制，確定 14.81 萬個貧困村為全國扶貧工作的重點，強調以村為單位調動農民的積極性進行農村扶貧綜合開發。這些重點村占全國行政村總數的 21%，分佈在全國 1,861 個縣（區、市），覆蓋全國 80% 的農村貧困人口。國務院扶貧辦在總結各地區實際經驗的基礎上，以貧困村扶貧規劃為突破口，在全國範圍內開展了「全村推進扶貧工作」。中國的貧困管理體制呈現出以村級瞄準為重點的瞄準特徵②。

從這一階段的貧困治理措施可以看出，這一階段的扶貧政策的定位更細緻，在增加貧困縣的同時，開始以村為單位瞄準扶貧對象，實施整村推進扶貧工作。貧困治理主體更加多元，也鼓勵村民進行生產自救。

（四）2003 年以後的農村貧困：精準扶貧出抬

在推行了「八七扶貧攻堅計劃」後，中國農村脫貧人數進一步提升，且主要集中在西部地區。其分佈不局限於貧困縣，而是分散在不同的村莊。為了適應現實情況，中國政府出抬了《中國農村扶貧開發綱要（2001—2010 年）》③，重新調整了重點扶貧縣，並關注到非貧困縣中的貧困村，進一步完善扶貧工作。該綱要推行的十年裡，中國農村貧困人口減少至 2,688 萬人，約占當時農村人口的 2.8%。

2013 年 11 月，習近平總書記考察湘西時，首次提出「精準扶貧」的理

---

① 黃承偉，章志敏. 中國農村貧困治理體系演進與精準扶貧 [J]. 開發演進, 2015 (2)：56-59.
② 吳李建. 中國農村貧困治理體系演進與精準扶貧 [J]. 勞動保障世界, 2019 (6)：69-70.
③ 劉娟. 新階段農村貧困治理面臨的政策障礙與完善路徑 [J]. 現代經濟探討, 2012 (9)：49-53.

念，即要實事求是，因地制宜，切忌喊口號，也不要定好高騖遠的目標[1]。隨後，2013 年 12 月 18 日，中共中央辦公廳、國務院辦公廳發布了《關於創新機制紮實推進農村扶貧開發工作的意見》，詳細說明了建立精準扶貧工作機制的具體要求[2]。2014 年 5 月，《關於印發建立精準扶貧工作機制實施方案的通知》（國開辦發〔2014〕30 號），進一步明確了精準扶貧的目標、任務、重點工作和保障措施，為精準扶貧工作的開展提供了政策保障和指導[3]。

精準扶貧是粗放扶貧的對立面。精準扶貧是根據不同貧困地區的環境和貧困農民的不同情況，採用科學有效的程序，對扶貧對象進行準確識別、準確幫助和精細管理的治貧方式。一般來說，精準扶貧主要是針對貧困人口而言的，誰貧困就扶持誰[4]。這樣，我們就可以確定誰是真正的窮人，將真正的窮人識別出來，從而提供更有針對性的幫助[5]。目前，中國的精準扶貧政策正在推行和落實當中，相信這一政策能夠更好地解決農民貧困問題。到 2020 年之前，中國一定能實現所有的農村貧困人口的全部脫貧，為更好地實現「兩個一百年」奮鬥目標打下堅實的基礎。

從這一階段的貧困治理措施可以看出，這一階段的扶貧政策定位比之前更加細緻，更加契合中國目前的發展現狀，並且這一階段實行了前所未有的精準扶貧政策。農村貧困狀況得到了顯著改善，貧困問題會在未來被完全克服。

---

[1] 唐任伍. 習近平精準扶貧思想闡釋 [J]. 人民論壇，2015（20）：28-30.
[2] 杜雯. 改革開放以來中國扶貧政策變遷的動力分析——以多源流理論為視角 [J]. 新疆財經大學學報，2017（1）：22-28.
[3] 汪三貴，郭子豪. 論中國的精準扶貧 [J]. 貴州社會科學，2015（5）：147-150.
[4] 苗永忠. 精準扶貧工作中如何開展扶貧工作 [J]. 山海經，2019（4）：102.
[5] 蔡樂蘇，譚嘯宇. 試論習近平扶貧開發思想的幾個問題 [J]. 高校馬克思主義理論研究，2017（2）：71-77.

第三節　小結與評價

中國是一個人口大國，貧困問題更是中國必須重點關注的問題，從中華人民共和國成立到現在，中國各個階段的貧困問題都特徵鮮明，而且城鄉貧困表現差別較大。在改革開放以前的傳統城市貧困階段，中國的貧困以物質貧困和絕對貧困為主，這一階段的治理措施主要是政府救濟；在1979—1992年的城市貧困階段，生產性貧困和發展性貧困則占據主導地位，這一階段的貧困治理是以政府治理為主，以其他仲介組織為輔；在1993—2002年的新城市貧困階段，多元貧困開始顯現，這一階段的治理措施主要是國家財政支持和地方生產自救相結合；2003年至今的現代城市貧困階段，多元貧困特徵明顯，這一階段的治理措施是有針對性地多措並舉。

在改革開放以前的傳統農村貧困階段，絕對貧困和普遍性貧困占主導地位，這一階段的貧困治理主要是以行政手段和財政手段為主的政府治理；在1979—1992年的農村貧困階段，貧困呈現出以制度性貧困為主，區域性貧困同時顯現的特點，這一階段的治理措施主要是逐步建立了以公共治理為主體的開發式扶貧治理結構；在1993—2002年的農村貧困階段，呈現出了區域性貧困明顯、階層性貧困開始凸顯的特點，這一階段的貧困治理提升了扶貧精準度，形成了以村級瞄準為重點的瞄準扶貧機制；2003年以來的農村貧困階段，呈現出階層性貧困和相對貧困明顯的特點，這一階段的治理措施是實施了重大的精準扶貧政策，提升了扶貧的精準度。

由此可以看出，我們國家城鄉的各個階段的貧困特點差異較大，實施的政策也不同，這和當時的階段特點是分不開的，但每個階段的貧困治理措施都發揮了應有的作用。只有針對即時的環境特點制定出對應的切實可行的治理措施，堅持解放思想、實事求是的理念，中國的貧困問題才能得到根本性解決。

經典案例：袁家里村扶貧工作紀實[1]

案例正文：

一、袁家里村扶貧工作開展之前的概況

袁家里村位於山西省忻州市保德縣的東北部，是一個比較偏遠的山村。全村共有226戶人家、920位村民，約有206.67公頃耕地。當地梁峁起伏，溝壑縱橫，長期干旱缺水，沒有礦產資源，也沒有企業單位入駐，該村是一個典型的純農業村落。在2004年，全村農民人均純收入僅有230元，村民苦不堪言。

二、扶貧措施

對於改善袁家里村的貧困狀況，當地政府和政府工作人員十分重視。經過多年的努力，袁家里村發生了很大的變化。在追尋其發展足跡的過程中，我們發現，這些變化主要得益於兩點：一是保德縣推出的有針對性的扶貧政策，二是扶貧工作有一個好的領班人。

（一）扶貧整村推進工作啓動了發展引擎

發展需要資金，但資金來源於哪裡？2008年，袁家里村被列為扶貧整村推進重點村，這為村莊的發展提供了活力。該村著重從以下幾個方面入手：整合農業資金，推進坡改梯田，改造中低產田約66.67公頃；整合計委以工代賑資金，實施埝溝淤地壩工程，將來可淤地約33.33公頃；投入扶貧資金及縣配套資金，新建50座日光溫室，僅此一項一年就可收入100萬元；購買了300頭種豬，建造了1,000平方米的標準化豬圈；整合了130萬元水利資金，打了500米的深井一口，建設了500立方米的高位水池，鋪設了1,200米的供水管道，建設了兩個供水點；整合公路建設資金，硬化及綠化了4.8千米

---

[1] 本部分依據相關資料改寫，參見：淘豆網. 一個貧困村的變遷 [EB/OL]. [2018-08-22]. https://www.taodocs.com/p-167861044.html.

通村公路和 1.7 千米大街小巷，並安裝路燈數十盞；自籌資金 320 萬元，建設了一所建築面積為 1,240 平方米的標準寄宿學校；建設了村委會綜合樓大樓一座，約 1,500 平方米；建設了 2 公頃的文化廣場和人民舞臺，集休閒娛樂、體育鍛煉於一體；開展了沼氣「一池三改」工程，使沼氣利用率達到 98%；建成了兩座公共廁所和兩個亭臺樓閣；建成了 850 米的排洪渠；建成了一個村委會布告欄。

以上措施的落實，大大提高了村民的生活質量，促進了袁家里村經濟的迅速發展。

（二）領班人一心為公，凝聚了黨心民心

袁旺雲，袁家里村黨支部書記、村委會主任，是一個土生土長、地地道道的農民。他今年 50 歲出頭，憨厚又聰明，冷靜又能幹。他過去干過開叉車、跑運輸、開煤窯。他掙了一些錢，過著舒適的生活。但當他看到村民每天都很努力地在田野裡干活但日子卻過得不好時，心裡很不好受。

2004 年，他被村民選舉為村委會主任；2005 年，他又擔任村支書。從此，他放棄了自己的生意，一心撲在了為村民服務的集體事務上。在他上任之後，集體辦公室裡一點錢也沒有，還欠了 8 萬多元的外債。他先用自己的錢還清了外債。為此，他的老婆還和他大吵了一架。他在村裡修路、修學校、修廣場，但每次他都要貼車、貼油、貼工。每次他到城裡為集體辦事，從不去餐館，也不住旅館，當他餓了，就在當地的小攤吃一碗麵條。他總是自己付車旅費。當村幹部六年，袁旺雲貼進去的錢就有 40 多萬元。最近，老袁的兒子想在忻州結婚，但是因為買不起房子，不得不回到袁家裡村結婚。每當提到這件事，妻子總是忍不住責怪他。但是責備有什麼用呢？老袁只是憨憨一笑，下次該貼錢還得貼錢。

在袁旺雲的帶領下，大家干勁十足，一起克服了困難。

三、扶貧措施實施之後

今天袁家里村已發生了翻天覆地的變化。村裡道路變得平坦、綠化覆蓋率提升、村委會大樓及標準化學校明亮寬敞，全村居民飲用上了自來水，每家每戶都用上了沼氣。2010 年，全村農民人均純收入超過 5,000 元。袁家里

第四章　貧困治理

村還連續四年被評為縣級文明村。

對比之前，如今袁家里村的生活可謂是非常滋潤了，村民都非常滿意，臉上的笑容也多了。老百姓的好日子是和政府的扶貧政策以及村幹部的關心以及村民的眾志成城分不開的。

案例分析：

貧困問題一直是中國政府關注的重點問題，事關民生。保德縣袁家里村是中國農村貧困治理的典型。該村為了改變自身的貧困狀況，依託國家政策的同時，開展生產自救，抓住自身的資源優勢，擺脫了之前的貧困狀況。在中國，類似這樣的貧困村還有很多。袁家里村的扶貧策略對中國農村貧困治理具有較大的借鑑意義。

農村的貧困治理離不開政府的大力支持，同時，一個優秀領導幹部以及村民的團結一心也是非常必要的。針對農村的貧困治理，政府應該加大政策支持力度，村幹部應該努力發揮自身的帶頭作用，村民也應該心往一處想，勁往一處使。唯有多方發力，中國的貧困問題才能得到根本性解決。城市貧困治理也是如此，需要根據貧困狀況和原因實施針對性的扶貧措施。目前中國還有大量的貧困人口需要脫貧，相信在中國共產黨的帶領下，在實現「兩個一百年」奮鬥目標的大背景下，只要深入實施精準扶貧政策，中國的貧困問題就一定能圓滿地得以解決。

本章參考文獻

[1] 蔣青, 段海英, 王黎華. 中國城市貧困的研究與思考 [J]. 社會科學研究, 1996 (2): 68-73.

[2] 王寧, 魏後凱, 蘇紅鍵. 對新時期中國城市貧困標準的思考 [J]. 江淮論壇, 2016 (4): 32-39.

[3] 杜為公, 王靜. 轉型期的中國城市貧困問題及治理 [J]. 當代經濟管理, 2017, 39 (6): 23-30.

[4] 章熙春, 範世民, 韓瑩瑩. 中國城市貧困治理評估及創新路徑 [J]. 華南理工大學學報 (社會科學版), 2017, 19 (2): 69-77.

[5] 成元君. 治理城市新貧困的路徑選擇 [J]. 理論月刊, 2007 (9): 132-134.

[6] 李偉. 中國現階段城市貧困人口狀況分析 [J]. 廣西社會科學, 2005 (7): 169-171.

[7] 周亮, 沈丹. 中國城市貧困的關鍵問題及研究進展 [J]. 開發研究, 2017 (1): 84-88.

[8] 成德寧. 中國「貧困人口城市化」的趨勢與對策 [J]. 中國地質大學學報 (社會科學版), 2007, 7 (5): 37-41.

[9] 高雲虹. 中國城市貧困問題的制度成因 [J]. 經濟問題探索, 2009 (6): 57-62.

[10] 楊冬民, 黨興華. 中國城市貧困問題研究綜述與分析 [J]. 經濟學動態, 2010 (7): 81-84.

[11] 楊冬明. 社會排斥與中國的城市貧困: 一個理論框架的分析 [J]. 思想戰線, 2010 (3): 34-38.

[12] 範逢春. 城市新貧困: 扶貧之困與治理之道 [J]. 理論探討, 2016

(1)：156-161.

[13] 楊榮. 論中國城市貧困治理中的社會工作［J］. 新視野，2008（3）：35-37.

[14] 賀慶生，劉葉. 論中國城市貧困治理的現實困境與路徑選擇［J］. 學習與實踐，2015（12）：81-88.

[15] 曾慶久，畢於榜. 中國城市貧困與反貧困問題探討［J］. 重慶社會科學，2005（5）：87-93.

[16] 丁軍，陳標平. 新中國農村反貧困行動的制度變遷與前景展望［J］. 毛澤東鄧小平理論研究，2009（6）：34-39.

[17] 汪三貴. 在發展中戰勝貧困：對中國30年大規模減貧經驗的總結與評價［J］. 管理世界，2008（11）：78-88.

[18] 青連斌. 貧困的概念與類型［N］. 學習時報，2006-06-05（5）.

[19] 陸漢文，豈曉宇. 當代中國農村的貧困問題與反貧困工作——基於城鄉關係與制度變遷過程的分析［J］. 江漢論壇，2006（10）：108-112.

[20] 楊晶. 多維視角下農村貧困的測度與分析［J］. 華東經濟管理，2014，28（9）：33-38.

[21] 羅遐. 1980年代中期以來中國貧困問題研究綜述［J］. 學術界，2007（6）：247-257.

[22] 周中華，張紅霞. 精準扶貧的新制度經濟學探析［J］. 金融理論與教學，2018（2）：63-66.

[23] 劉銳，賀雪峰. 農村貧困結構及治理路徑研究［J］. 社會科學戰線，2018（3）：218-226.

[24] 顧仲陽. 扶貧取得成就 工作仍需努力［N］. 新農村商報，2011-11-23（B7）.

[25] 鄭必堅. 21世紀第二個十年的中國和平發展之路［J］. 國際問題研究，2013（3）：1-8.

[26] 楊會良，陳蘭杰，楊雅旭. 黨的十八大以來社會治理的理論演變與

制度創新［J］．治理現代化研究，2018（4）：75-79．

［27］張暉．試論全面建成小康社會的戰略目標［J］．山東社會科學，2015（7）：24-29．

［28］成志剛，易文波．改革開放40年中國反貧困史研究綜述［J］．湘潭大學學報（哲學社會科學版），2018，42（6）：59-63．

［29］彭春凝．當前中國農村精準扶貧的路徑選擇研究［J］．農村經濟，2016（5）：91-95．

［30］高中偉．新中國初期城市失業治理的歷史考察［J］．深圳大學學報（人文社會科學版），2013（4）：137-143．

［31］丁芳，張本效．中國就業救助制度存在的問題及對策淺析［J］．新西部，2015（11）：5-6．

［32］洪大用．改革以來中國城市扶貧工作的發展歷程［J］．社會學研究，2003，18（1）：71-86．

［33］彭超，龔立霞．論中國養老體制的建立與完善［J］．中國商貿，2014（2）：169-170．

［34］田海軍．公民有序參與城市治理的現實困境及其突圍［J］．人民論壇，2018（25）：66-67．

［35］苗紅培．中國社會組織公信力的建設路徑——基於政府購買公共服務的分析［J］．廣州大學學報（社會科學版），2015（6）：37-42．

［36］易柳．改革開放40年中國扶貧政策的演化與前瞻——立足國家層面政策文本的分析［J］．西南民族大學學報，2018，39（4）：183-191．

［37］曾狄，申曉梅．新城市貧困的社會後果［J］．理論與改革，2000（2）：81-82．

［38］岳國震，田崇厚．建立目標瞄準機制，提高失業保險基金的保障能力［J］．經濟與管理，2000（2）：47-48．

［39］張浩淼．救助、就業與福利依賴：兼論關於中國低保制度「養懶漢」的擔憂［J］．蘭州學刊，2014（5）：163-169．

[40] 陸一波, 茅冠雋. 民生安全網: 保基本兜底線 [N]. 解放日報, 2014-03-08 (2).

[41] 劉敏. 城市貧困治理範式的轉變——多元化治理的視角 [J]. 社會工作, 2011 (8): 55-59.

[42] 馮瑛. 貧困定義的演化及對中國貧困問題的思考 [J]. 經濟研究導刊, 2010 (18): 6-8.

[43] 杜志雄, 詹琳. 實施精準扶貧新戰略的難題和破解之道 [J]. 中國發展觀察, 2015 (8): 23-26.

[44] 李文政. 中國農村貧困治理的策略選擇 [J]. 宏觀經濟管理, 2009 (7): 36-38.

[45] 賀雪峰. 中國農村反貧困戰略中的扶貧政策與社會保障政策 [J]. 武漢大學學報, 2018, 71 (3): 147-153.

[46] 林閩鋼, 尹航. 走向共治共享的中國社區建設——基於社區治理類型的分析 [J]. 社會科學研究, 2017 (2): 91-97.

[47] 史志樂. 1978—2015 中國扶貧演進歷程評述 [J]. 中國市場, 2016 (24): 35-36.

[48] 黃承偉, 覃志敏. 中國農村貧困治理體系演進與精準扶貧 [J]. 開發演進, 2015 (2): 56-59.

[49] 吳李建. 中國農村貧困治理體系演進與精準扶貧 [J]. 勞動保障世界, 2019 (6): 69-70.

[50] 劉娟. 新階段農村貧困治理面臨的政策障礙與完善路徑 [J]. 現代經濟探討, 2012 (9): 49-53.

[51] 唐任伍. 習近平精準扶貧思想闡釋 [J]. 人民論壇, 2015 (20): 28-30.

[52] 杜雯. 改革開放以來中國扶貧政策變遷的動力分析——以多源流理論為視角 [J]. 新疆財經大學學報, 2017 (1): 22-28.

[53] 汪三貴, 郭子豪. 論中國的精準扶貧 [J]. 貴州社會科學, 2015

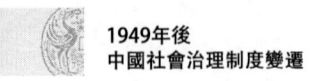

（5）：147-150.

［54］苗永忠. 精準扶貧工作中如何開展扶貧工作［J］. 山海經，2019（4）：102.

［55］蔡樂蘇，譚嘯宇. 試論習近平扶貧開發思想的幾個問題［J］. 高校馬克思主義理論研究，2017（2）：71-77.

第五章
基層社區治理

第一節 基層社區變遷

一、城市社區的概念及其變遷

「社區」一詞，最早是滕尼斯在《共同體與社會》一書中提出的。他指出，社區是指具有相同價值取向和相似人口構成的社會群體。這些群體中的人關係密切，彼此親密無間，互相幫助，充滿了人情味。他們是通過血緣關係、鄰里關係和友誼集合起來的一群人。

在國外，自滕尼斯創立「社區」一詞以來，外國的專家學者就開始界定社區的概念[1]。20世紀初，歐洲出現了一些關於社區研究的著作，如 H. 普勒斯納爾的《共同體的界限》，其中提到社區是一種能夠充分整合社區內部和外部的資源，它促進社區居民自力更生，幫助社區中的弱勢群體，並通過社區居民之間的自力更生和團結精神促進社區發展。皮希·勒爾的《論共同體的邏輯》也提到了類似的敘述[2]。

在國內，「社區」的概念最早是在20世紀30年代從西方引入，在吳文藻和費孝通的作品中被提及的。根據中國社會的實際情況，費先生從多個角度闡明了其含義，並將外文的「community」譯成「社區」一詞。「社區」這一術語的內涵自被費先生闡述以後，一直被專家學者們所沿用。徐永祥在其著作《社區工作》中提出，所謂社區，即是以一定數量的居民為基礎的地域性生活共同體，有內部的相互作用關係和文化的維持力。同時，這個社區的具體地域、人口、組織結構及文化是社區構成的基本要素（見表5.1）。

---

[1] 杜怡梅. 和諧社會視域下的精神共同體與社區的關係 [J]. 理論與改革, 2013 (5): 146-148.
[2] 吉登斯. 第三條道路: 社會民主主義的復興 [M]. 北京: 北京大學出版社, 2000: 82.

表 5.1　國內外學界關於「社區」概念的研究

時間/學者	出處	貢獻
1887，滕尼斯	《共同體與社會》	最早提出「社區」一詞
20 世紀初，H. 普勒斯納爾	《共同體的界限》	對社區定義的敘述
20 世紀初，皮希·勒爾	《論共同體的邏輯》	對社區定義的敘述
20 世紀 30 年代，費孝通	《鄉土中國》	最早從西方引入社區的概念
2004，徐永祥	《社區工作》	系統定義社區的概念

參考以上國內外文獻尤其是徐永祥關於社區的定義，本書認為社區是指以一定數量的居民為基礎的區域性生活社區，具有內在的互動和文化維繫力的生活共同體。這就是本書設定的社區概念。徐永祥在《社區工作》一書中提出了城市社區的定義，而現實中的城市社區也就是社區概念的具體化。現代意義的城市社區是指擁有一定人口數量和地域面積以及經濟規模大、人口密度高的非農產業聚集地，同時由黨組織、政府、居民、第三部門、私人部門組成的功能完備的社群結合體[①]。

1980 年以前，中國城市社區的概念和社區治理還沒有得到重視，更不用說較為系統的研究，因此關於社區的研究成果幾近於無。後來，隨著中國改革開放的深入，中國經濟迅速發展，中國的城鄉社區也發生了翻天覆地的改變，社區所涉及的各種事務也越來越複雜，這時對社區治理的研究才隨之展開。1992 年，隨著中國計劃經濟體制的確立及改革的深入，傳統的單位統一管理的體制逐步走向崩潰，高度集中的管理模式也慢慢發生轉變，管理重心開始向下轉移。社區建設和社區治理受到政府部門和學術界的廣泛關注。這時候中國的城市社區治理研究進程才算踏入正軌。

（一）1949—1978 年：城市社區變遷的催化劑

在這一歷史時期，除了時代背景等客觀因素，中國城市社區變遷的主要原因還有街道辦事處和居民委員會的發展，它們可以說是發揮了重要作用。

[①] 徐永祥. 社區工作 [M]. 北京：高等教育出版社，2004.

在中國社區治理過程中，它們起到了重要作用。建立及健全居委會和街道辦事處是進一步促進中國城市社區發展的必由之路，它們可謂是中國城市社區發展的催化劑。

第一，街道辦事處的發展，促進了社區治理的優化。中華人民共和國成立初期，人民政府高度重視城市政權和城市管理，廢除了保甲制，重新建立街道。由於當時中國還沒有統一的法律規範及組織形式，因此，各地街道組織的叫法也不一致，對應的地位也不盡相同。這是由當時特定的社會歷史條件決定的。筆者通過文獻梳理，發現這段時期城市管理的組織或機構大致可以分為三類：第一類是以城市基層政權為主設置的街政府，如武漢、鄭州、太原等城市；第二類是以救濟、調解、教育工作為主設置的「警政合一」的體系（即在公安派出所內設行政幹事或民政工作組），如北京、重慶、成都等城市；第三類是以市或市轄區的派出機構為主設置的街公所或街道辦事處，如江西、廣東、山西等省份的部分城市[1]。後來，中國逐步完善了有關制度和法規。1954年12月第一屆全國人民代表大會常務委員會第四次會議通過了《城市街道辦事處組織條例》（以下簡稱《條例》）[2]，從而確立了城市街道辦事處的「三要素」，即性質、任務和作用[3]。《條例》規定，街道辦事處的性質是人民委員會的派出機關，只分佈在市轄區或者不設區的市。街道辦事處主要指導居民委員會的工作，處理市、市轄區的居民工作，反應居民的意見和要求。街道辦事處設有專職幹部3~7人（其中女幹部1人）[4]。隨著《條例》的實施，大約在20世紀50年代，全國各城市逐步建立和完善了街道辦事處的組織架構，「街道辦事處」這個名稱也是從此時開始被正式使用的。

第二，城市居委會的發展，促進了社區治理進程的加速。中華人民共和國成立初期，保甲制度被廢除。由於缺乏城市管理經驗，新的執政黨和政府

---

[1] 朱耀垠. 當代中國基層社會重構與社區治理創新 [J]. 中國機構改革與管理, 2015 (7)：27-30.
[2] 毛磊, 宋偉. 中國立法向法典化邁進 [J]. 政府法制, 2009 (15)：4-5.
[3] 陳家喜, 劉軍. 街道辦事處：歷史變遷與改革趨向 [J]. 城市問題, 2002 (6)：52-55.
[4] 柴彥威, 郭文伯. 中國城市社區管理與服務的智慧化路徑 [J]. 地理科學進展, 2015 (4)：466-472.

面臨巨大的挑戰，要更好地為人民服務，就必須建立和完善基層居民組織。這時，社區居委會應運而生。1954年12月3日，第一屆全國人民代表大會第四次會議正式通過《城市居民委員會組織條例》，標誌著城市社區居民委員會的名稱和性質是具有合法性的，其名為「居民委員會」，其性質是「群眾性自治性居民組織」。

當時社會主義中國的民主制度，包括社區居民委員會組織和初步確定的城市基層群眾自治制度。但中國的社區建設後來經歷了一個特殊的時期。1958年，在「大躍進」和人民公社運動的影響下，城市社區管理機構開始發生變化。人民公社最初是在城市中建立的，中國第一個城市人民公社出現在天津的鴻順街。1958年6月至1960年3月底，經過兩年左右的時間，城市人民公社便在全國街道上廣泛分佈，區一級政府只承擔少數任務。在那個時期，城市人民公社作用巨大，事實上已經取代了街道辦事處，成為市、區以下的一級政治組織，這也擴大了街道的管轄範圍；並且當時還實行了「黨政一家」「政社一家」的公社黨委領導下的管理體制。這就是當時中國城市社區的變化情況，人民公社是當時城市社區變遷的產物之一。當時，城市人民公社的職能主要是：一是在轄區內組織大規模的生產合作；二是宣傳和發展社會企業和集體生活的福利事業。但不幸的是，這一任務不能在實踐中進行。因為在管轄範圍內，有些國有企業的行政級別高於公社，它們不服從公社的管理，公社本身也無法領導它們。20世紀60年代後，街道辦事處的地位得到確認，「城市人民公社」被正式取消，街道辦事處正式被確立為國家權力機關的重要一環。

在「大躍進」及人民公社化時期，在高度集中的政治經濟管理一體化體制下，法律調整的權威受到挑戰，其對國家和社會生活的影響並不持續。當時，城市事務受到國家的強制影響，國家以政策為主要的調控手段，對社會政治經濟關係實行宏觀調控[①]。人民公社制已經淹沒了居民自治，社區居民委員會成為人民公社行政體系的重要組成部分。

---

① 陳輝. 新中國成立60年來城市基層治理的結構與變遷［J］. 當代中國史研究, 2010（3）: 120.

(二) 1979—2005 年：特定時代的特殊產物——「單位制」

1978 年，第五屆全國人民代表大會第二次會議通過的新憲法廢除了「街道革命委員會」，恢復了街道辦事處。中國 20 世紀 80 年代頒布的《中華人民共和國地方各級人民代表大會和地方各級人民政府組織法》確定了街道辦事處的性質。1980 年，全國人民代表大會常務委員會再次將 1954 年的《街道辦事處組織條例》公布出來，其目的是宣布民政部管理街道辦事處的工作（「文化大革命」前歸內務部管理）。該條例指出，街道辦事處是市、區政府的派出機構，這一點必須明確。街道黨委、街道辦事處、街道生產服務聯社是相互獨立的部門，必須分開。工商所、糧管所、房管所、派出所、環衛所、菜場和衛生院是區政府各職能部門在街道的派出機構[1]。在 1985 年以前，這些部門和街道辦事處彼此之間互不干擾，各司其職。區政府的政策執行類似於「分層隸屬」，各職能部門通過各局傳達到街道各所，而部分輔助工作（如宣傳活動、配合稅務及工商等部門的檢查活動）是街道辦事處的任務。

20 世紀 80 年代，受「文化大革命」影響的城市社區居民委員會組織得到恢復。中國城市社會基層組織開始恢復正常的標誌是 1980 年 1 月重新頒布的《居民委員會組織條例》。當時中國仍然實行計劃經濟。其社會結構包括政治、經濟和社會三個方面。它的基礎是經濟生產單位，其框架是計劃經濟體制，其社會動力是國家的主導。從這個角度看，在中國當時的社會狀況中，可以說單位組織或單位承擔了整個社會的大部分職能。

單位制是當時的一種特殊產物，它的產生與當時人們的生活息息相關。國家社區居委會根據當時的戶籍狀況，調動缺乏就業機會及能力的老年婦女、殘疾人等非「單位」人員共同勞動生產。因此，大多數城市社區居民委員會成員都屬於社會的邊緣階層。而作為具有法律地位的群眾性自治組織的城市社區居民委員會，對城市社會生活的影響是非常有限的，更多是受政府影響，

---

[1] 夏建中. 城市社區基層社會管理組織的變革及其主要原因——建造新的城市社會管理和控制的模式 [J]. 江蘇社會科學, 2002 (1)：165-171.

隸屬於政府①。它的工作也越來越行政化，逐漸成為政府的「派出機構」和「政權組織在下層的腿」。此時，「單位制」已是城市社區治理的流行趨勢，也是時代的產物。

（三）2006年至今：創新治理是新時代的選擇

隨著中國進入21世紀及改革開放的深入，中國城市社區的變化也隨著經濟的快速發展而加快。從這些巨大的變化中，我們可以從以下幾個方面來總結城市社區的變化及治理情況。

首先，制度空間由依賴性向自主性轉變。城市社區居民委員會由與單位制相協調的輔助性組織機構，轉變為一種新型的社區公共機構，並使社區成為具有共同性質的自治空間，擺脫了行政附庸的角色，實現了對基層群眾性自治組織本性的復歸。其次，制度基礎由政治性向社會性轉變。由城市基層管理僅僅依靠政府單一主體的模式變為社區自治，社會權力被賦予一個持續增長的空間，政府與社會力量相互依存。最後，制度結構從集聚性向分散性轉變。政府改變了以往權力過於集中的形式，將自身的部分權力向下轉移，欲建立一個足以涵蓋轄區內所有的黨政機關、社會組織及社區精英的綜合性議事機構②。

社區治理由政府主導型向政府社會「共治」模式轉換。政府主導型社區治理模式相對簡單、僵化，人民迫切需要一個綜合的多中心治理主體的社區管理體系。以政府為主體的單一管理模式行不通了，社區基層治理亟須引入多元共治模式③。

首先，創立多元治理主體。中國政府在基層社區服務的實施中壟斷了各種資源，包括組織權力上的以及具體的物質保障上的資源。一個真正健康的組織的運作模式應該是能夠實現多贏局面的多元主體合作治理模式，每個主

---

① 徐勇.論城市社區建設中的社區居民自治［J］.華中師範大學學報（人文社會科學版），2001（3）：5-13.
② 胡位鈞.20世紀90年代後期以來城市基層自治制度的變革與反思［J］.武漢大學學報（哲學社會科學版），2005（3）：351-355.
③ 張文.「多元共治」的社區治理模式［N］.學習時報，2014-09-15（A11）.

體都有自己的權力和收益。這種政府主導的壟斷模式阻礙了其健康發展，制約了其他力量的積極作用。其次，加強社區治理資金的補給。中國城市社區基層組織缺乏相應的財政支持，部分專項資金劃撥不到位。總體來說，這部分資金並沒有反應在政府的總體財政預算當中，社會各階層也沒有普遍認識到資金不足所造成的實質性問題的嚴重性，所以需要更多的資金來補充。最後，加強和提高社區居民的參與意識。也正是由於上述政府的壟斷作用，基層社區治理組織體系中各組織的具體活動能力較低，被管得過死，活力嚴重不足。我們一直依靠政府來處理各種各樣的社區公共事務，但現在應該打破「社區冷漠」現象，調動各組織的積極性。我們需要形成一種以黨和國家、社會、基層社區為主力軍，以混合經濟市場和社區基層組織混合均衡發展為目標的多元合作共同治理模式。這一模式是指在黨的領導下，政府部門、社會組織和社區基層組織共同參與社區各項公共事務的多中心治理體系①。它是最終實現政府和市場、政府和社會的優勢互補，實現合作及發展的立體多維的組織形式②。

由城市社區管理體制的現狀可以看出，當前城市社區管理的權力仍然集中在國家組織上。社區權力結構不合理，社區內外對權力的監督及制約力量也較為薄弱③。改革城市社區管理體制，探索創新治理，對探索更適合中國國情的社區治理體系具有重要意義。

二、農村社區的概念及其變遷

農村社區的概念與上文社區概念的情況類似，不同的學者對其的認識也不盡相同（見表 5.2）。如有的學者認為，農村社區指的是以將農業生產作為

---

① 盧愛國. 使社區和諧起來：社區公共事務分類治理 [M]. 北京：中國社會科學出版社，2013.
② 張魯寧. 基層政府在城市社區治理中的責任擔當 [J]. 人民論壇，2017（13）：64-65.
③ 蔡晶晶. 城市社區建設中權力轉換的價值取向和目標模式 [J] 中共南京市委黨校南京市行政學院學報，2004（2）：53-57.

重要謀生手段的人口為主的，人口密度和規模相對較小的社區[1]。又有學者認為，農村社區指的是居民以農業生產為主要生活來源的社會區域共同體[2]。還有學者認為，農村社區指的是以農耕為主要生產功能或生活方式的社區，這種社區內的居民大多以農耕及副業為主，居民的居住方式是以村落為主的，而且村落的規模通常較小[3]。農村社區常常被用來與城市社區相對比，它主要是指人口密度和規模較小，從事農業生產的人口形成的社區。

表 5.2　學術界關於「農村社區」概念的研究

時間/學者	出處	貢獻
2003，婁成武，孫萍	《社區管理學》	對農村社區概念的敘述
2005，蔡禾	《社區概論》	對農村社區概念系統地敘述
2006，於顯洋	《社區概論》	對農村社區概念系統地敘述
2004，徐永祥	《社區工作》	對農村社區概念所包含的幾大要素進行全面系統地敘述

社區作為社會生活的共同體，其形成的路徑常常有兩種：一種是在長期的生產和生活中自然形成的社區，具有天然性和歷史性；另一種是通過組織規劃建立的社區，具有規劃性和人為性。前者強調區域性，後者強調組織性和服務性。基於這一認識，本書根據農村社區的不同特點，將其劃分為傳統的農村社區和新型的農村社區兩大類型[4]。本書採用的農村社區的定義如下：農村社區指的是居民以農業生產為主要生活來源的社會區域共同體。

（一）1949—1978 年：集體化制度下的中國農村社區的變遷

1949 年 10 月中華人民共和國成立後，開始了一系列的改革，廣大農村社區環境也因此發生了根本性的變化。從中華人民共和國成立到 1978 年的這段時間，中國農村社區的變遷大致可以分為兩個階段：1950—1958 年，是土地

---

[1] 婁成武，孫萍. 社區管理學 [M]. 北京：高等教育出版社，2003.
[2] 蔡禾. 社區概論 [M]. 北京：高等教育出版社，2005.
[3] 於顯洋. 社區概論 [M]. 北京：中國人民大學出版社，2006.
[4] 徐永祥. 社區工作 [M]. 北京：高等教育出版社，2004.

改革及早期合作化運動階段；1959—1978年，是人民公社化階段①。

在第一階段，即中華人民共和國成立後，黨和國家在全國範圍內進行了土地改革。在這一歷史時期，農村社區建設的主要內容是在廣大農村地區進行土地改造，滿足農民的土地需求，廢除地主階級的土地所有制。土地改革實現了耕者對土地的所有權，使農民成為土地的主人，滿足了農民對土地的需求，極大地促進了生產的發展，農村建設取得了重大進步。在第二個階段，黨和國家組織農民邁向合作化道路，以克服農民個體佈局分散、生產規模較小的弊端。然而，由於在實施中違背了客觀規律，中國的農業合作化運動很快就超出了客觀條件允許的水準，走上了一條與生產力發展相背離的道路。在1958年，隨著全國人民公社制度的建立，這一趨勢達到了巔峰。

在人民公社化運動時期，中國農村的特點表現為人民公社承擔了當時農村社區的全部管理責任。生產隊是組織勞動的基本單位，是人民公社的基本核算單位，實行獨立核算、自負盈虧，直接組織生產，負責收入的分配。同時，生產大隊及上級組織還要對生產隊進行領導和管理②。由此可見，人民公社制度下實際存在兩種不同屬性的組織，即公社管理委員會和生產大會，及其下屬的生產隊。前者是國家在農村基層的政治組織，後者是國家為便於管理而建立的村民組織，它不屬於國家正式的權力機構。正是人民公社組織有這兩個屬性，因此，當時農村社區建設的主要功能組織也是人民公社組織。在當時的中國農村社區，人民公社體制是一種國家行政權力與農村社會權力高度集中和統一的全能體制③。

在這種制度下，國家權力通過人民公社及其所轄的生產大隊和其他組織，空前地沉入社會底層，直接控制著每一個農民的日常生活，並將農民整合到自上而下的集權體系之中，「每一個人和每一個團體都是層層控制無所不包的

---

① 陳萬靈.農村社區變遷：一個理論框架及其實證考察[M].北京：中國經濟出版社，2002.
② 劉慶樂.雙重委託代理關係中的利益博弈——人民公社體制下生產隊產權矛盾分析[J].中國農村觀察，2006（5）：26-33.
③ 鄒讜.二十世紀中國政治：從宏觀歷史與微觀行動的角度看[M].香港：牛津大學出版社[香港有限公司]，1994.

體系的一部分」①。這就是人民公社時期農村社區的概況。

人民公社制度缺乏客觀存在的基礎，從一開始就注定要解體。一是人民公社強調公有制，完全否定個人利益，使人民公社制度失去了激勵效應。二是產權模糊。雖然國家規定人民公社實行集體所有制，但其集體所有制有三個層次：公社、生產大隊、生產小隊。它們的歸屬權不明確，違反了所有權排他性原則。另外，人民公社制度還限制了一系列其他的派生產權：土地不得出租、出售等，限制了土地和勞動資源使用權；收入分配上必須首先完成上繳國家的任務，其收入權受到限制；勞動力的非流動性反應了人力資本所有權的限制②。三是「政企一體化」體制效率低下。行政權力參與人民公社組織的運作，社區內部交易受到行政權力的影響。沒有追求自身利益的權力，交易者就不能表述出自身的需求，這必然導致效率低下。四是搭便車等機會主義行為在人民公社集體中普遍存在。其原因是：第一，集體規模大，計量成本高，成員勞動質量監督成本高，難以實施監督機制；第二，在人民公社制度中，社員退出社區的權利被廢除，公社在成員之間的反覆博弈中，形成了一種均衡的策略，結果就是大家競相偷懶。

綜上所述，人民公社在人民公社化運動時期中國農村社區的變遷中發揮著重要作用。事實上，中國農村社區選擇合作化、集體化的道路，無疑是符合當時的歷史和客觀環境的。人民公社也發揮了社區治理的作用。這一階段後期，對集體化合作道路的盲目自信，違背了生產力的發展要求，人民公社制度破產，從而導致農村社區建設環境也發生了重大變化。

(二) 1979—2005 年：農村社區治理新道路的探索

改革開放以來，人民公社制度下的人民公社組織已經不再符合農村社區治理環境的要求。農村社區的變遷主要表現在農村制度環境的鬆動：人民公社制度暴露出的問題越來越多，如在制度環境中對社員權利不夠尊重，土地

---

① 董雪兵. 二十年村民自治實踐中的制度創新——國家與社會的共同體 [J]. 浙江社會科學, 2001 (4)：114-118.
② 黃志凌. 經濟觀察中的思維軌跡 [M]. 北京：中國經濟出版社, 1999.

等生產資料歸「公社—生產大隊—生產隊」三級所有。在人民公社制度下，中國農民為了爭取生存權和財產權做了兩種鬥爭。一種是被動的報復性懶惰，導致的結果是人人挨餓；另一種是爭取權力，主要是土地使用權和耕種權，在合作化期間，表現為不願意加入或被迫入社後又退社。因此，人民公社制度越來越不能適應廣大農村的發展，並逐漸走向崩潰。

同時，中國廣大農村正在積極探索適合農村發展的道路，尋找適合農村社區治理的出路。當時的農村社區建設，就是解放和發展農村生產力。1982年12月，第五屆全國人民代表大會第五次會議通過了新修訂的憲法，其中明確規定，在城鄉按居住區設立的居民委員會或者村民委員會是基層群眾自治組織，從而奠定了村民自治的法律基礎[1]。1983年10月，中共中央、國務院發布了《關於實行政社分開建立鄉政府的通知》，提出隨著農村經濟體制的改革，現行農村政社合一的體制顯然已經不合時宜，憲法已明確規定在農村建立鄉政府，政社必須分開；並給出了時間限制，要求大體在1984年年底前完成。此後，在中國農村基層存在了長達27年的人民公社體制被逐步廢除，鄉政府制度得以恢復。到1984年年底，全國有28個省、自治區和直轄市完成了鄉鎮建設工作。實行政社分治的公社佔公社總數的98.38%，共有84,340個鄉鎮。

1982年6月，四川省廣漢縣、邛崍縣、新都縣廢除了政社合一的人民公社制，進行了黨政企分開的改革。1982年12月頒布的《中華人民共和國憲法》承認了該制度。憲法規定，鄉、民族鄉、鎮是中國的基層行政區域。鄉、鎮人民政府負責鄉鎮行政區域的行政工作。鄉長、鎮長由鄉、鎮人民代表大會民主選舉產生[2]。全國人民公社制度的大規模改革始於1983年10月，標誌性文件是中共中央、國務院發布的《關於實行政社分開 建立鄉政府的通知》。

到了1985年，全國農村的人民公社制度全面結束，一共建立9.2萬個

---

[1] 段永清. 科學發展觀與憲政建設論略：改革開放30年來中國憲政建設的歷史進程 [J]. 四川師範大學學報（社會科學版），2008（6）：14-20.
[2] 詹成付. 鄉鎮體制——歷史與問題 [N]. 學習時報，2004-04-12.

鄉、鎮人民政府。同時，還建立了 82 萬多個村民委員會[①]。由此可見，農村社區制度環境發生了根本性的變化，農民得到了應有的權利，自身利益得到了保障，農民生產積極性顯著提升，糧食產量也逐年增加。通過改革，社區形成了黨組織、政府組織及村委會組織、經濟組織及企業等三大職能組織[②]。

人民公社解體後，社區組織開始推行家庭承包責任制，這是中國農村的一大創舉。從那時起，中國農村社區開始了歷史性的變革。1980 年 4 月，四川省廣漢縣向陽人民公社首次脫掉「人民公社」的帽子，成立了鄉黨委、鄉政府、農工商總公司，並改變了農業生產經營一體化的體制。生產大隊改為「村」，生產隊改為「組」。在全國，村民委員會和村民小組逐漸取代了公社下的生產大隊和生產隊[③]。村民自治組織改造完成，村民自治組織制度也初步確立。到 1984 年年底，全國共建立村民委員會 948,628 個，村民小組 588 萬多個[④]。1987 年 11 月，全國人民代表大會通過了《中華人民共和國村民委員會組織法（試行）》。該法明確規定了村民委員會的性質、責任、生產方式和工作方式等，正式確立了中國農村基層村民自治的法律地位。

至此，中國農村基層已經形成了以農村基層政權組織和村民自治組織為主要治理單位的「鄉政村治」的新的治理體系。這為農村基層政府管理與村民自治的有效銜接和良性互動提供了良好的環境和條件。

（三）2006 年至今：新農村社區的建設與治理

21 世紀初以來，中國新農村社區建設進入了一個新的階段。農村社區建設不再是以解決生產力與生產關係的矛盾為基礎，而是以適應新形勢下農村社區治理需要的調整和創新為基礎。在這一歷史時期，中國農村社區結構分化，基層社區的地理範圍明顯擴大。農村社區呈現多樣化特徵，農村社區也分佈在一般集鎮、中心村、自然村等功能不同、地理區域不同的地方。同時，

[①] 黃志凌. 經濟觀察中的思維軌跡 [M]. 北京：中國經濟出版社，1999.
[②] 陳萬靈. 社區研究的經濟學模型——基於農村社區機制的研究 [J]. 經濟研究，2002（9）：57-66.
[③] 陳前金. 中國現行農村土地制度存在的問題及對策建議 [J]. 山西農經，2014（4）：10-12.
[④] 袁金輝. 衝突與參與：中國鄉村治理改革 30 年 [M]. 鄭州：鄭州大學出版社，2008：67.

小城鎮不斷與農村地區分割，集鎮規模不斷擴大，新興集鎮不斷湧現，部分村莊初具集鎮規模。

在這一歷史階段，農村社區治理的主要目的是實現農村社區的健康有序發展，進一步改善農村社區空間，改變了之前農村產業佈局分散的狀況。將農村產業集中到農村工業區，有利於促進農村產業的發展，節約耕地，促進農業規模經營和現代化發展，有利於瓦解農村社區之間的「屏障」[1]。另外，在農村小城鎮社區，一般按生活區、工業區、商業服務區、文化娛樂區和農田保護區進行統一規劃建設，建成區和規劃區面積不斷擴張[2]。農村社區內部在20世紀後期所堆積的按原籍畫地為牢、各自為政的弊端逐漸得到改善，國家逐漸實行鄉與鄉、村與村的地界兼併或調整。農村社區趨於一種新的融合狀態，社會、經濟與環境協同發展。

中國近來施行的「城鎮建設用地增加與農村建設用地減少相掛鉤」（下文簡稱「增減掛鉤」）政策，對農村社區的變遷，特別是對新農村社區的建設產生了重大影響。國務院《關於深化改革嚴格土地管理的決定》（國發〔2004〕28號）首先提出了「增減掛鉤」政策，明確提出「鼓勵農村建設用地整理，城鎮建設用地增加要與農村建設用地減少相掛鉤」。

2005年，國土資源部發布了《關於規範城鎮建設用地增加與農村建設用地減少相掛鉤試點工作的意見》（國土資發〔2005〕207號），對增減掛鉤工作提出了一系列指導意見[3]。2006年3月，國土資源部下發了《關於堅持依法依規管理節約集約用地，支持社會主義新農村建設的通知》。該通知建議穩步推進城鎮建設用地增加與農村建設用地減少相掛鉤試點，不斷總結試點經驗，及時加以規範和完善[4]。2006年4月，國土資源部將山東、天津、江蘇、

---

[1] 馬芒. 城鄉一體化：新農村建設的必然選擇 [J]. 中國發展觀察，2006（3）：22-23.
[2] 丁志銘. 農村社區空間變遷研究 [J]. 南京師大學報（社會科學版），1996（4）：23-28.
[3] 趙晨晨，羅海波，周慷慨. 城鄉建設用地增減掛鉤研究現狀及發展對策 [J]. 南方農業學報，2013（3）：540-544.
[4] 陳年冰. 地方土地法制與中國土地權利制度的推動與回應 [J]. 學習與探索，2016（9）：80-87.

湖北、四川等5個省市列入首批城鄉建設用地增減掛勾試點項目[①]。2008年6月，國土資源部頒布了《城鄉建設用地增減掛勾試點管理辦法》（國土資源開發〔2008〕138號），加強和規範了城鄉建設用地增減掛勾試點工作[②]。

　　隨著中國農村市場化進程的發展和鄉鎮體制改革的深入，現有的農村組織在組織形式和職能上將向農村社區自組織轉變，農民專業合作經濟組織將成為發展主體。首先，從農戶角度看，為改變自身小規模經營的弱勢地位，化解小生產與大市場的矛盾，維護農戶自身利益，農民有建立合作經濟組織的巨大需求[③]。其次，從市場角度看，在農業商品化、產業化組織制度不斷推進的過程中，農戶與龍頭企業的長期性契約關係取代了一系列市場臨時性的交易關係[④]。農民專業合作經濟組織這種形式一方面可以代表農民利益，增強話語權；另一方面也節約了企業與農戶簽訂、執行和監督契約的成本。農民專業合作經濟組織增加了農民的違約成本，同時農民專業合作經濟組織通過制定相關標準，可以增強農產品的國際競爭力。最後，從政府的角度看，農民專業合作經濟組織的發展同地方政府的需求相吻合。農民專業合作經濟組織的發展有助於彌補當前農村行政管理的薄弱環節，有助於實施地方政府的農業產業政策，有助於促進當地農技推廣機構的轉型。

[①] 熊桉，周元武，廖長林，等. 耕地保護背景下破解建設用地瓶頸研究：基於湖北省土地三項試點的考察 [J]. 農業經濟管理，2014（2）：59-64.
[②] 張惠強. 合法轉讓權的發育路徑——成都集體建設用地自主流轉案例分析 [J]. 公共行政評論，2014（2）：119-140.
[③] 莫少穎. 農村合作經濟組織利益機制研究 [J]. 安徽農業科學，2007，35（21）：6671-6672.
[④] 徐健，汪旭暉. 訂單農業組織模式的演進歷程與優化建議 [J]. 蘭州學刊，2009（11）：98-101.

第二節　基層社區治理的制度變遷

一、城市社區治理的制度變遷

（一）1949—1978 年：城市社區治理——單位制度和戶籍制度

中華人民共和國成立後，國家的首要任務是恢復生產，整合分散的農村社會，恢復城市秩序。因此，這一階段形成了高度集中的政府主導模式。這種管理模式主要是以單位制為基礎，在城市按照工作單位安排社會福利、居住，對單位職工子女進行統一教育；對沒有固定工作單位或者未工作的人員，按照其生活區進行管理。也就是說，市政府主要通過黨政機關、事業單位、公有制企業等「單位」對職工進行管理，提供小到家庭糾紛、大到婚喪嫁娶等方面的服務。對於少數無固定單位的城市人群，如失業人員、需要政府扶持和救濟的人等，街道和城市社區的相應居委會負責管理與其相關的日常事務和提供公共服務。國家在廣大農村地區設立人民公社，人民公社是政治經濟一體化的組織，嚴格管理農民並為他們提供服務[1]。這一點在前文中有所提及。

當時，單位制在全國大部分地區的基層實行。黨政機關、事業單位、國有企業都屬於單位。這些單位是國家政治結構的主要組成部分。它們由國家統一管理和全面控制，在社會管理服務方面普遍高於其他單位，和農村地區相比，優勢也更為明顯。此外，城市或者經濟發達的農村地區的集體所有制企事業單位，也同屬於政府管理的單位，實施集中管理[2]。在這種社會管理模式下，單位不僅是個人獲取生活來源的勞動組織，又是個人社會地位、社會保障和社會交往的保障[3]。從廣義上講，城市社區居民委員會和農村人民公社

---

[1] 黎雨. 中國基層社會管理改革與實踐 [M]. 北京：研究出版社，2012：7.
[2] 陳涓. 從利益結構角度看企業「單位制」的變遷 [J]. 社會科學輯刊，1998（3）：69-74.
[3] 黎雨. 中國基層社會管理改革與實踐 [M]. 北京：研究出版社，2012：7.

也屬於單位範疇。它們不發工資，它們的管理比嚴格意義上的單位寬鬆，人們往往不把它們當作單位。但實際上，居民委員會、人民公社也是國家進行管理的單位。

居民、農民在辦理結婚、外出等個人事務時，經常需要街道、城市的居民委員會、人民公社開具相關證明。因此，改革開放前，全國幾乎所有的人都從屬於這樣或那樣的單位，都具有單位人的角色。沒有單位，很多個人的社會活動，如結婚登記、戶籍登記、轉業等都無法進行。

隨著市場經濟的不斷發展，一方面，單位的專業職能逐步加強，單位的非行政化趨勢明顯，大量國有企事業單位的社會職能開始剝離。尤其是國有企業形成了自主經營、自我管理、自負盈虧、權責分明的特點。另一方面，隨著市場經濟迅速發展，社會分配格局也開始發生變化，這對以單位為主體的社會管理模式產生了巨大的影響[1]。

單位制管理體制解體是經濟體制由計劃向市場轉型的必然結果。單位不再「包辦」，不僅減輕了單位的負擔，而且激活了社會。單位制管理體制解體後，治理責任迴歸於政府。在轉型過程中，也出現過局部失控的局面。例如，治安混亂，城市公共環境特別是居住區髒亂，無人管理等情況。這就要求治理方式由原來的以人員劃分為基礎的單位制向以地域劃分為基礎的社區制轉變。

國家在單位制和基層管理體制相結合的基礎上，進一步實行嚴格的城鄉二元戶籍制度，通過對人口流動進行限制，維護社會穩定。戶籍制度的基本功能在於確認公民身分和為國家行政部門提供人口信息。與此不同的是，由於社會背景的影響，中國戶籍制度在形成和發展過程中形成了一些特殊的功能，即附屬功能和限制功能。附屬功能是附屬於戶籍制度各式各樣的社會福利制度，限制功能即限制人口的遷移及流動[2]。在戶籍制度的基礎上，不同的社會福利形式進一步鞏固了城鄉二元經濟社會結構。

---

[1] 張車偉.區域治理視域下人口發展策略研究［J］.南京社會科學，2016（4）：154-156.
[2] 段成榮，王文錄，王太元.戶籍制度50年［J］.人口研究，2008，32（1）：43-50.

(二) 1979—2010 年：城市社區治理模式的轉變

改革開放以來，傳統的單位管理模式弊端日益暴露，無法適應社會發展的要求。市場經濟發展帶來的種種變化，對這一管理模式產生了重大影響。在這一過程中，大量的社會成員走出了單位，進入了社會，單位中的人員數量逐漸減少，促使管理部門不得不更加重視以「地域」為界限的管理體制。這一角色的轉變促進了基層社會治理新模式的出現。單位功能逐漸弱化，社區功能逐步建立和加強。

這一階段，在城市社區治理的過程中，1986 年民政部發出了「社區服務」的要求，社區概念首次以官方形式被提出，這給中國社區的建設帶來了巨大影響。1991 年，中國又提出了「社區建設」的概念，進一步豐富了社區的內涵。1998 年，中國成立了社區建設司，推動社區建設向全國鋪開。

2000 年，民政部發布了《關於在全國推進城市社區建設的意見》，並經國務院轉發，強調在全國範圍內開展城市社區建設。2001 年，民政部頒布了《全國城市社區建設示範活動指導綱要》，對社區建設過程中存在的問題進行了規範和指導[1]。很快，社區建設被國家列入「十五」計劃，社區建設被放在了議事日程上。隨著全國社區試點項目的開展，各種有效模式如雨後春筍般出現，在部分地區，社區建設試行了「兩委一站」機制。

當時，社區服務的主要內容是便民服務，以及為特殊群體提供福利服務。原因是市場化改革導致企業現在無力承擔也不需要承擔過去承擔的社會服務項目。政府希望城市社區能夠承擔這部分的社會服務。然而，在實際的發展過程中，政府的初始投資不足，許多地方走出了所謂的「以營利性服務養公益性、福利性服務」的道路，導致了營利性服務的擴大和公共福利的嚴重不足，背離了原有的公益性、福利性的服務宗旨。20 世紀 90 年代初，國家大力推進社區建設工作，先後舉辦了理論研討會，以統一思想認識，更明確地界定了民政部在指導社區服務管理和促進社區建設方面的作用。

「基層政權建設司」更名為「基層政權與社區建設司」，說明社區建設已

---

[1] 張書林. 以改革創新精神推進社區黨建 [J]. 探索, 2009 (3)：29-34.

被納入國家行政職能範圍①。地方黨委、政府開始把社區建設作為城市和社區工作的重要組成部分，形成了「沈陽模式」「江漢模式」「鹽田模式」「青島模式」等具有代表性的城市社區建設試點經驗②。2001 年 7 月，一批「全國社區建設示範城市」和「全國社區建設示範區」獲得命名和表彰。2010 年 11 月，在總結近十年社區建設實踐和經驗的基礎上，《關於加強和改進城市社區居民委員會建設的意見》出抬，這是解決社區建設核心問題的指導性文件③，為中國的城市社區治理現代化的啟動奠定了良好的基礎。

（三）2011 年至今：新時代下的城市社區治理手段的多樣性與創新性

2010 年，國務院辦公廳頒布了《關於加強和改進城市社區居民委員會建設工作的意見》，對之後幾年的社區建設進行了宏觀規劃④。在 2016 年「兩會」期間，習近平總書記在參加上海代表團審議時強調，基層是各項工作的落腳點，社會治理的重心必須落實到城鄉和社區。2010 年以來，全國人民代表大會常務委員會、國務院、民政部等立法機關和政府部門針對城市街道辦事處、居民委員會、社區服務和建設等方面制定了諸多的法律、條例以及相關的規劃和辦法等，顯示了黨中央對社會治理的高度關注（見表 5.3）。

表 5.3 國家層面城市社區治理相關政策文件

時間	發布部門	文件名稱
2010 年	全國婦聯	《關於深化節能減排家庭社區行動開展「低碳家庭　時尚生活」主題活動的通知》
2010 年	人社部	《關於做好申報認定國家級充分就業示範社區和省（區、市）充分就業星級社區的通知》
2010 年	國家減災委辦公室	《全國綜合減災示範社區標準》
2011 年	人社部	《關於公布首批國家級充分就業示範社區名單的通知》

---

① 杜寶貴，才麗偉.「割裂式」中國社區發展及其治理對策 [J]. 大連海事大學學報（社會科學版），2014，13（5）：32-35.
② 雷尚清. 淺議政府管理的良性碎片化 [J]. 學習與實踐，2012（7）：51-57.
③ 周羅庚. 市場經濟與當代中國社會結構 [M]. 上海：上海三聯書店，2002.
④ 張希. 著力落實「十二五」規劃，推動民政工作創新創制創優 [N]. 中國社會報，2011-12-26（1）.

表5.3(續)

時間	發布部門	文件名稱
2010年	中辦、國辦	《關於加強和改進城市社區居民委員會建設工作的意見》
2010年	國家減災委民政部	《關於授予北京市東城區北新橋街道民安社區等875個社區「全國綜合減災示範社區」稱號的決定》
2011年	國家減災委辦公室	《關於做好2011年全國綜合減災示範社區創建工作的通知》
2011年	國辦	《社區服務體系建設規劃（2011—2015）》
2012年	民政部	《關於促進農民工融入城市社區的意見》
2012年	住建部	《關於公布2011年度全國物業管理示範住宅小區（大廈、工業區）評驗結果的通知》
2013年	民政部	《關於加強全國社區管理和服務創新實驗區工作的意見》
2013年	民政部辦公廳	《關於成立「全國城鄉社區建設專家委員會」的通知》
2013年	民政部等5部門	《關於推進社區公共服務綜合信息平臺建設的指導意見》
2015年	中辦、國辦	《關於加強城鄉社區協商的意見》
2015年	民政部、中央組織部	《關於進一步開展社區減負工作的通知》
2015年	民政部	《關於確認第一批全國社區治理和服務創新實驗區結項驗收結果的通知》

資料來源：中華人民共和國民政部網站關於基層政權和社區建設的法規文件。

從近年來的實踐可以進一步看出，加強城市社區服務體系建設，是增強社區居民獲得感及幸福感的民生工程，是穩定增長、推進改革、結構調整和惠及人民群眾的基礎工程。

二、農村社區治理的制度變遷

（一）1949—1978年：政權機構的演變

中華人民共和國成立後，中國完成了對農村的社會主義改造，後來人民公社化運動的影響深遠，中國對農村的治理主要也體現在人民公社制度中。其主要內容是在農村建立一個更加合理的官僚組織，使得國家的行政權力滲

第五章 基層社區治理

透到農村基層社會,增強農村社會的動員和監督能力[1]。

1949年至1954年,國家在農村建立了村級政權機構,即國家政權延伸到了村級。從1954年到1958年,國家廢除了村級政權,把國家的基層政權放在鄉鎮一級。1958年8月,中央提出了依靠農業累積支持工業化的戰略,國家還頒布了《關於在農村建立人民公社問題的決議》。在這種戰略聯動和政策號召下,國家政權要求加強對鄉鎮基層政權的控制。因此,國家撤銷了鄉鎮政府政權,建立人民公社,在農村實行「政社合一」的管理模式[2]。國家對農村的治理有賴於人民公社、生產大隊、生產隊的組織體系。農民被限制在這一體系中,須參與到公社的統一勞動和分配中來[3]。

這樣,把國家政權建立在人民公社制下,有利於集體建設,加強國家對農村的有效控制。但是,農民在公社中的生產積極性很低,農民在「同工同酬」的人民公社中消極懈怠,導致了農村經濟的停滯和農民自身的普遍貧困。改革開放以後,人民公社模式逐步被廢除,只有少數幾個村還堅持這種模式。農村開始實行家庭聯產承包責任制,開始逐步恢復家庭化的農業生產方式。

(二) 1979—2006年:新農村社區治理的新機制

改革開放以後,中國農村逐步形成了「鄉政村治」的基層治理模式。在這樣的管理體制下,在農村管理上存在兩種權力,一種是鄉政府代表國家行使的權力,另一種是基層村民的自治權。並且,這兩種權力是互不干擾的。

1978年,安徽省鳳陽縣鳳梨公社小崗村的農民自發建立了家庭承包聯產責任制,這對人民公社制度是致命的打擊,加速了人民公社制度的解體。1978年,隨著十一屆三中全會的召開,中國確立了以經濟建設為中心的發展戰略,人民公社的一部分權力開始從農村撤出。1980年,廣西壯族自治區義山縣、羅城縣農民自發成立村民委員會進行管理,幫助鄉政府維護社會秩序。1982年中國憲法明確規定,在縣級以下設立鄉鎮人民代表大會和鄉政府作為

---

[1] 徐勇,朱國雲. 農村社區治理主體及其權力關係分析 [J]. 理論月刊,2013 (1):172-175.
[2] 徐天強. 行政處罰案例評析 [M]. 上海:復旦大學出版社,2009.
[3] 甘信奎. 中國農村治理模式的歷史演變及未來走向——從「鄉政村治」到「縣政鄉社」[J]. 江漢論壇,2007 (12):82-85.

基層政權組織，以此確立鄉村政治。1983—1985年，全國農村普遍廢除了人民公社，建立了鄉政府和村委會。1987年11月中國頒布的《村民委員會組織法》規定了村民委員會的性質，明確了村委會的地位。村民委員會是基層群眾性自治組織，鄉鎮政府的職責只是對其進行協助和指導，不能干預和影響村民委員會的工作。

隨著農村基層社會治理的深入發展，特別是農村人口大量湧入城市，農村社會治理陷入困境[①]。2006年10月，黨的十六屆六中全會號召，在積極建設城市社區的同時，加強對農村社區的全面建設，與之相匹配的新社區管理和服務體系也必須跟進。其目標是將社區建設成為穩定有序、社區服務完善全面、人民生活文明祥和的新型社會共同體；另外，還要加強農村民主政治建設，進一步完善社會主義新農村的農村治理機制。

民政部還頒布了《全國農村社區建設試點縣（市、區）工作實施方案》。該方案提出，社區改革有利於促進鄉城建設與治理體系的一體化，這是改變傳統城鄉二元結構的強力舉措，各地要因地制宜，有條件的較富裕鄉村可以率先實現社區化建設；同時，一些落後地區和偏遠地區可以堅守傳統的治理模式。農村地區的傳統鄉村治理模式和社區治理兩種模式會在相當長時期內並存。農村社區治理，特別是人口稠密、經濟發達地區，完全可以被納入城市治理範圍。但是，傳統的農村地區仍然需要增加政府對基礎設施、安全衛生、文化教育等公共產品的供應。農村發展的關鍵仍然是生產和就業，以及提高農民的收入。

（三）2007年至今：新時代下的農村社區治理手段的多樣性與創新性

在社會主義現代化背景下，農村治理一直是中國社會治理的重中之重，占據著重要的地位，但同時也是中國社會治理的一大難題。黨的十八大以來，新型農村社區作為中國城鎮化體系的末端，成為打破城鄉二元結構、解決「三農」問題的重要抓手。對新型農村社區進行建設，是中國農村發生的一場

---

① 郎友興. 走向總體性治理：村級的現狀與鄉村治理的走向 [J]. 華中師範大學學報（人文社會科學版），2015（2）：11-19.

深刻變革，也會給農民的生產及生活方式帶來重大改變。

2013年12月，中國召開了中央城鎮化工作會議，強調「科學規劃和務實行動」的重要性。2016年4月，習近平總書記在安徽省鳳陽縣小崗村調研時，就進一步深化農村改革，著重強調：「要規劃先行，遵循鄉村自身發展規律，補農村短板，揚農村長處，注意鄉土味道，保留鄉村風貌，留住田園鄉愁。」[①]要實現新農村社區的有效治理，必須重視規劃的科學性和可行性，因地制宜地把新型農村社區建設作為破解城鄉二元結構的突破口。要加強規劃力度，瞭解群眾的真實願望，促進農業的集約發展；要注重改變人民群眾落後的生活觀念，引導改變他們傳統的生產方式和生活方式，最終提高人民生活質量；同時規劃應具有超前意識，力求一步到位，從長遠考慮社區發展的可持續；根據當地經濟發展水準和實際情況，制定合理的階段性和長遠性目標。

據民政部統計，目前中國共有街道7,957條，鄉鎮31,832個，城市社區10萬個。農村社區建設覆蓋面不斷擴大，社區發展迅速。發展狀況主要包括以下內容：

一是服務設施逐步完善。統計表明，截至2015年年底，中國城鄉社區綜合服務設施建設完成15.3萬個，較2010年年底增加9.6萬個。其中城市社區綜合服務設施覆蓋率達到82%，農村社區綜合服務設施覆蓋率達到12%左右。

二是服務內容大大增加，包括社區公共服務內涵的擴大，以及廣泛開展了便民利民服務與志願服務。此外，到2015年年底，中國全國範圍內的社區便民利民服務網點已經增加到24.9萬個，與之配套的社區服務志願者組織也增加到9.6萬。

三是相關人才隊伍建設取得進展。截至2015年年底，中國社區居民委員會成員註冊在案的有51.2萬人，村民委員會成員229.7萬人，還有社區專職工作人員127.6萬。更具意義的是，社區志願者數量也呈現出不斷增長的態勢。

---

① 習近平. 加大推進新形勢下農村改革力度，促進農業基礎穩固農民安居樂業[N]. 人民日報，2016-04-29（1）.

四是信息平臺建設不斷加強。社區公共服務綜合信息平臺覆蓋率已達到10%，探索更具現代感的智慧社區建設已經起步，形成了信息化與社區服務的深度融合，也增加了公共服務便捷性與群眾在社區內辦事的滿意程度。

五是體制機制的不斷創新。社區建設更加多元，逐漸形成以社區為平臺，以社會組織為載體以及以社會工作專業人才為支撐的社區服務機制。近些年的實踐進一步表明，加強城鄉社區服務體系建設是增強社區居民獲得感和幸福感的民生工程，是穩增長、促改革、調結構、惠民生的基礎工程。

第三節 小結與評價

從秦末開始，中國古代統治者在進行社會治理時，就注意在政治體制中發揮「鄉紳」在社會管理中的作用[①]。在上千年的不斷變化與發展之中，中國基層民眾與統治者之間產生了一個巨大的「鄉紳階層」，這是中國的一個獨特現象。在中國古代的基層社會，「鄉紳階層」集道德、財富、權威、善行於一身，成為統治者在基層社會的直接代表，為中國古代基層社會的穩定做出了巨大貢獻。除此之外，中國古代的社區治理還漸漸發展出一種依託宗族、自然村落，以宗族、村落為媒介與國家機構進行溝通從而治理基層社會的方式。因此，在中國古代以農業經濟為基礎的社會中，宗族、自然村落、國家機構之間構成了有機統一的基層社會治理體系，為國家的繁榮昌盛奠定了堅實基礎。

而在現在的國家社區治理當中，由於「鄉紳階層」和宗族已經逐漸消亡，因此我們要依靠各類社會組織和社區組織來連結以及優化配置各類資源[②]。社

---

① 王育民.秦漢政治制度[M].西安：西北大學出版社，1996：83.
② 徐繼存.中國傳統社會的鄉紳階層及其衰落[J].當代教育與文化，2015，7（1）：102-107.

區資源的優化配置需要通過共享社區組織與駐區單位之間的資源來實現，共建社區基礎設施、提供就業崗位、共同維護治安、盤活社區文化資源和服務資源。資源的共享在於社區與駐區單位的協商，共享會帶來資源的倍增效應並實現雙方互惠互利。通過這種與駐區單位責任共擔的方式，社區可以建立資源共享網絡。但是從目前的發展來看，中國城鄉社區服務體系的建設仍處於起步及探索階段，城鄉社區服務現狀與全面建成小康社會的總體要求相比還有不小的差距，還不能滿足人民群眾日益增長的物質文化需求。因此，探尋一種新型的城鄉社區管理體制，並通過這一新管理體制的有效運作來動員社會，解決城鄉居民迫切需要解決的各種社會問題，實現社會的穩定，是我們在新時期創新社區治理的新方向[①]。

---

① 陳偉東. 中國城市社區自治：一條中國化道路——演變歷程、軌跡、問題及對策 [J]. 北京行政學院學報，2004（1）：63-68.

經典案例：成都市鳳凰社區治理[①]

一、社區概況

本書的一個研究對象是成都市溫江區湧泉街道鳳凰社區。鳳凰社區位於溫江區南門，緊鄰青羊區，光華大道貫穿全境。鳳凰社區面積1.7平方千米，常住人口20,000餘人，戶籍人口7,000餘人，其中新居民5,000餘人。鳳凰社區內有黨組織7個，黨員170人。在社區治理的進程中，鳳凰社區注重黨建網絡立體化，凸顯城市社區治理新成效；注重社區轉型建設四大方面：一是治理結構重構；二是服務體系優化；三是文化理念浸潤；四是鄰里關係和諧。鳳凰社區通過這四大抓手建設新型城市社區，深入踐行「兩學一做」，建設現代化城市社區。

二、「三化聯動」構建社區治理新模式

（一）黨組織設置網格化

鳳凰社區以商業樓盤為基本單元劃分網格，以樓盤物業為建黨平臺，開展樓盤黨建，現在轄區已經入住的12個樓盤共建立了黨組織6個。社區黨員和樓盤黨組織共同引領，在樓盤選舉產生業主委員會，引進社會組織，建立起以樓盤為一級網格，黨組織、自治組織、社會組織「三位一體」的治理網格。

（二）黨組織服務網絡化

鳳凰社區強化黨組織服務網絡體系，在社區建立黨員e支部、黨員微信交流平臺，在萬科、香瑞湖等樓盤分別建立黨員qq群。針對新居民中黨員多為異地上班、本地居住、難以集中的特點，探索黨員教育服務規律，建立集黨員培訓教育、黨員志願服務組織發起等功能為一體的社區黨校，利用信息

[①] 本部分依據相關資料及筆者實際社會調研情況寫成，參見：四川組工網．溫江區積極探索黨建引領社區發展治理新路子 [EB/OL]．[2019-01-05]．http://www.gcdr.gov.cn/content.html? id = 25714．

網絡，對黨員進行管理服務，服務平臺包括社區微信公眾號、社區黨校、黨員遠程教育、社區網站、黨員微信平臺、社區居民交流群。

鳳凰社區以黨組織為核心引領，推動自治主體高度融合；堅持以樓盤為基本單元，獨立選舉產生自治組織；優化社區層面自治體系，擴大新居民入選議事會比例，建立起社區議事會、城市社區居委會、樓盤業主委員會、監委會「四會」聯治，共同管理社區事務的治理格局。

針對社會管理轉型過程中主體多元化、訴求多樣化的特點，以居民需求為導向，當地黨委政府積極引導社會組織參與社會事務，全面動員社會服務。湧泉街道辦事處積極支持和引進專業性社會組織，進行社區公益項目的運作與管理，由鳳凰社區倡導發動，專業社工專業帶動，各類志願者參與反饋，形成一個三方共同互動的新型城市社區。

(三) 優質的政府公共服務

鳳凰社區突出服務功能，建立社區「一站式」服務大廳，集中提供勞動保障、就業創業、民政、計生、退休管理等諸多方面的服務，並通過社會力量購買下沉服務，為社區「減負增效」，也增強了自身公共服務供給能力。

(四) 積極的黨群志願服務

鳳凰社區在社區治理過程之中大力倡導「滴水湧泉」公益行動，著力推動志願服務，發展以黨員、「工青婦」、業主代表和社會組織骨幹為主力的社區志願服務隊伍。以互助互愛、鄰里和睦、我為人人、人人為我的思想導向，充分發揮「黨建三帶一領」的功能，積極開展社區服務、文體活動、科普宣傳、扶貧幫困等志願服務活動。

本章參考文獻

[1] 杜怡梅. 和諧社會視域下的精神共同體與社區的關係 [J]. 理論與改革, 2013 (5): 146-148.

[2] 吉登斯. 第三條道路: 社會民主主義的復興 [M]. 北京: 北京大學出版社, 2000.

[3] 徐永祥. 社區工作 [M]. 北京: 高等教育出版社, 2004.

[4] 朱耀垠. 當代中國基層社會重構與社區治理創新 [J]. 中國機構改革與管理, 2015 (7): 27-30.

[5] 毛磊, 宋偉. 中國立法向法典化邁進 [J]. 政府法制, 2009 (15): 4-5.

[6] 柴彥威, 郭文伯. 中國城市社區管理與服務的智慧化路徑 [J]. 地理科學進展, 2015 (4): 466-472.

[7] 陳輝. 新中國成立60年來城市基層治理的結構與變遷 [J]. 當代中國史研究, 2010 (3): 120.

[8] 夏建中. 城市社區基層社會管理組織的變革及其主要原因——建造新的城市社會管理和控制的模式 [J]. 江蘇社會科學, 2002 (1): 165-171.

[9] 朱健剛. 城市街區的權力變遷: 強國家與強社會模式——對一個街區權力結構的分析 [J]. 戰略與管理, 1997 (4): 42-53.

[10] 徐勇. 論城市社區建設中的社區居民自治 [J]. 華中師範大學學報 (人文社會科學版), 2001 (3): 5-13.

[11] 胡位鈞. 20世紀90年代後期以來城市基層自治制度的變革與反思 [J]. 武漢大學學報 (哲學社會科學版), 2005 (3): 351-355.

[12] 張文. 「多元共治」的社區治理模式 [N]. 學習時報, 2014-09-15 (A11).

[13] 盧愛國. 使社區和諧起來: 社區公共事務分類治理 [M]. 北京: 中

國社會科學出版社，2013.

［14］張魯寧. 基層政府在城市社區治理中的責任擔當［J］. 人民論壇，2017（13）：64-65.

［15］婁成武，孫萍. 社區管理學［M］. 北京：高等教育出版社，2003.

［16］蔡禾. 社區概論［M］. 北京：高等教育出版社，2005.

［17］於顯洋. 社區概論［M］. 北京：中國人民大學出版社，2006.

［18］陳萬靈. 農村社區變遷：一個理論框架及其實證考察［M］. 北京：中國經濟出版社，2002.

［19］劉慶樂. 雙重委託代理關係中的利益博弈——人民公社體制下生產隊產權矛盾分析［J］. 中國農村觀察，2006（5）：26-33.

［20］鄒讜. 二十世紀中國政治：從宏觀歷史與微觀行動的角度看［M］. 香港：牛津大學出版社［香港有限公司］，1994.

［21］董雪兵. 二十年村民自治實踐中的制度創新——國家與社會的共同體［J］. 浙江社會科學，2001（4）：114-118.

［22］黃志凌. 經濟觀察中的思維軌跡［M］. 北京：中國經濟出版社，1999.

［23］段永清. 科學發展觀與憲政建設論略：改革開放30年來中國憲政建設的歷史進程［J］. 四川師範大學學報（社會科學版），2008（6）：14-20.

［24］詹成付. 鄉鎮體制——歷史與問題［N］. 學習時報，2004-04-12.

［25］陳萬靈. 社區研究的經濟學模型——基於農村社區機制的研究［J］. 經濟研究，2002（9）：57-66.

［26］陳前金. 中國現行農村土地制度存在的問題及對策建議［J］. 山西農經，2014（4）：10-12.

［27］袁金輝. 衝突與參與：中國鄉村治理改革30年［M］. 鄭州：鄭州大學出版社，2008.

［28］馬芒. 城鄉一體化：新農村建設的必然選擇［J］. 中國發展觀察，2006（3）：22-23.

［29］丁志銘. 農村社區空間變遷研究［J］. 南京師大學報（社會科學

版），1996（4）：23-28.

[30] 趙晨晨，羅海波，周慷慨. 城鄉建設用地增減掛勾研究現狀及發展對策［J］. 南方農業學報，2013（3）：540-544.

[31] 陳年冰. 地方土地法制與中國土地權利制度的推動與回應［J］. 學習與探索，2016（9）：80-87.

[32] 熊桉，周元武，廖長林，等. 耕地保護背景下破解建設用地瓶頸研究：基於湖北省土地三項試點的考察［J］. 農業經濟管理，2014（2）：59-64.

[33] 張惠強. 合法轉讓權的發育路徑——成都集體建設用地自主流轉案例分析［J］. 公共行政評論，2014（2）：119-140.

[34] 莫少穎. 農村合作經濟組織利益機制研究［J］. 安徽農業科學，2007，35（21）：6671-6672.

[35] 徐健，汪旭暉. 訂單農業組織模式的演進歷程與優化建議［J］. 蘭州學刊，2009（11）：98-101.

[36] 黎雨. 中國基層社會管理改革與實踐［M］. 北京：研究出版社，2012.

[37] 陳涓. 從利益結構角度看企業「單位制」的變遷［J］. 社會科學輯刊，1998（3）：69-74.

[38] 張車偉. 區域治理視域下人口發展策略研究［J］. 南京社會科學，2016（4）：154-156.

[39] 段成榮，王文錄，王太元. 戶籍制度50年［J］. 人口研究，2008，32（1）：43-50.

[40] 張書林. 以改革創新精神推進社區黨建［J］. 探索，2009（3）：29-34.

[41] 杜寶貴，才麗偉.「割裂式」中國社區發展及其治理對策［J］. 大連海事大學學報（社會科學版），2014，13（5）：32-35.

[42] 雷尚清. 淺議政府管理的良性碎片化［J］. 學習與實踐，2012（7）：51-57.

［43］周羅庚. 市場經濟與當代中國社會結構［M］. 上海：上海三聯書店，2002.

［44］張希. 著力落實「十二五」規劃，推動民政工作創新創制創優［N］. 中國社會報，2011-12-26（1）.

［45］徐勇，朱國雲. 農村社區治理主體及其權力關係分析［J］. 理論月刊，2013（1）：172-175.

［46］齊衛平. 論黨治國理政能力與公眾獲得感的內在統一［J］. 人民論壇（學術前沿），2017（2）：29-39.

［47］徐天強. 行政處罰案例評析［M］. 上海：復旦大學出版社，2009.

［48］甘信奎. 中國農村治理模式的歷史演變及未來走向——從「鄉政村治」到「縣政鄉社」［J］. 江漢論壇，2007（12）：82-85.

［49］郎友興. 走向總體性治理：村級的現狀與鄉村治理的走向［J］. 華中師範大學學報（人文社會科學版），2015（2）：11-19.

［50］習近平. 加大推進新形勢下農村改革力度，促進農業基礎穩固農民安居樂業［N］. 人民日報，2016-04-29（1）.

［51］王育民. 秦漢政治制度［M］. 西安：西北大學出版社，1996.

［52］徐繼存. 中國傳統社會的鄉紳階層及其衰落［J］. 當代教育與文化，2015，7（1）：102-107.

［53］陳偉東. 中國城市社區自治：一條中國化道路——演變歷程、軌跡、問題及對策［J］. 北京行政學院學報，2004（1）：63-68.

1949年後
中國社會治理制度變遷

第六章
老龄治理

第一節　老齡治理的內容與實質

一、老齡治理的概念

人口老齡化是指人口中老年人所占比重日益提高的現象，尤指已達到年老狀態的人口中老年人比重繼續提高的過程①。根據國際通例，當一個國家或地區 60 週歲及以上人口占人口總數的 10%，或 65 週歲及以上人口占人口總數的 7%，即意味著這個國家或地區的人口處於老齡化狀態（見表 6.1）②。

表 6.1　國際人口類型劃分標準

判斷指標	0~14 歲人口比例（%）	60 週歲以上人口比例（%）	65 週歲以上人口比例（%）	老少人口比例（%）	年齡中位數（歲）
年輕型	>40	<5	<4	<15	<20
成年型	30~40	5~10	4~7	15~30	20~30
老年型	≤30	≥10	≥7	≥30	≥30

數據來源：謝安. 中國人口老齡化的現狀、變化趨勢及特點 [J]. 統計研究，2004（8）：50-53.

中國已步入人口老齡化的常態③。一般認為，中國於 2000 年就已邁入老年型社會④。2006 年全國老齡工作委員會辦公室發布的《中國人口老齡化發展趨勢預測研究報告》指出，中國的人口老齡化具有老年人口規模巨大、老

---

① 劉錚. 人口學辭典 [M]. 北京：人民出版社，1986：180.
② 根據 1956 年聯合國《人口老齡化及其社會經濟後果》確定的劃分標準，當一個國家或地區 65 週歲及以上老年人口數量占總人口比例超過 7% 時，則意味著這個國家或地區進入老齡化。1982 年維也納老齡問題世界大會，確定 60 週歲及以上老年人口占總人口比例超過 10%，意味著這個國家或地區進入嚴重老齡化。
③ 彭希哲，胡湛. 公共政策視角下的中國人口老齡化 [J]. 中國社會科學，2011（3）：121-138.
④ 鄭偉，林山君，陳凱. 中國人口老齡化的特徵趨勢及對經濟增長的潛在影響 [J]. 數量經濟技術經濟研究，2014，31（8）：3-20. 2000 年 11 月底第五次全國人口普查，中國 65 週歲以上老年人口已達 8,811 萬人，占總人口 6.96%；60 週歲以上人口達 1.3 億人，占總人口 10.2%。以上比例按國際標準衡量，均說明中國已進入了老年型社會。

齡化發展迅速、地區發展不平衡、城鄉倒置顯著、女性老年人口數量多於男性、老齡化超前於現代化六個主要特徵[①]。2015 年再次有學者強調，中國人口老齡化具有絕對規模大、發展速度快、高齡化顯著、發展不均衡、波動幅度大等特點[②]。

中國人口老齡化將與 21 世紀相始終[③]。國家統計局統計數據顯示，截至 2017 年年底，中國 60 週歲及以上老年人口數量達 2.41 億，占總人口比例的 17.3%；65 週歲及以上老年人口數量為 1.58 億，占總人口比例的 11.4%[④]。作為一種不可逆轉的經濟社會常態現象，人口老齡化既蘊涵潛在的發展機遇，也面臨著未來發展的重大風險考驗[⑤]。從本質上講，老齡化沒有好壞之分，所謂的「問題」或「挑戰」不完全來自老年人或者老齡化本身，更多源於變化了的人口年齡結構與現行社會經濟架構之間的不匹配所產生的矛盾，因而需要治理模式和公共政策的調整乃至重構以適應這種狀況[⑥]。老齡化社會治理是指國家針對人口年齡結構不斷老齡化的客觀事實，通過引導理念、頒布制度、出抬政策、組織協調與監督控制等方式處理涉老事務的過程，其目的是不斷增進老年人及全體公民的福祉並服務於國家現代化建設[⑦]。

二、老齡治理的特點

中國人口老齡化的深化與建設社會主義現代強國的時間表基本同步，傳統的建立在年輕人口占絕對主體基礎之上的社會治理模式和制度安排架構都

[①] 全國老齡工作委員會辦公室. 中國人口老齡化發展趨勢預測研究報告 [EB/OL]. (2006-02-24) [2019-04-18]. http://www.china.com.cn/chinese/news/1134589.htm.
[②] 總報告起草組. 國家應對人口老齡化戰略研究總報告 [J]. 老齡科學研究, 2015, 3 (3): 4-38.
[③] 穆光宗, 張團. 中國人口老齡化的發展趨勢及其戰略應對 [J]. 華中師範大學學報 (人文社會科學版), 2011, 50 (5): 29-36.
[④] 王方琪.《新時代積極應對人口老齡化發展報告 (2018)》呼籲: 全社會共同建立積極老齡觀 [EB/OL]. (2018-10-31) [2019-06-11]. http://shh.sinoins.com/2018-10/31/content_274994.htm.
[⑤] 原新. 積極應對人口老齡化是新時代的國家戰略 [J]. 人口研究, 2018, 42 (3): 3-8.
[⑥] 胡湛, 彭希哲. 應對中國人口老齡化的治理選擇 [J]. 中國社會科學, 2018 (12): 134-155.
[⑦] 杜鵬, 王永梅. 改革開放 40 年中國老齡化的社會治理——成就、問題與現代化路徑 [J]. 北京行政學院學報, 2018 (6): 13-22.

需要根據老齡化的發展態勢做出相應調整乃至重構，老齡社會的治理應內嵌於新時代的公共治理①。與國家治理體系和治理能力現代化的要求相適應，老齡化社會治理具有如下幾個方面的特點：

（一）整體性治理

人口老齡化對一個國家或地區的人口、經濟、社會、政治等方面均會產生重要而廣泛的影響，這種影響具有持續性和全面性②。因此，整體性治理應當作為老齡化社會治理的切入點。整體性治理是對傳統公共行政的衰落和新公共管理改革過程中形成的嚴重「碎片化」問題的戰略性回應③。對於老齡化社會治理來說，整體性治理有著新的內涵：首先，整體性治理要求作為老齡化社會治理主導者的政府進行政策整合和機構聯動；其次，它強調構建老齡化社會治理中政府、市場、家庭等不同主體的多元共治格局，實現優勢互補；最後，老齡化社會的整體性治理還要求不同群體和幾代人的共同參與。三者相輔相成，互構而共生④。

（二）常態化治理

如前所述，人口老齡化將成為中國社會的常態⑤。然而，目前中國應對人口老齡化的政策思路，仍以階段性應急措施為主⑥。據不完全統計，改革開放以來中國出抬的涉老文件多達1,000餘個，多個部委參與其中⑦。政策規劃主要體現為以下三條路徑：

（1）強化社保籌資：加快擴面補缺口，大幅提升退休金——可持續性堪憂；

---

① 胡湛，彭希哲. 應對中國人口老齡化的治理選擇［J］. 中國社會科學，2018（12）：134-155.
② 方豐，徐冬，劉寶發. 老齡化對經濟社會影響述評——以重慶研究為例［J］. 中國人口·資源與環境，2017，27（S1）：274-277.
③ 胡象明，唐波勇. 整體性治理：公共管理的新範式［J］. 華中師範大學學報（人文社會科學版），2010，49（1）：11-15.
④ 胡湛，彭希哲. 應對中國人口老齡化的治理選擇［J］. 中國社會科學，2018（12）：134-155.
⑤ 伍海霞.「人口老齡化與養老服務業發展」學術研討會綜述［J］. 中國人口科學，2015（4）：121-125.
⑥ 顧嚴. 人口老齡化：從階段性應急到常態化治理［J］. 宏觀經濟管理，2015（10）：58-66.
⑦ 杜鵬，王永梅. 改革開放40年中國老齡化的社會治理——成就、問題與現代化路徑［J］. 北京行政學院學報，2018（6）：13-22.

（2）延緩人口老齡化：調整生育政策，醞釀延遲退休——實際效果有限；

（3）吸引社會力量：嚴控收費標準，限制營利空間——不符合產業規律[1]。

因此，人口老齡化社會治理亟須摒棄短期性、階段性、應急性的政策思路，建立常態化的治理體系，形成適應人口老齡化常態的現代治理體系[2]。

（三）多中心治理

多中心治理以自主治理為基礎，強調多個權力中心或服務中心通過競爭和協作，給公民提供更多的選擇權和更好的服務，減少搭便車行為，提高決策的科學性[3]。多中心治理要求治理主體的複合性、治理結構的網絡化、治理方式的合作網絡的嵌入性競爭，以實現公民利益的最大化和滿足公民多樣化的需求[4]。「十三五」規劃指出，積極開展應對人口老齡化的行動，弘揚敬老、養老、助老的社會風尚，建設以居家為基礎、社區為依託、機構為補充的多層次養老服務體系，推動醫療衛生和養老服務相結合，探索建立長期護理保險制度[5]。因此，要全面建成以居家為基礎、社區為依託、機構為支撐的覆蓋城鄉的多樣化服務體系[6]，就要形成政府行政權、居民自治權、市場經營權的合力，構建老齡化社會的多中心治理格局[7]。

三、養老模式的概念與分類

隨著中國人口老齡化進程的不斷深化，老年人口數量的不斷增長，養老

---

[1] 顧嚴. 人口老齡化：從階段性應急到常態化治理 [J]. 中國財政, 2015（10）：31-33.
[2] 顧嚴. 人口老齡化：從階段性應急到常態化治理 [J]. 宏觀經濟管理, 2015（10）：58-66.
[3] 王興倫. 多中心治理：一種新的公共管理理論 [J]. 江蘇行政學院學報, 2005（1）：96-100.
[4] 王志剛. 多中心治理理論的起源、發展與演變 [J]. 東南大學學報（哲學社會科學版）, 2009, 11（S2）：35-37.
[5] 中華人民共和國國民經濟和社會發展第十三個五年規劃綱要 [N]. 人民日報, 2016-03-18（1）.
[6] 王莉莉. 基於「服務鏈」理論的居家養老服務需求、供給與利用研究 [J]. 人口學刊, 2013, 35（2）：49-59.
[7] 張強, 張偉琪. 多中心治理框架下的社區養老服務：美國經驗及啟示 [J]. 國家行政學院學報, 2014（4）：122-127.

問題日益突出。儘管老齡化社會治理涵蓋人口戰略、生育政策、老齡產業、就業制度、社保體系等多方面內容，但不可否認的是，養老問題是老齡化社會治理最直接和最迫切需要解決的問題。因此，有必要對中國的養老方式進行簡述。

關於養老模式概念的理論界定，學術界尚無定論，但仍取得了一定的共識。首先，養老的主體對象為60週歲及以上人口；其次，養老的內容主要涉及經濟供養、生活照料及精神慰藉等方面；最後，中國傳統的家庭養老功能正在逐漸弱化[1]。

養老問題的關鍵是養老地點的選擇、養老的經濟來源或養老的支持力來源[2]。依據以上兩個維度，我們可將養老模式劃分為以下幾種基本類型。

根據養老地點的選擇，養老模式可劃分為居家養老和機構養老。居家養老是指老年人不集中居住在養老機構，而是分散居住在自己的家中進行養老[3]。機構養老屬於社會化養老的一種，指老年人居住在由政府或社會組織承辦的機構（如養老院、老年公寓）中的養老方式[4]。

根據養老的經濟來源或養老的支持力來源，養老模式可劃分為三種基本的類型：一是社會養老，即由社會來提供養老資源，包括養老資金和養老服務兩個方面；二是家庭養老，即養老所需的資金和服務主要由家庭提供；三是自我養老，即老年人自我提供經濟支持和自我服務[5]。

除此之外，養老還有以房養老、互助養老、「候鳥」養老、異地養老、田園養老等諸多模式，這些模式多是以上劃分出來的基本養老模式的交叉組合[6]。

---

[1] 陳賽權. 中國養老模式研究綜述 [J]. 人口學刊, 2000 (3): 30-36.
[2] 穆光宗. 中國傳統養老方式的變革和展望 [J]. 中國人民大學學報, 2000 (5): 39-44.
[3] 楊宗傳. 居家養老與中國養老模式 [J]. 經濟評論, 2000 (3): 59-60.
[4] 姜向群, 張鈺斐. 社會化養老：問題與挑戰 [J]. 北京觀察, 2006 (10): 22-24.
[5] 穆光宗, 姚遠. 探索中國特色的綜合解決老齡問題的未來之路——「全國家庭養老與社會化養老服務研討會」紀要 [J]. 人口與經濟, 1999 (2): 58-64.
[6] 陳友華. 居家養老及其相關的幾個問題 [J]. 人口學刊, 2012 (4): 51-59.

四、養老模式的選擇與發展趨勢

從宏觀上來講，老人對養老模式的選擇是由中國生產力水準、社會結構、家庭結構以及文化類型所決定的[1]。與中國正處於社會轉型的關鍵時期相適應，目前中國的養老模式處於居家養老向社會養老過渡以及鼓勵社區養老的特殊階段[2]，這一過渡還將持續較長時間[3]。

從微觀角度來看，年齡、性別、婚姻狀況、月基本生活費用及生命質量中的軀體活動功能、疼痛、社會功能、心理功能是影響老人養老模式選擇的主要因素[4]。具體表現為：第一，不同年齡組的老年人在對待不同的養老模式方面存在明顯的態度差別，這種差別主要體現在共同生活模式和獨自生活模式上；第二，在對待不同養老模式的態度上，相比女性，男性更為傳統，更為認同家庭養老模式；第三，有配偶的老年人更傾向於獨自生活；第四，從身體狀況看，身體健康的老年人更認同共同生活模式[5]。

從中觀層面來看，城鄉差別是影響養老模式選擇的主要因素。主要表現為三個方面：首先，城市和農村的經濟發展水準不同，社會分工程度也不同，城市社會化分工遠遠高於農村，這造成養老服務供給與需求之間的不對等；其次，城市與農村社會保障制度發展程度不同，養老的經濟來源的差異影響老人對養老模式的選擇；最後，城市與農村是兩種性質不同的社區，主要體現為城市人中流動高於農村，農村老年人相較城市老年人較少產生失落感和孤獨感[6]。具體來看，城市老年人更多趨向於獨立居住或入住養老機構，而農

---

[1] 穆光宗，姚遠.探索中國特色的綜合解決老齡問題的未來之路——「全國家庭養老與社會化養老服務研討會」紀要 [J]. 人口與經濟，1999 (2)：58-64.
[2] 王寒. 從養老權實現角度看中國養老模式的選擇 [J]. 理論月刊，2018 (12)：171-176.
[3] 林寶. 養老模式轉變的基本趨勢及中國養老模式的選擇 [J]. 廣西社會科學，2010 (5)：124-127.
[4] 鄧穎，李寧秀，劉朝杰，等.老年人養老模式選擇的影響因素研究 [J]. 中國公共衛生，2003 (6)：103-104.
[5] 宋寶安. 老年人口養老意願的社會學分析 [J]. 吉林大學社會科學學報，2006 (4)：90-97.
[6] 童星，李正軍.城鄉差別與養老方式選擇 [J]. 中國社會工作，1998 (3)：62-63.

村老年人對社會養老服務的需求更多取決於家庭成員的態度和支持程度①。

一般而言，養老模式的發展趨勢與社會發展階段相適應，總的趨[勢是由家]庭養老向社會養老模式轉變（見圖6.1）。

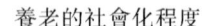

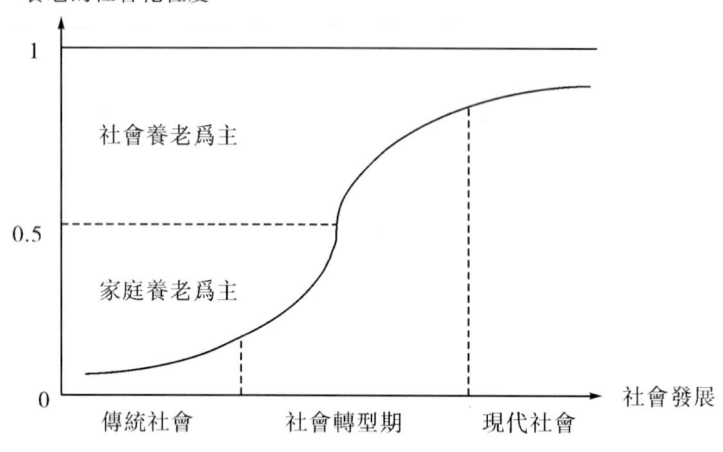

圖6.1　養老模式轉變趨勢圖②

如前所述，養老模式的選擇受到多層次、多方面因素的影響。從需求—供給的理論視角來看，養老模式的發展趨勢受到供給結構與需求變化兩方面的影響。從供給結構來看，當前中國養老模式主要包括家庭養老、社區養老、機構養老三種類型（見表6.2）③。

---

① 孫鵑娟，沈定．中國老年人口的養老意願及其城鄉差異——基於中國老年社會追蹤調查數據的分析［J］．人口與經濟，2017（2）：11-20．
② 圖中橫軸表示社會發展，縱軸表示養老的社會化程度。家庭養老的社會化程度為0，社會養老的社會化程度為1。當養老的社會化程度在0與0.5之間時，以家庭養老為主；當社會化程度在0.5與1之間時，則以社會養老為主。參見：林寶．養老模式轉變的基本趨勢及中國養老模式的選擇［J］．廣西社會科學，2010（5）：124-127．
③ 汪波．需求—供給視角下北京社區養老研究——基於朝陽區12個社區調查［J］．北京社會科學，2016（9）：73-81．

表 6.2 基於 SWOT 分析法的養老模式供給類型比較

比較項目	優勢	劣勢	機遇	威脅
家庭養老	家庭親情 傳統文化 美德	家庭負擔 工作壓力 醫療服務	傳統孝道 子女關愛 老人體面	小家庭分居型 空巢化 失獨家庭
機構養老	同齡娛樂 醫療照顧 專項服務	費用較高 建設成本高 疾病傳染	政策推動 統一管理 機構定位	設施有限 缺乏歸屬感 床位不足
社區養老	熟悉環境 鄰里關係 社區自治	資金投入 現實制約 公益不足	政府推動 政策扶持 市場購買	社區組織能力局限 專業服務有限 市場購買失靈

資料來源：汪波. 需求—供給視角下北京社區養老研究——基於朝陽區 12 個社區調查 [J]. 北京社會科學, 2016 (9)：73-81.

需求的有效滿足取決於供給的精準。然而，中國養老服務需求、服務供給和服務利用之間存在明顯的落差，集中體現為服務供給與服務需求之間不對等，供給跟不上需求，服務利用率低，需求滿足和服務利用低水準滿足並存的矛盾現象[1]。因此，未來中國養老模式的發展趨勢必然是以居家養老為主、以政府養老為輔、以社會化養老為補充，形成多種養老模式並存的發展格局，同時在老齡化程度不斷深化的進程中創新社會化養老的模式[2]。

---

[1] 王莉莉. 基於「服務鏈」理論的居家養老服務需求、供給與利用研究 [J]. 人口學刊, 2013, 35 (2)：49-59.
[2] 謝代銀. 新形勢下發展社會化養老模式研究 [J]. 探索, 2008 (2)：116-118.

第二節　老齡治理的制度變遷

廣義上來說，老齡問題是人口老化後的年齡結構與經濟、社會、文化等不相適應而產生的矛盾的總和，突出表現在政治、經濟、社會、文化的各個領域，屬性繁雜，綜合性強[1]。因此，老齡政策是國家干預和治理人口老齡化過程，調整人口老齡化與經濟、社會、文化、政治發展的矛盾而採取的公共政策的總和[2]。狹義地講，老年需求和老年價值是觸及老齡問題「根須處」的兩個基本問題，老齡問題的本質就是老年人的需求滿足問題和價值實現問題，而「老有所需」是老齡政策的出發點和基本依據[3]。從這個意義上講，老齡政策集中體現為養老保障體系的構建。然而，中國城鄉社會保障制度在保障模式、保障水準和管理體制等方面存在巨大差異[4]，養老保障制度也呈現出城鄉二元分割的制度結構[5]。因此，本書將以養老保障體系的城鄉差異為基點，以時間軸為索引，探析老齡治理制度變遷的過程。

一、農村老齡治理的變遷

（一）農村養老保障的建立期（1949—1978 年）：五保供養與集體養老

中華人民共和國成立初期，由於戰爭等原因，中國經濟已處於全面崩潰

---

[1] 汪地徹. 中國老齡法體系構建論 [J]. 遼寧大學學報（哲學社會科學版），2012, 40（6）：104-111.
[2] 原新，李志宏，黨俊武，等. 中國老齡政策體系框架研究 [J]. 人口學刊，2009（6）：25-29.
[3] 穆光宗. 中國老齡政策思考 [J]. 人口研究，2002（1）：43-48.
[4] 楊翠迎. 中國社會保障制度的城鄉差異及統籌改革思路 [J]. 浙江大學學報（人文社會科學版），2004（3）：13-21.
[5] 汪沅，汪繼福. 中國社會養老保障制度的城鄉統籌問題探析 [J]. 稅務與經濟，2008（3）：28-32.

的邊緣①,絕大多數城鄉居民的基本生活都沒有保障②。在農村,為解放和發展農村社會生產力,中國共產黨領導農民開展土地改革運動,極大地解放了農村社會生產力,農業及國民經濟得到有效發展,農民收入普遍增長③。農民收入的普遍增長提高了農民抵禦風險的能力,增強了家庭保障能力,家庭保障在農業合作化高潮到來之前,成為中國農村主要保障形式④。

隨著國民經濟的不斷恢復,黨和國家也注意到城鄉居民的基本生活保障。1954年《中華人民共和國憲法》規定,勞動者在年老、疾病或者喪失勞動能力的時候,有獲得物質幫助的權利。該憲法同時提出了國家辦社會保險、社會救助和群眾衛生事業,並且逐步擴大這些設施,以保證勞動者享受這種權利的要求⑤。雖然在這一時期,國家對於農村社會養老制度沒有出抬相應的政治措施,且農村還是以傳統的家庭保障為主要的養老方式,國家對於農村養老也沒有給予強有力的政治和財政支撐,但對於農村養老問題卻開始有了深刻的思考,在思考中充分綜合各方面因素,旨在找出改善農村社會養老制度的突破口⑥。1956年6月30日一屆人大三次會議通過的《高級農業生產合作社示範章程》規定,對於沒有充足勞動力或是完全喪失勞動力、鰥寡孤獨殘疾的社員,應當適當地給予生產生活上的照顧和安排,並確保其吃穿用的基本供應,使「老有所養、幼有所學、死生皆有依靠」,簡稱「五保政策」⑦。自此,中國農村形成了「以家庭保障為主,五保制度並行」的養老保障模式⑧。

此後,隨著農村個體經濟向社會主義集體經濟的轉變,集體經濟的分配

---

① 駱美玲,丁雲本.(四)建國初期國民經濟的恢復工作[J].歷史教學,1988(1):39-40.
② 徐桔雲.新中國農村社會養老保險制度變遷與績效評估[D].南昌:江西財經大學,2011:46.
③ 鄭有貴.土地改革是一場偉大的歷史性變革——紀念《中華人民共和國土地改革法》頒布50週年[J].當代中國史研究,2000(5):6-16.
④ 徐桔雲.新中國農村社會養老保險制度變遷與績效評估[D].南昌:江西財經大學,2011:47.
⑤ 王樹和.轉型期中國農村養老保障問題研究[D].濟南:山東農業大學,2006.
⑥ 汪小龍.關於中國農村社會養老保險制度變遷的探討[J].時代金融,2016(36):246-249.
⑦ 楊翠迎.農村基本養老保險制度理論與政策研究[M].杭州:浙江大學出版社,2007:11.
⑧ 徐桔雲.新中國農村社會養老保險制度變遷與績效評估[D].南昌:江西財經大學,2011:48.

制度發揮了潛在的社會保障功能，實際上成為一種隱性層面上的社會保障制度[1]，包括養老保障。1962年的《農村人民公社工作條例修正草案》（簡稱《農業十六條》）規定，農村集體經濟隊個人消費品的分配，採取實物價值分配兩種形式，其中，社員口糧的分配，採取基本口糧和按勞分配口糧相結合的辦法，一般是「人七勞三」或「人六勞四」[2]。此外，《農業十六條》指出，生產隊對於生活沒有依靠的老、弱、孤、寡、殘疾的社員，實行供給或者給以補助[3]，從公益金內開支，由生產隊社員討論決定。可以看出，在集體化時期，雖然農村的主要養老模式仍然是家庭養老，但家庭養老的保障水準在很大程度上取決於集體的分配水準[4]。

總體來看，1949—1955年，中國農村養老保障的基本模式是以家庭保障為主、五保並行的養老保障模式。1955—1978年，養老保障模式是以事實上的集體保障為主，以補助模式為輔的形式[5]。從某種意義上來講，這一時期的五保供養和集體養老是一種初級的社會養老模式；但同時也要注意到，五保制度屬於社會保險體系中較低層次的社會救助制度，集體養老也處於較低「福利」水準[6]。無論如何，五保供養和集體養老是中國農村社會養老的一次有益嘗試，為中國農村養老保障體系建設提供了借鑑和啟示。

（二）農村養老保障的探索試點期（1979—2002年）：社會養老制度化探索

黨的十一屆三中全會後，中國在農村率先實行以家庭聯產承包責任制為核心的改革，經濟體制改革的帷幕逐漸拉開[7]。在這一時期，農村經濟體制改革使集體經濟弱化，原來依託於集體經濟的五保供養、社會救濟和優撫安置等開始力不從心；市場經濟則使得農村家庭養老功能弱化；土地保障功能趨

---

[1] 宋士雲. 1949—1978年中國農村社會保障制度透視［J］. 中國經濟史研究，2003（3）：25-34.
[2] 黃佳豪. 建國60年來農村養老保險制度的歷史探索［J］. 理論導刊，2009（11）：65-67.
[3] 張正軍，蘇永春. 中國農村社會養老保險制度變遷與政策評價［J］. 社會保障研究，2011（6）：21-26.
[4] 徐桔雲. 新中國農村社會養老保險制度變遷與績效評估［D］. 南昌：江西財經大學，2011：48.
[5] 劉苓玲. 中國農村養老保障制度變遷、路徑依賴與趨勢［J］. 科學經濟社會，2009，27（4）：52-56.
[6] 黃佳豪. 建國60年來農村養老保險制度的歷史探索［J］. 理論導刊，2009（11）：65-67.
[7] 王樹和. 轉型期中國農村養老保障問題研究［D］. 濟南：山東農業大學，2006.

於弱化、農民工和被徵地農民的養老保障問題日益突出①。計劃生育政策的有力推行，也使得家庭結構趨於小型化，家庭養老功能逐漸弱化。在此形勢下，家庭矛盾逐漸凸顯，對當時的經濟建設和改革也產生了極大的影響。因此，為了緩和農村家庭的養老壓力，中國開始了農村社會養老的摸索之路。

1986 年，民政部和國務院有關部委在江蘇省沙洲縣召開了「全國農村基層社會保障工作座談會」，會議根據中國農村的實際情況決定因地制宜地開展農村社會保障工作②。此次會議將農村養老保障劃分了幾個層次：在農村貧困地區，基層社會保障的主要任務是搞好社會救濟和扶貧；在農村經濟發展中等地區，由於多數人的溫飽問題已經解決，基層社會保障的主要任務是興辦福利工廠、改善五保制度、建立敬老院等，以解決殘疾和孤寡老人的生活困難；在農村經濟發達地區，發展以社區（鄉、鎮、村）為單位的農村養老保險③。1987 年全國開啓了探索農村社會保障制度之路，山東、上海等地的一千多個經濟發展水準較高的鄉縣先後進行試點摸索。1989 年年底，農村社會養老保障制度已在 800 多個鄉鎮成功建立起來④。

1990 年，國務院決定由民政部負責建立農村養老保險的試點工作。1991 年 6 月民政部制定了《縣級農村社會養老保險基本方案》，確定了農村社會養老保險制度的基本原則，包括：從農村實際出發，以保障老年人的基本生活為目的；堅持以資金個人繳納為主、以集體補助為輔，國家予以政策扶持；建立個人帳戶，個人繳費和集體補助全記在個人名下，屬於個人所有；多投多保，少投少保，不投不保；基金預籌、儲備累積⑤。1992 年 1 月，民政部將《縣級農村社會養老保險基本方案（試行）》印發全國，同時要求各地根據實際情況繼續組織試點，「老農保」制度正式建立。此後，農村社會養老保

---

① 汪沅. 中國農村養老保障制度改革研究 [D]. 長春：東北師範大學，2008：36-37.
② 彭希哲，宋韜. 農村社會養老保險研究綜述 [J]. 人口學刊，2002（5）：43-47.
③ 陳同同. 新型農村社會養老保險制度績效評價 [D]. 濟南：山東大學，2015.
④ 殷明. 改革開放以來中國農村社會養老保險制度的發展與思考 [J]. 齊魯師範學院學報，2012（6）：42-46.
⑤ 劉苓玲. 中國農村養老保障制度變遷、路徑依賴與趨勢 [J]. 科學經濟社會，2009，27（4）：52-56.

險在各地推廣並交流試點經驗，參保人數不斷上升，到1997年年底，已有8,200萬農民投保①。

然而，農村經濟發展水準的差異性決定了農村社會保險制度在大範圍推廣的過程中不可避免地出現一些問題，如農民個人繳納費用壓力大、國家補貼形同虛設、保險基金的監管不力造成資金挪用等一系列問題，嚴重打擊了農民的參保熱情②。從1997年10月開始，國家對農保的整頓工作逐步展開③，農村社會養老保險由民政部門移交給勞動與社會保障部。由於多種因素影響，全國大部分地區農村社會養老保險出現了人數下降、基金運行難度加大等困難，甚至部分地區出現工作停頓狀態④。因此，1999年國務院下發《國務院批轉整頓保險業工作小組保險業整頓與改革方案的通知》，指出在當前階段中國農村尚不具備普遍實行社會保險的條件，要求對農村社會養老保險清理整頓，停止接受新業務⑤。具體來看，1998年中國農村社會養老保險的參保率為22.8%，到2002年下降到14.8%，2003年略有回升，達到14.9%⑥。

可以看出，這一階段是中國農村養老模式由家庭養老逐漸向社會養老轉變的嘗試與探索階段，大致可以分為初始階段（1981—1990年）、試點階段（1991—1992年）、發展階段（1993—1997年）、衰退整頓階段（1998—2002年），累積了相當的經驗⑦。從實踐層面出發，這一階段農村社會養老保險遭遇困境的主要原因包括：政府機構改革促使政策實施中斷，養老金待遇實際貨幣購買力較低，養老功能差，政府支持力度的缺乏尤其是資金支持的缺乏，這些因素共同導致農民參保積極性下降⑧。這也為新時期新型農村社會養老保

---

① 劉翠宵. 天大的事：中國農民社會保障制度研究 [M]. 北京：法律出版社，2006：27.
② 馬照澤. 中國農村社會養老保險制度變遷研究 [D]. 長春：吉林大學，2014：14.
③ 王成程. 農村社會養老保險制度變遷中中央、地方與農民的多元互動 [D]. 天津：南開大學，2013：49.
④ 汪沅. 中國農村養老保障制度改革研究 [D]. 長春：東北師範大學，2008：36-37.
⑤ 張正軍，蘇永春. 中國農村社會養老保險制度變遷與政策評價 [J]. 社會保障研究，2011 (6)：21-26.
⑥ 王國軍. 社會保障：從二元到三維 [M]. 北京：對外經濟貿易大學出版社，2005：120.
⑦ 黃佳豪. 建國60年來農村養老保險制度的歷史探索 [J]. 理論導刊，2009 (11)：65-67.
⑧ 張正軍，蘇永春. 中國農村社會養老保險制度變遷與政策評價 [J]. 社會保障研究，2011 (6)：21-26.

險的建立與創新提出了要求。

（三）農村養老保障的重建與創新期（2003年至今）：制度改革與創新

黨的十六大報告指出，有條件的地方，探索建立農村養老、醫療保險和最低生活保障制度[1]。2003年，勞動與社會保障部在對各地建立農村養老保險制度進行深入分析的基礎上，下發了《關於當前做好農村社會養老保險工作的通知》等文件，要求積極穩妥地推進農村養老保險工作，農村養老保險工作又有了新的轉機[2]。2006年，全國有條件的部分地區根據中央指示開始新的農村社會養老保險的試點工作[3]。

2007年，黨的十七大報告提出了探索建立農村養老保險制度，加強老齡工作的要求。《中華人民共和國社會保險法（草案）》（2007）也提出堅持廣覆蓋、保基本、多層次、可持續的方針要求，同時加大了對農村養老保險的財政支持。2009年，國務院頒布了《國務院關於開展新型農村社會養老保險試點的指導意見》，要求各試點以「保基本、廣覆蓋、有彈性、可持續」為基本原則，實行「個人帳戶+社會統籌」的新型農村養老保險制度，同時提出在全國10%的市、縣試行新型農村社會養老保險改革，試點範圍逐年擴展10%，到2020年實現全覆蓋[4]。2014年2月21日，國務院發布了《關於建立統一的城鄉居民基本養老保險制度的意見》與《城鄉養老保險制度銜接暫行辦法》，決定將新農保和城居保兩項制度合併實施，在全國範圍內建立統一的城鄉居民基本養老保險制度，合併後的城鄉居民基本養老保險制度仍然採用「社會統籌+個人帳戶」的模式[5]。2016年中央打出「組合拳」，前所未有地出抬60多項涉老政策，政策設計密集，涉及領域廣泛，政策內容綜合全面，農村養老備受關注，如《全國老齡辦關於協助開展「全國農村老年人養老現狀調查」

---

[1] 江澤民. 全面建設小康社會，開創中國特色社會主義事業新局面——在中國共產黨第十六次全國代表大會上的報告 [J]. 求是，2002（22）：3-19.

[2] 汪沅. 中國農村養老保障制度改革研究 [D]. 長春：東北師範大學，2008：38.

[3] 曹永紅，丁建定. 改革開放以來中國農村養老保障制度體系的變遷與評估——以「社會保障制度三體系」為分析框架 [J]. 理論月刊，2016（7）：140-146.

[4] 陳茱. 中國養老政策變遷歷程與完善路徑 [D]. 長春：吉林大學，2018：43.

[5] 曹永紅，丁建定. 改革開放以來中國農村養老保障制度體系的變遷與評估——以「社會保障制度三體系」為分析框架 [J]. 理論月刊，2016（7）：140-146.

的通知》(全國老齡辦發〔2016〕36號)等政策文件,是對農村養老的最好的信號①。從農村社會養老保障制度的變遷過程來看,我們可以研判,構建城鄉一體化的社會養老保險制度將是中國農村養老保障的終極目標②。

二、城市老齡治理變遷

(一)城市養老保障的建構期(1949—1978年):「單位+家庭」模式

中華人民共和國成立至改革開放前,中國城市主要採取單位體制進行社會整合③。一方面,單位作為一種特殊的社會組織形式,對於中國每一個就業公民具有異乎尋常的重要意義:不僅工資收入來自單位,而且諸如住房、副食補貼、退休金等社會保障也來自單位;單位中的就業者不會失業,但不能隨意流動,他們的生老病死都依賴單位的照料……總之個人「歸屬於」單位④。另一方面,以血緣關係為基礎、以親情為聯結紐帶的傳統家庭養老模式也得到延續⑤。這種「單位+家庭」的養老保障模式,從20世紀50年代一直到20世紀80年代,總體而言應該說是有效的。

(二)城市養老保障的改革期(1979—2003年):「單位」保障邁向「社會」保障

進入20世紀80年代,一方面由於中國老齡人口比重明顯增大,家庭核心化、小型化,家庭養老功能弱化;另一方面,國民經濟高累積現象改變,「民窮國富」格局有所逆轉,國家財力難以繼續提供「從搖籃到墓地」的全方位保障⑥。1984年10月,中共中央十二屆三中全會發布《中共中央關於經

---

① 新浪網. 中央打「組合拳」前所未有出拾60多項涉老政策[EB/OL]. (2017-04-22) [2019-04-27]. http://health.sina.com.cn/zl/yszd/2017-04-22/doc-ifyepsch2450822.shtml.
② 蔣軍成. 農村養老保障的制度演進與發展趨勢探析[J]. 雲南民族大學學報(哲學社會科學版),2017,34(2):67-77.
③ 何亞群. 從單位體制到社區體制——建國後中國城市社會整合模式的轉變[J]. 前沿,2005(4):158-160.
④ 路風. 單位:一種特殊的社會組織形式[J]. 中國社會科學,1989(1):71-88.
⑤ 祁峰. 中國養老方式研究[M]. 大連:大連海事大學出版社,2014:36-41.
⑥ 齊偉娜,鄭偉. 中國養老保障制度改革:關鍵問題和解決思路[J]. 經濟研究參考,2006(13):45-48.

濟體制改革的決定》，國家及其有關部門根據「以支定收，略有盈餘」的原則在一些縣、市進行養老保險費用的社會統籌試點①。

1991 年 6 月，國務院頒布《關於企業職工養老保險制度改革的決定》，提出「隨著經濟的發展，逐步建立起基本養老保險與企業補充養老保險和個人儲蓄性養老保險相結合的制度，改變養老保險完全由國家、企業包下來的辦法，實行國家、企業、個人三方共同負擔，職工個人也要繳納一定的費用」②。1995 年 3 月，為進一步落實政策，國務院頒布《關於深化企業職工養老保險制度改革的通知》，提出基本養老保險費用由企業和個人共同承擔，實行社會統籌與個人帳戶相結合的要求。隨後，1997 年 7 月頒布的《關於建立統一的企業職工基本養老保險制度的決定》則明確規定企業和個人是主要的責任主體③。

1998 年 8 月，國務院發布《國務院關於實行企業職工基本養老保險省級統籌和行業統籌移交地方管理有關問題的通知》，提出各地區要加快實現企業離退休人員基本養老金的社會化發放，推進社會化管理進程的要求。此後，為提高養老保障政策的科學性和有效性，2000 年 12 月，國務院發布了《國務院關於印發完善城鎮社會保障體系試點方案的通知》。其中包括了城鎮企業職工和機關事業單位職工養老保險工作的試點要求，同時提出完善社會保障體系的總目標是建立獨立於企業事業單位之外、資金來源多元化、保障制度規範化、管理服務社會化的社會保障體系。2003 年 10 月，黨的十六屆三中全會通過的《中共中央關於完善社會主體市場經濟體制若干問題的決定》，提出了完善企業職工基本養老保險制度，堅持社會統籌與個人帳戶相結合，逐步做實個人帳戶的要求④。

（三）城市養老保障的統籌期（2004 年至今）：城鄉覆蓋與全國統籌

面對人口老齡化的衝擊，中國養老保障制度正面臨嚴峻的挑戰。數據顯示，2005 年中國公共養老保障體系的覆蓋面只占人口總數的 15%，低於世界

---

① 謝玲，葉飛. 對中國養老保險制度改革的制度經濟學分析 [J]. 市場論壇，2004 (9)：22-23.
② 《國務院關於企業職工養老保險制度改革的決定》發布 [J]. 中國勞動科學，1991 (9)：42-43.
③ 沈詩杰. 中國城市養老保險現狀及比較研究 [D]. 長春：吉林大學，2012.
④ 中共中央關於完善社會主義市場經濟體制若干問題的決定 [J]. 學習導報，2003 (11)：1-8.

勞工組織確定的 20% 的國際最低標準①。人口老齡化加劇、經濟體制改革深化、城鎮化進程加快的效應疊加，意味著農村與城市的養老問題不可能再相互獨立，如何將城鎮職工、城市居民、已經進入和即將進入城市的農村勞動力、失地農民、留在農村的農民、各類特殊人群的養老保障問題統籌應對、全面治理，建立覆蓋城鄉的全國性的養老保障體系，是中國政府面臨的一個重大理論和實踐課題。

黨的十八大以來，黨和國家不斷加強城鄉養老保障制度建設，老齡化社會治理制度從碎片化趨向整體化，從分散化趨向一體化，從絕對數量的單一性平面性發展到內涵質量的多層次多樣化提升，主要體現為三條主線的發展路徑：一是實現養老保障制度的城鄉覆蓋；二是進行養老保障制度的全國統籌；三是全面推進養老服務的發展。

從養老保障制度的城鄉覆蓋來看，一方面，國家不斷調整城市企業職工的養老保險制度，比如，2005 年 12 月，國務院發布《關於完善企業職工基本養老保險制度的決定》，在基本養老金計發、覆蓋範圍、統籌層次等幾個方面進行了具體規定。2010 年 1 月施行的《城鎮企業職工基本養老保險關係轉移接續暫行辦法》則解決了養老保險關係跨統籌區域轉移的問題②。2012 年全國「兩會」提出養老金並軌的方案，並於 2014 年通過國務院常務會議與中央政治局常委會的審議。公務員與企業職工養老保險並軌和公務員工資改革並舉，這一醞釀已久的社會政策一經正式出抬便引發了強烈的社會反響，因其影響著國家行政文化及政府組織的變革，是代表社會進步的重大事件③。2015 年國務院發布《國務院關於機關事業單位工作人員養老保險制度改革的決定》，機關事業單位養老金改革的制度描述躍然紙上④。另一方面，國家立足實踐，加快建立農村養老保障制度的政策體系。2003 年 7 月和 11 月，勞動和

---

① 人民網. 中國公共養老保障體系覆蓋面僅占人口總數的 15% [EB/OL]. (2005-11-10) [2019-06-17]. http://society.people.com.cn/GB/41158/3843755.html.
② 李珍珍. 城鄉統籌就業中的養老保險制度研究 [D]. 上海：復旦大學，2010.
③ 楊燕綏，張弛. 養老金並軌促行政體制改革 [J]. 中國行政管理，2015（2）：21-23.
④ 鄭秉文. 機關事業單位養老金並軌改革：從「碎片化」到「大一統」[J]. 中國人口科學，2015（1）：2-14.

第六章　老齡治理

社會保障部連續發布《勞動和社會保障部關於做好當前農村養老保險工作的通知》和《勞動和社會保障部關於認真做好當前農村養老保險工作的通知》，高度重視農民的養老保障，要求各地因地制宜、分類指導，積極穩妥地推進農村養老保險工作。同時由於人口流動，各地政府也注意到農民工、失地農民等城鎮化進程中形成的特殊群體的養老保障問題。2003年5月，浙江省勞動和社會保障廳等五部門在全國率先頒發《關於建立被徵地農民基本生活制度的指導意見》；2009年8月浙江省又頒布了《浙江省徵地補償和被徵地農民基本生活保障辦法》，旨在解決被徵地農民的老年基本生活問題[1]。

養老保障制度的全國統籌主要包括城鄉養老保障制度的統籌與養老方式的統籌。2014年2月21日，國務院發布了《關於建立統一的城鄉居民基本養老保險制度的意見》與《城鄉養老保險制度銜接暫行辦法》，決定將新農保和城居保兩項制度合併實施，在全國範圍內建立統一的城鄉居民基本養老保險制度，合併後的城鄉居民基本養老保險制度仍然採用「社會統籌+個人帳戶」的模式[2]。

在全面推進養老服務發展方面，2008年國家十個部門聯合出抬《關於全面推進居家養老服務工作的意見》，研究制定「民辦公助」的政策措施，鼓勵社會力量積極參與，共同興辦居家養老服務業，貫徹落實相關優惠政策等[3]；2011年，國務院發布《中國老齡事業發展「十二五」規劃》，指出要重點發展居家養老服務，建立健全縣（市、區）、鄉鎮（街道）和社區（村）三級服務網絡，城市街道和社區基本實現居家養老服務網絡全覆蓋，大力發展社區照料服務，把日間照料中心、托老所等納入小區配套建設規劃等；同年，《社會養老服務體系建設規劃（2011—2015年）》（國辦發〔2011〕60號）出抬，文件提出，到2015年基本形成制度完善、組織健全、規模適度、營運良好、服務優良、監管到位、可持續發展的社會養老服務體系；2013年國務院發布《國務院關於加快發展養老服務業的若干意見》（國發〔2013〕35號）等政策文件，提出全面建成以居家為基礎、以社區為依託、以機構為支撐的，

---

[1] 崔香芬.被徵地農民養老保障政策研究［D］.南京：南京農業大學，2012.
[2] 曹永紅，丁建定.改革開放以來中國農村養老保障制度體系的變遷與評估——以「社會保障制度三體系」為分析框架［J］.理論月刊，2016（7）：140-146.
[3] 關於全面推進居家養老服務工作的意見［J］.中國社會導刊，2008（8）：20-21.

功能完善、規模適度、覆蓋城鄉的養老服務體系。2017 年的《中國老齡事業發展「十三五」規劃》提出的養老服務體系中增加了醫養相結合。

從 2011 年的《中國老齡事業發展「十二五」規劃》的「積極應對人口老齡化,加快發展老齡事業」①,到 2017 年的《中國老齡事業發展「十三五」規劃》的「積極開展應對人口老齡化行動,推動老齡事業全面協調可持續發展,健全養老體系」②,可以看到,養老事業的發展從理念轉變為行動,從加快發展轉變為全面協調可持續發展,進而搭建健全的養老體系,體現了老齡化社會治理制度在內涵與行動上質的飛躍。

2017 年黨的十九大報告明確指出,「積極應對人口老齡化,構建養老、孝老、敬老政策體系和社會環境,推進醫養結合,加快老齡事業和產業發展。」③養老事業進一步深化到孝老、敬老的政策體系與社會環境的全方位構建,事業與產業共同發展。在這一精神指導下,首先是 2018 年 12 月新修改的《中華人民共和國老年人權益保障法》頒布,該法明確了養老事業發展的法律定位。其次是養老領域的「放管服」改革率先採取行動。民政部於 2019 年 1 月發布通知,明確規定各級民政部門不再受理養老機構設立許可申請,正式終結了「養老機構設立許可」時代,將政府對養老機構的監管重點從事前許可轉移到事中事後的過程管理,健全養老服務信用評價、守信激勵、失信懲戒等系列信用管理制度的建設,通過制度約束養老機構的寬進嚴管④。最後,多部門多領域在涉及老年人的部分紛紛出抬優惠政策,在老齡治理上打出「組合拳」。經濟領域的個人所得稅,自 2019 年 1 月 1 日起,《個人所得稅專項附加扣除暫行辦法》規定,「上有老者」將享受贍養老人專項附加扣除;社會領域,全國大部分省市均明確了獨生子女護理假制度;擴大老年人社會優待的範圍,

---

① 國務院. 國務院關於印發中國老齡事業發展「十二五」規劃的通知 [EB/OL]. (2011-09-17) [2019-06-23]. http://www.gov.cn/zhengce/content/2011-09/23/content_6338.htm.
② 國務院. 國務院關於印發「十三五」國家老齡事業發展和養老體系建設規劃的通知 [EB/OL]. (2017-02-28) [2019-06-23]. http://www.gov.cn/zhengce/content/2017-03/06/content_5173930.htm.
③ 習近平在中國共產黨第十九次全國代表大會上的報告[EB/OL]. (2017-10-28) [2019-06-22]. http://cpc.people.com.cn/n1/2017/1028/c64094-29613660.html.
④ 黃瑤. 養老事業迎來多重利好 [N]. 中國社會報, 2019-01-10 (1).

如公交車、景區優待等；為了讓失能老年人體面養老，長期護理保險開始進入試點。針對社區高齡獨居老人、失智、孤殘、計劃生育特殊家庭、農村留守老年人等不同老年群體的養老服務，各地民政部門也開始探索專業化、個別化的多層次多樣性的服務。

2018年一個新名詞「社區嵌入式養老」開始出現在媒體上，隨著國家多重政策紅利的釋放，省市層面出枱了相關具體操作方案。2019年1月，成都市政府辦公廳印發的《關於深化養老服務綜合改革提升養老服務質量的實施意見》提出了「社區嵌入式養老」推進實施方案，包括構建15分鐘養老服務圈，拓展現有社區養老院、日間照料中心服務功能向居民小區和院落延伸服務，提升居家養老服務功能，鼓勵推行私人定制服務，推進養老機構的居家照護、助餐、助浴、康復護理等專業化服務延伸到居家老年人[1]。該意見體現了養老服務事業持續向品質化、精細化、多元化的深度改革邁進。

第三節 小結與評價

中國目前只是初步搭建起了養老法律制度的基本框架，從社會養老事業發展的客觀需求看，還需要進一步加強立法和完善法律法規[2]。中國養老保障制度的變遷過程與中國經濟體制改革與發展的過程相適應，具體來看，其呈現出以下幾個方面的特點：

第一，制度變遷過程兼具漸進與突變特徵。一方面，從突變的特徵來看，是由於國家與社會對計劃經濟福利體制的反思[3]，主要表現為改革開放以來城

---

[1] 文豪. 成都深入推進社區嵌入式養老 構建15分鐘養老服務圈[N]. 成都商報，2019-01-15（2）.
[2] 李濤. 中國人口老齡化問題的法律應對研究[M]. 武漢：武漢大學出版社，2017：248.
[3] 鄧智平. 路徑依賴、政策擴散與國家自主性——中國養老保險制度變遷的邏輯[J]. 學術研究，2014（10）：38-44.

鄉養老保障的制度化建構，養老模式由家庭養老向社會養老轉變；另一方面，中國建設新型養老保險制度不是在白紙上寫字，而是在原來已經建立的一套完整的退休養老制度基礎上變革，對原制度的路徑依賴與慣性，使得新制度不可避免地要受到原有制度的影響和牽制[1]，體現出漸進變遷的特徵。

第二，制度變遷內容從碎片化走向整合化。一直以來，中國的基本養老保障制度存在典型的城鄉分割、區域分割及人群分割等特徵，制度的碎片化趨勢明顯[2]。伴隨經濟和社會的發展，黨和國家更加注重建立公平和可持續的養老保障制度，開始建立城鄉統籌的養老保險制度，架構合理的企事業單位養老保險基準費率，等等[3]。

第三，制度變遷方式主要是政策試點試驗。政策試點是中國政策制定的一種特色機制，這種基於「試驗」理念的政策制定方式，不僅創造了經濟領域的中國奇跡，也成為中國社會福利制度改革的創新源泉[4]。具體來看，無論是城市養老保障制度建設還是農村養老保障制度的構建，政策試點的試驗機制都貫穿於養老保障制度變遷的整個過程。

總體來看，養老問題是老齡化社會治理亟須直面和解決的問題，然而人口老齡化是一個變動不居的社會狀態，因此養老問題需要法律調整的社會關係極其複雜且變動異常迅速，養老觀念、養老政策、養老模式等都在不斷變化，這要求更高的法律適應機制[5]。實現立法由分散性向專門性、由政策化向制度化、由中央向地方、由被動性向主動性、由現實性向戰略性、由單一性向多元性轉變，由絕對數量增長轉變為品質內涵提升，應成為中國應對老齡社會法律制度建設的發展趨勢[6]。

---

[1] 鄭功成. 中國養老保險制度的未來發展 [J]. 勞動保障通訊，2003（3）：22-27.
[2] 翟永會. 中國養老保障制度改革路徑探索 [J]. 經濟縱橫，2015（2）：115-118.
[3] 席恒，翟紹果. 更加公平可持續的養老保險制度的實現路徑探析 [J]. 中國行政管理，2014（3）：11-14.
[4] 趙慧. 政策試點的試驗機制：情境與策略 [J]. 中國行政管理，2019（1）：73-79.
[5] 李濤. 中國人口老齡化問題的法律應對研究 [M]. 武漢：武漢大學出版社，2017：248.
[6] 崔卓蘭，趙靜波. 中國老齡社會的法律制度及其法律對策 [J]. 吉林大學社會科學學報，2011，51（3）：10-16.

第六章　老齡治理

經典案例：
甘肅蘭州深化養老體制改革 探索多元化養老服務模式

政府搭建養老服務發展體系[①]

截至 2018 年年底，蘭州市老年人口 71.48 萬人，占蘭州市人口總數的 21.76%，遠遠高於全國、全省老齡化水準。面對這種狀況，蘭州市不斷深化養老體制改革，提出了「政府引導、部門協調、企業參與、市場化運作、社會化服務」的發展原則，通過政策扶持、產業規劃、資金投入、設施建設、創新機制等措施，初步建成了以居家養老為基礎、以社區養老為依託、以機構養老為補充的功能完善、規模適度、覆蓋城鄉的養老服務發展體系。為了落實好加快發展養老服務業、全面放開養老服務市場、提升養老服務質量等政策，蘭州市加大對養老服務的發展，尤其是社會力量的扶持力度，通過「以獎代補」、政策性補貼等制度，極大地吸引了社會力量參與養老服務，解決社會辦養老機構營運的難題。

多元化的社區養老服務新模式

2009 年城關區就率先推出了虛擬養老院服務，有服務需求的老人打電話到虛擬養老院管理平臺上，話務員將相關信息迅速轉發到服務人員的手機上，不到一個小時，家政服務員就可以上門提供服務。這滿足了老人就近享受就餐、家政等養老服務的願望，被老人親切地喻為「沒有圍牆的養老院」「沒有門檻的養老院」。

從 2017 年開始，蘭州市探索「幸福 6+N」社區養老服務新模式，政府主導型綜合為老服務模式，社工服務型社區為老服務模式，企業連鎖型居家社區服務模式，機構延伸型居家社區養老服務模式，物業服務型居家社區養老服務模式和農村互助型居家社區養老服務模式，等等，為老年人提供醫療諮

[①] 本案例根據國家發展和改革委員會社會發展司和中國甘肅網的相關資料進行改寫，詳見 http://shs.ndrc.gov.cn/shfzdt/201905/t20190528_936964.html。

詢、康復服務、心理諮詢、精神慰藉、雙向轉診、免費體檢、臨終關懷等醫養結合服務，並在城鄉社區老年人日間照料中心設置了健身康復室，配套了健身和康復設施，幫助老年人開展文化體育健身活動。

不論是虛擬養老院、日間照料中心、老年公寓，還是社會辦養老服務中心，都有自己的特點，嚴格的標準、合理的佈局、人性化的服務等，每一項工作都按照一定的標準規範運行。

居家養老服務行業持續健康快速發展

目前，蘭州市共有各類城市養老機構28家（公辦7家，醫養結合4家，民辦17家）；社區養老服務設施覆蓋率不斷提高，已建成城鄉社區老年人日間照料中心721個，其中：城市205個，農村516個。全市居家養老服務人數達到24.5萬人，年服務老年人400萬人次。到2020年，蘭州市機構養老床位要達到2.4萬個，有近77.6萬老人將享受標準化養老服務。

居家養老服務信息化平臺為信息化居家養老提供了服務載體，以社區為依託，以服務機構和社區義工為支撐構建起強大的養老服務供應體系；以老人數據庫、呼叫中心及智能終端產品為基礎，提供緊急救援、生活服務、主動關懷三大服務方式，豐富了服務手段和項目內容；構建了「以公益化為前提、以社會化為基礎、以市場化為補充」的信息化、智能化的敬老院營運模式，可有效推動居家養老服務行業持續、健康、快速的發展。

思考：在養老服務行業的發展中，政府的職能是什麼？如何與多元主體協同治理老齡問題？

本章參考文獻

[1] 劉錚. 人口學辭典 [M]. 北京：人民出版社，1986.

[2] 彭希哲，胡湛. 公共政策視角下的中國人口老齡化 [J]. 中國社會科學，2011（3）：121-138.

[3] 鄭偉，林山君，陳凱. 中國人口老齡化的特徵趨勢及對經濟增長的潛在影響 [J]. 數量經濟技術經濟研究，2014，31（8）：3-20.

[4] 全國老齡工作委員會辦公室. 中國人口老齡化發展趨勢預測研究報告 [EB/OL].（2006-02-24）[2019-04-18]. http://www.china.com.cn/chinese/news/1134589.htm.

[5] 總報告起草組. 國家應對人口老齡化戰略研究總報告 [J]. 老齡科學研究，2015，3（3）：4-38.

[6] 穆光宗，張團. 中國人口老齡化的發展趨勢及其戰略應對 [J]. 華中師範大學學報（人文社會科學版），2011，50（5）：29-36.

[7] 王方琪.《新時代積極應對人口老齡化發展報告（2018）》呼籲：全社會共同建立積極老齡觀 [EB/OL].（2018-10-31）[2019-06-11]. http://shh.sinoins.com/2018-10/31/content_274994.htm.

[8] 原新. 積極應對人口老齡化是新時代的國家戰略 [J]. 人口研究，2018，42（3）：3-8.

[9] 胡湛，彭希哲. 應對中國人口老齡化的治理選擇 [J]. 中國社會科學，2018（12）：134-155.

[10] 杜鵬，王永梅. 改革開放40年中國老齡化的社會治理——成就、問題與現代化路徑 [J]. 北京行政學院學報，2018（6）：13-22.

[11] 方豐，徐冬，劉寶發. 老齡化對經濟社會影響述評——以重慶研究為例 [J]. 中國人口·資源與環境，2017，27（S1）：274-277.

[12] 胡象明，唐波勇. 整體性治理：公共管理的新範式 [J]. 華中師範

大學學報（人文社會科學版），2010，49（1）：11-15.

[13] 伍海霞.「人口老齡化與養老服務業發展」學術研討會綜述 [J]. 中國人口科學，2015（4）：121-125.

[14] 顧嚴. 人口老齡化：從階段性應急到常態化治理 [J]. 宏觀經濟管理，2015（10）：58-66.

[15] 顧嚴. 人口老齡化：從階段性應急到常態化治理 [J]. 中國財政，2015（5）：31-33.

[16] 王興倫. 多中心治理：一種新的公共管理理論 [J]. 江蘇行政學院學報，2005（1）：96-100.

[17] 王志剛. 多中心治理理論的起源、發展與演變 [J]. 東南大學學報（哲學社會科學版），2009，11（S2）：35-37.

[18] 中華人民共和國國民經濟和社會發展第十三個五年規劃綱要 [N]. 人民日報，2016-03-18（1）.

[19] 王莉莉. 基於「服務鏈」理論的居家養老服務需求、供給與利用研究 [J]. 人口學刊，2013，35（2）：49-59.

[20] 張強，張偉琪. 多中心治理框架下的社區養老服務：美國經驗及啟示 [J]. 國家行政學院學報，2014（4）：122-127.

[21] 陳賽權. 中國養老模式研究綜述 [J]. 人口學刊，2000（3）：30-36.

[22] 穆光宗. 中國傳統養老方式的變革和展望 [J]. 中國人民大學學報，2000（5）：39-44.

[23] 楊宗傳. 居家養老與中國養老模式 [J]. 經濟評論，2000（3）：59-60.

[24] 姜向群，張鈺斐. 社會化養老：問題與挑戰 [J]. 北京觀察，2006（10）：22-24.

[25] 穆光宗，姚遠. 探索中國特色的綜合解決老齡問題的未來之路——「全國家庭養老與社會化養老服務研討會」紀要 [J]. 人口與經濟，1999（2）：58-64.

[26] 陳友華. 居家養老及其相關的幾個問題 [J]. 人口學刊，2012

(4)：51-59.

［27］王寒. 從養老權實現角度看中國養老模式的選擇［J］. 理論月刊, 2018（12）：171-176.

［28］林寶. 養老模式轉變的基本趨勢及中國養老模式的選擇［J］. 廣西社會科學, 2010（5）：124-127.

［29］鄧穎, 李寧秀, 劉朝杰, 等. 老年人養老模式選擇的影響因素研究［J］. 中國公共衛生, 2003（6）：103-104.

［30］宋寶安. 老年人口養老意願的社會學分析［J］. 吉林大學社會科學學報, 2006（4）：90-97.

［31］童星, 李正軍. 城鄉差別與養老方式選擇［J］. 中國社會工作, 1998（3）：62-63.

［32］孫鵑娟, 沈定. 中國老年人口的養老意願及其城鄉差異——基於中國老年社會追蹤調查數據的分析［J］. 人口與經濟, 2017（2）：11-20.

［33］汪波. 需求—供給視角下北京社區養老研究——基於朝陽區12個社區調查［J］. 北京社會科學, 2016（9）：73-81.

［34］謝代銀. 新形勢下發展社會化養老模式研究［J］. 探索, 2008（2）：116-118.

［35］汪地徹. 中國老齡法體系構建論［J］. 遼寧大學學報（哲學社會科學版）, 2012, 40（6）：104-111.

［36］原新, 李志宏, 黨俊武, 等. 中國老齡政策體系框架研究［J］. 人口學刊, 2009（6）：25-29.

［37］穆光宗. 中國老齡政策思考［J］. 人口研究, 2002（1）：43-48.

［38］楊翠迎. 中國社會保障制度的城鄉差異及統籌改革思路［J］. 浙江大學學報（人文社會科學版）, 2004（3）：13-21.

［39］汪沅, 汪繼福. 中國社會養老保障制度的城鄉統籌問題探析［J］. 稅務與經濟, 2008（3）：28-32.

［40］駱美玲, 丁雲本. （四）建國初期國民經濟的恢復工作［J］. 歷史教學, 1988（1）：39-40.

[41] 餘桔雲. 新中國農村社會養老保險制度變遷與績效評估 [D]. 南昌：江西財經大學, 2011.

[42] 鄭有貴. 土地改革是一場偉大的歷史性變革——紀念《中華人民共和國土地改革法》頒布 50 週年 [J]. 當代中國史研究, 2000 (5)：6-16.

[43] 王樹和. 轉型期中國農村養老保障問題研究 [D]. 濟南：山東農業大學, 2006.

[44] 汪小龍. 關於中國農村社會養老保險制度變遷的探討 [J]. 時代金融, 2016 (36)：246-249.

[45] 楊翠迎. 農村基本養老保險制度理論與政策研究 [M]. 杭州：浙江大學出版社, 2007.

[46] 宋士雲. 1949—1978 年中國農村社會保障制度透視 [J]. 中國經濟史研究, 2003 (3)：25-34.

[47] 黃佳豪. 建國 60 年來農村養老保險制度的歷史探索 [J]. 理論導刊, 2009 (11)：65-67.

[48] 張正軍, 蘇永春. 中國農村社會養老保險制度變遷與政策評價 [J]. 社會保障研究, 2011 (6)：21-26.

[49] 劉苓玲. 中國農村養老保障制度變遷、路徑依賴與趨勢 [J]. 科學經濟社會, 2009, 27 (4)：52-56.

[50] 汪沅. 中國農村養老保障制度改革研究 [D]. 長春：東北師範大學, 2008.

[51] 彭希哲, 宋韜. 農村社會養老保險研究綜述 [J]. 人口學刊, 2002 (5)：43-47.

[52] 陳同同. 新型農村社會養老保險制度績效評價 [D]. 濟南：山東大學, 2015.

[53] 殷明. 改革開放以來中國農村社會養老保險制度的發展與思考 [J]. 齊魯師範學院學報, 2012 (6)：42-46.

[54] 劉翠霄. 天大的事：中國農民社會保障制度研究 [M]. 北京：法律出版社, 2006.

[55] 馬照澤. 中國農村社會養老保險制度變遷研究 [D]. 長春：吉林大學, 2014.

[56] 王成程. 農村社會養老保險制度變遷中中央、地方與農民的多元互動 [D]. 天津：南開大學, 2013.

[57] 王國軍. 社會保障：從二元到三維 [M]. 北京：對外經濟貿易大學出版社, 2005.

[58] 江澤民. 全面建設小康社會, 開創中國特色社會主義事業新局面——在中國共產黨第十六次全國代表大會上的報告 [J]. 求是, 2002 (22)：3-19.

[59] 曹永紅, 丁建定. 改革開放以來中國農村養老保障制度體系的變遷與評估——以「社會保障制度三體系」為分析框架 [J]. 理論月刊, 2016 (7)：140-146.

[60] 陳茉. 中國養老政策變遷歷程與完善路徑 [D]. 長春：吉林大學, 2018.

[61] 蔣軍成. 農村養老保障的制度演進與發展趨勢探析 [J]. 雲南民族大學學報（哲學社會科學版）, 2017, 34 (2)：67-77.

[62] 何亞群. 從單位體制到社區體制——建國後中國城市社會整合模式的轉變 [J]. 前沿, 2005 (4)：158-160.

[63] 路風. 單位：一種特殊的社會組織形式 [J]. 中國社會科學, 1989 (1)：71-88.

[64] 祁峰. 中國養老方式研究 [M]. 大連：大連海事大學出版社, 2014.

[65] 齊偉娜, 鄭偉. 中國養老保障制度改革：關鍵問題和解決思路 [J]. 經濟研究參考, 2006 (13)：45-48.

[66] 謝玲, 葉飛. 對中國養老保險制度改革的制度經濟學分析 [J]. 市場論壇, 2004 (9)：22-23.

[67] 沈詩杰. 中國城市養老保險現狀及比較研究 [D]. 長春：吉林大學, 2012.

[68] 李珍珍. 城鄉統籌就業中的養老保險制度研究 [D]. 上海：復旦大學, 2010.

[69] 楊燕綏, 張弛. 養老金並軌促行政體制改革 [J]. 中國行政管理, 2015 (2)：21-23.

[70] 鄭秉文. 機關事業單位養老金並軌改革：從「碎片化」到「大一統」[J]. 中國人口科學, 2015 (1)：2-14.

[71] 崔香芬. 被徵地農民養老保障政策研究 [D]. 南京：南京農業大學, 2012.

[72] 李濤. 中國人口老齡化問題的法律應對研究 [M]. 武漢：武漢大學出版社, 2017.

[73] 黃瑤. 養老事業迎來多重利好 [N]. 中國社會報, 2019-01-10 (1).

[74] 文豪. 成都深入推進社區嵌入式養老 構建15分鐘養老服務圈 [N]. 成都商報, 2019-01-15 (2).

[75] 鄧智平. 路徑依賴、政策擴散與國家自主性——中國養老保險制度變遷的邏輯 [J]. 學術研究, 2014 (10)：38-44.

[76] 鄭功成. 中國養老保險制度的未來發展 [J]. 勞動保障通訊, 2003 (3)：22-27.

[77] 翟永會. 中國養老保障制度改革路徑探索 [J]. 經濟縱橫, 2015 (2)：115-118.

[78] 席恒, 翟紹果. 更加公平可持續的養老保險制度的實現路徑探析 [J]. 中國行政管理, 2014 (3)：11-14.

[79] 趙慧. 政策試點的試驗機制：情境與策略 [J]. 中國行政管理, 2019 (1)：73-79.

[80] 崔卓蘭, 趙靜波. 中國老齡社會的法律制度及其法律對策 [J]. 吉林大學社會科學學報, 2011, 51 (3)：10-16.

第七章
社會矛盾治理

第一節　社會矛盾的概念及內涵

一、社會矛盾的概念

社會矛盾是指社會發展中社會的各個子系統內部、各個子系統之間，或者社會單元內部、社會單元之間產生摩擦、對立、衝突的一種互動行為狀態。它不僅包括社會單元之間的衝突、群體事件，還有社會單元與制度、政策的衝突[1]。

在中華人民共和國成立至今的時期內，多位黨和國家領導人都曾對社會矛盾做出過定義和處理意見。在20世紀50年代的社會主義改造時期，由於經濟發展「急功近利」，各種社會問題接踵而來。在這種背景下，針對正確理解和處理社會矛盾的重大問題，毛澤東在1957年6月19日發表的《關於正確處理人民內部矛盾的問題》中指出，存在於社會主義社會的生產力與生產關係、經濟基礎和上層建築之間的人民矛盾屬於人民內部矛盾，不是對抗性的，它應該用民主和有說服力的方法來對待[2]。1981年7月17日，鄧小平在繼承和發展毛澤東上述思想的基礎上，提出正確處理人民內部矛盾的主要方法是「經過批評和自我批評實現新的團結」[3]。2001年7月7日，江澤民在慶祝建黨八十週年大會上的講話中提出，要將「三個代表」作為處理人民內部矛盾的總原則[4]。2003年7月1日，胡錦濤在「七一講話」中提出，科學發展觀和「三為民」思想是正確處理人民內部矛盾的核心要素[5]。2017年10月

---

[1] 朱力.現階段中國社會矛盾演變趨勢、特徵及對策 [M].北京：中國社會科學出版社，2018.
[2] 毛澤東.關於正確處理人民內部矛盾的問題 [M].北京：人民出版社，1957.
[3] 武文軍.物質文明與精神文明的協調發展 [J].蘭州學刊，1996（6）：3-7.
[4] 姜德福.執政為民：保持黨同人民群眾血肉聯繫的本質要求 [J].毛澤東鄧小平理論研究，2003（1）：11-19.
[5] 許聖元.「三為民」思想是立黨為公、執政為民的具體體現 [J].當代世界與社會主義，2003（6）：43-44.

18日，習近平在中國共產黨第十九次全國代表大會的報告中明確指出，「中國特色社會主義進入新時代，中國社會主要矛盾已經轉化為人民日益增長的美好生活需要和不平衡不充分的發展之間的矛盾」[1]。

二、社會矛盾的內涵

事實上，社會矛盾是社會發展中的普遍現象，它無處不在[2]。總之，社會矛盾的內涵可以分為三個不同的層次：宏觀、中觀和微觀。

(一) 宏觀層面

宏觀層面的社會矛盾主要是指在經濟、政治、文化等領域覆蓋整個社會的重大問題，而不是特定利益相關群體之間的矛盾。例如，恩格斯曾將生產社會化與私人佔有之間的矛盾視為產生現代社會所有矛盾的基本矛盾[3]。毛澤東認為，社會主義社會的基本矛盾在生產關係和生產力、上層建築和經濟基礎之間形成[4]。站在社會結構與經濟結構關係的視角，社會學家陸學藝指出，中國社會的主要矛盾體現在社會經濟的不平衡和不協調發展[5]。

然而，社會矛盾在宏觀層面上的概念往往難以解釋日常生活中的社會群體之間的矛盾，他們的矛盾一般集中於某一特定利益的分配。針對這一問題，社會矛盾的內涵仍需縮小範圍。

(二) 中觀層面

中觀層面的社會矛盾主要是指處於同一社會共同體（如國家）的不同社會群體或階層之間的矛盾。此外，中觀層面的社會矛盾也指一些利益集團之間的矛盾，如網絡社會中的發展矛盾、徵地拆遷的社會矛盾等。

社會矛盾理論研究主要集中在中觀層面。中國社會學學科的重要奠基人

---

[1] 閆立志.社會治理下的內蒙古基層社會矛盾化解研究 [D].呼和浩特：內蒙古大學，2018.
[2] 吳忠民.社會矛盾新論 [M].濟南：山東人民出版社，2015.
[3] 中共中央馬克思恩格斯列寧斯大林著作編譯局.馬克思恩格斯選集：第三卷 [M].北京：人民出版社，1995.
[4] 中共中央文獻研究室.毛澤東文集：第七卷 [G].北京：人民出版社，1999.
[5] 陸學藝.當代中國社會建設 [M].北京：社會科學文獻出版社，2013.

鄭杭生指出，在當前利益多元化的背景下，社會矛盾主要涉及不同的利益關係和利益訴求①。同樣，清華大學社會學系教授孫立平也表明，在日益增加的社會問題和社會矛盾對社會生活產生了巨大影響的特殊背景下，中國必須對社會管理問題愈加重視②。

(三) 微觀層面

微觀層面上的社會矛盾（也稱「社會糾紛」）則更加具體化，主要是指社會群體內部或社會個體相互間的矛盾，如社區居民之間的矛盾、醫患糾紛、利益紛爭等。這種現象雖然在日常生活中時常發生，但往往影響範圍有限，很難對社會階層結構產生深遠影響，也很少有特定的規律。正因如此，針對微觀層面上的社會矛盾進行學理研究難以產生重要學術價值，學術界對其的關注度相對較低。

綜上所述，本章將以中觀層面上的社會矛盾為視角，剖析其自中華人民共和國成立以來的發展與變遷。

第二節　社會矛盾的變遷及主要特徵

一、中國社會矛盾的變遷

(一) 政治鬥爭激化階級矛盾（1949—1978 年）

從中華人民共和國成立到「文化大革命」結束的這一時期，是中國高度集中統一的計劃經濟體制建立時期，社會結構逐漸緊密。1949 年 3 月 5 日，毛澤東在中共七屆二中全會的報告中明確指出：在中國革命全國勝利、土地

---

① 鄭杭生. 降低處理中國社會矛盾成本的根本途徑 [J]. 中國黨政幹部論壇，2006 (8)：1-1.
② 孫立平. 走向積極的社會管理 [J]. 社會學研究，2011 (4)：22-32.

第七章　社會矛盾治理

問題得到解決以後，中國還存在著工人階級和資產階級之間的、中國和帝國主義國家之間的內外兩種矛盾①。即是說，階級矛盾和民族矛盾成為這一時期內的國內主要矛盾。

1956年年底，隨著社會主義三大改造的完成，階級矛盾基本得到解決。中國共產黨第八次全國代表大會明確指出，當前社會矛盾已轉化為先進的社會主義制度同落後的社會生產力之間的矛盾②。

在此之後的「文化大革命」（1966—1976年）時期，儘管「文化大革命」號稱以「階級鬥爭」為綱，但這一矛盾是自上而下的，實際屬於政治矛盾。同時，頻繁的鬥爭強化著社會意識形態的整合，社會結構處於高度政治整合的狀態。公有制和集體所有制經濟使社會成員能夠享受平等主義的「大鍋飯」和「鐵飯碗」，群體和個人沒有基於物質利益的競爭和摩擦，矛盾和利益糾紛較少。因此，這一階段的社會主要矛盾內涵可分為三類：一是從政治經濟學意義上體現的先進的社會制度與落後的生產力之間的矛盾，二是從經濟發展程度上區分的人民需求與落後的生產力狀況的矛盾，三是從意識形態上區分的敵我性質、階級鬥爭性質的矛盾。

（二）利益博弈誘發群體矛盾（1979—2000年）

黨的十一屆三中全會針對全黨的思想路線、政治路線和組織路線進行了重大調整，全黨的工作重心開始轉移到社會主義現代化建設上來，社會矛盾也隨之產生了質的變化。此時，階級鬥爭不再是主旋律，取而代之的是由經濟利益競爭引發的各個群體間的矛盾。

1981年，黨的十一屆六中全會通過的《關於建國以來黨的若干歷史問題的決議》明確地指出，中國社會主要矛盾為「人民日益增長的物質文化需要同落後的社會生產之間的矛盾」③。改革開放促進了工業化的發展，一方面創造了大量的物質財富，強化了人們對經濟利益的追求；另一方面，也加劇了貧富差距，並引發許多社會矛盾。特別是20世紀90年代以後，隨著改革的

---

① 中共中央文獻研究室.毛澤東文集：第四卷［G］.北京：人民出版社，1999.
② 中共中央文獻研究室.建國以來重要文獻選編：第九冊［M］.北京：中央文獻出版社，1994.
③ 張紀，朱麗梅.對當前中國社會主要矛盾的新認識［J］.理論探討，2004（6）：5-8.

深化，基於利益調整，一些重大的社會矛盾開始出現。在20世紀90年代中期，國家進行國有企業改革，大量工人的下崗和失業導致勞資矛盾出現。

1994年7月出抬的《中華人民共和國城市房地產管理法》以及同年推行的分稅制改革，同樣在潛移默化中成為另一些社會矛盾的誘因。中國現行的土地徵用制度主要依據1999年開始施行的《中華人民共和國土地管理法》，該法第二十五條明確規定：「徵地補償、安置爭議不影響徵用土地方案的實施。」也就是說，國家採取行政指令徵用土地，無須得到被徵用土地使用者的同意。再加上徵地方案實施中徵地補償費種不齊全、補償費測算不夠科學等一系列因素，與徵地相關的各種社會矛盾開始顯現。

在這一時期，各種具體矛盾，諸如貧富差異、城鄉矛盾、階層矛盾等議題開始進入社會矛盾的話語體系中。這是改革啟動和社會轉型克服重重障礙緩慢起步的時期，也是經濟、政治和社會制度開始轉型的時期，基於各種利益的矛盾正在逐漸呈現。

(三) 政策改革引發具體矛盾（2001年至今）

現今，《城市房屋拆遷管理條例》是中國地方政府倡導和使用的城市房屋拆遷法規。該條例是政府強制執行的，也就是說，一旦啟動拆遷過程，無論被拆遷方的意願如何，房屋都將被拆除[①]。大規模的房屋拆遷引發了一系列拆遷矛盾。國企改制、土地徵收、房屋拆遷這三個政策所帶來的未曾預料到的不良後果，基本主導了20世紀末到21世紀初的剛性社會矛盾。這一階段，社會矛盾內涵開始具體化，由每個領域改革的深入而引發的具體矛盾不斷地顯現出來。

黨中央迅速認識到這一點，在黨的十六大前後提出了科學發展觀和構建和諧社會的總體目標。然而，這並沒有從根本上消除矛盾的根源，社會矛盾的數量仍然不少，一些社會矛盾爆發的強度有所提升，一些社會矛盾產生的後果似乎變得更加嚴重。目前，儘管農村的稅費矛盾、計劃生育矛盾有所減弱，城市的農民工管理矛盾等有所減輕，但現實性的城鄉環境污染、徵地拆

---

① 黃仁露.關於中國城市房屋拆遷政策的思考[J].福建論壇（人文社會科學版），2011（Z1）：5-7.

遷、勞資糾紛、治安惡化、歷史遺留問題等引發的社會矛盾仍不斷以群體性事件表現出來，農村的養老保障矛盾、城市的物業矛盾、醫患矛盾等也日益突出。社會矛盾開始制約中國經濟與社會的發展，成為當前中國經濟社會發展中不穩定性較高的影響因素。

二、中國社會矛盾的主要特徵

（一）傳統社會與現代社會矛盾特徵差異

社會矛盾無處不在、無時不有，在不同的社會背景下呈現出截然不同的特徵。在以自然經濟為基礎的傳統社會和以大工業和市場經濟為基礎的現代社會中，經濟、社會、政治基礎以及社會理念上的差異導致兩者的社會矛盾特點也有所不同。

1. 社會矛盾的基本根源不同

傳統社會與現代社會的社會矛盾基本根源存在差異：傳統社會中的社會矛盾在於土地問題如何解決，即土地問題；而在現代社會，社會矛盾在於社會成員基本權利如何保障，即權利問題[①]。

在傳統社會中，土地是農民最為基本的生產和生活資料，是保障絕大多數社會成員及家庭基本生存的必要條件。正因如此，常見的社會矛盾或社會衝突，如農民與地主之間的矛盾、官民之間的矛盾，以及地主與皇帝等統治階層之間的矛盾等大多來源於土地問題。

而現代社會，是建立在高度發達的經濟基礎之上，社會擁有的物質財富與精神財富不同於傳統社會。現代社會中絕大多數社會成員已經沒有土地的所有權，但其基本生存已不是問題。與此同時，在社會民主不斷進步的形勢下，民眾政治訴求也已得到一定滿足。因此，社會矛盾的基本根源也發生了變化，社會成員的基本權利保障問題成為這個時代最突出的社會矛盾。也就是說，在現代社會，一旦社會成員無法得到他們應得的基本權利，或者其權

---

① 吳忠民. 傳統社會與現代社會的社會矛盾特徵比較研究 [J]. 教學與研究，2013（10）：22-30.

利受人侵犯，社會矛盾就會隨之而來。

2. 社會矛盾的表現方式不同

傳統社會與現代社會的社會矛盾表現方式存在差異：一般來說，無論在什麼時間段，一般的社會矛盾都會以一個相對溫和的方式出現，如上訪、訴訟、遊行示威等。然而，一旦升級為嚴重的社會衝突，其不同類型的社會表現就會出現顯著差異。在傳統社會，社會矛盾容易通過激烈對抗、鬥爭、抗爭等暴力及流血的方式表現出來；而在現代社會，人們往往採取相對冷靜和理性的方式來表現。

傳統社會中的農民受生產力水準的限制，有很強的耐受力。對於農民家庭來說，只要他們擁有最基本的生活資源，他們就很難冒險參與激烈的社會鬥爭。在中國的歷史中，農民群體經常因土地吞並或徵稅而不堪忍受，當其生存不再能得到基本保障時，他們別無他法，抱著「橫豎都是一死」的心理，選擇最激烈的戰鬥方式，從而造成了巨大的社會動盪。

在現代社會，社會衝突與矛盾通常會以溫和的、非暴力的表達形式來呈現。首先，與傳統社會相比，高度發達的經濟和相對完善的社會保障制度使現代社會成員免於為基本生活資源而戰，「走投無路」的概率大大降低。其次，隨著政治民主制度的不斷發展，現代社會成員表達自身訴求的方式越來越完善，人民意見或矛盾可通過法治途徑等獲得妥善處理，嚴重的社會矛盾得以逐漸化解。最後，理性意識和寬容意識已逐漸成為社會主流，現代社會成員在遭遇重大社會矛盾時都傾向於用更加冷靜、理性的態度去面對和分析，並以共贏的姿態尋求解決方式。

3. 社會矛盾的化解能力不同

傳統社會與現代社會的社會矛盾化解能力存在差異：現代社會對於社會矛盾的化解能力明顯優於傳統社會。

對於傳統社會而言，當社會矛盾累積到無以復加的地步時，只有通過社會鬥爭或戰爭等社會動盪的途徑，以摧毀舊王朝、建立新王朝等形式，用成本巨大的社會資源重組方式來解決，這種歷史事件常常會周而復始地發生。

與傳統社會相比，現代社會通過制度建設打造了較強的社會矛盾應對能

第七章 社會矛盾治理

力。首先，相對於人治社會的種種弊端，以法治為中心的現代社會憑藉著規範和公正的制度體系，能夠有效而穩定地協調社會各個群體之間的利益關係。其次，由於現代社會試圖維持所有群體的合法權益，因此，由社會不平等、不平衡所造成的社會矛盾將顯著得到控制，並且，以社會運動形式表現出來的利益訴求也將被納入常規渠道予以解決。最後，現代社會應對社會矛盾的制度能力能夠跟上時代的步伐，隨著社會制度安排的日漸完善與優化，其應對社會矛盾的能力不僅不會丟失，還會與時俱進、不斷提高。

（二）現代社會矛盾的主要特徵

除了在社會矛盾的基本根源、表現方式以及化解能力上與傳統社會有所差異，現代社會矛盾還有著自身專屬的一些突出特徵。

1. 政府執政能力與人民訴求的矛盾較為突出

從社會矛盾對應群體的角度來看，政府執政能力與人民訴求之間的矛盾突出是現階段中國社會矛盾的一個重要特徵。現階段政府執政能力與人民訴求之間矛盾突出的原因在於中國的具體社會轉型背景條件。一方面，從人民的立場來看，當前社會，人民的法治意識有待提高。在這種情況下，對政府的依賴將導致人們期望政府解決各種問題；另一方面，從政府的立場而言，對於民眾龐大的訴求，政府很多時候往往無能為力。一般來說，現代社會中「公共服務型政府」應該是政府的理性定位，但在現階段的中國社會中，政府對社會的各個方面都有必然的干預。在此情形下，政府必然存在無法有效、全面地解決民眾各方面需求的問題，甚至可能會由於某些不恰當的干預行為導致民眾利益受到損害，引發矛盾。

2. 社會矛盾易被激化

從社會矛盾激化性的角度看，中國現階段的社會矛盾往往表現出「迅速擴張」的表象特徵，「迅速擴張」的矛盾激化性傳播使得社會個案矛盾很容易擴散成為社會整體化矛盾與群體衝突。

出現這一現象的主要原因在於：首先，激化社會矛盾的潛在人群廣泛。由於中國現階段基本民生問題仍未完全解決，部分工人群體和農民群體缺少對社會積極性的認同，因而這部分人群容易被誘導與誤導，並且往往容易在

「迅速傳播」的特點下被較大規模地捲入社會糾紛和衝突事件當中。其次，社交焦慮導致了人們的非理性態度。在當今迅速轉型的中國社會中，存在一種焦慮和浮躁的社會氛圍，社交焦慮成為時代的一個相對明顯的特徵①。在這種情況下，一旦社會矛盾開始出現，即使不嚴重，具有焦慮心態的社會成員也容易加重對這些問題的不滿情緒，而將這種情緒迅速傳遞給周圍的人，從而增加社會矛盾的嚴重性。最後，先進的信息傳播方法（如互聯網）使人們的空間和精神距離更加接近，從而使社會矛盾迅速蔓延。此外，許多網上發布的新聞的質量難以控制，一旦被有心之人利用，就會導致錯誤傳播和社會矛盾的持續發酵。

3. 社會矛盾易陷兩難境地

從社會矛盾化解的角度來看，在中國現階段，人們在解決社會矛盾時，往往容易陷入「此消彼長」的兩難境地。這一點在保護社會成員基本權利和發展經濟方面表現得尤為明顯。例如，同樣是有助於改善民生的舉動，勞動保護政策的實施和就業率的提高可能產生衝突。勞動保護意味著企業需要增加員工工資成本及企業福利保障成本，因此，在一定時期會對企業本身盈利的空間形成壓縮，導致企業持續投資熱情的下降，因而不願意招募更多的員工，甚至會通過裁員的方式減少企業用人成本，從而降低整個社會的就業率②。

這種兩難境地的出現源於現今中國不平衡的發展現狀。不同階層或領域的社會成員在國家不平衡發展的影響下，其表現出的觀念及行為準則就會產生巨大差異。同時，對同一事物的不同判斷標準也會導致其在認知層面上產生社會矛盾。在這一情形下，社會矛盾的解決就難以同時滿足雙方甚至多方的利益訴求，導致兩難境地的出現。

4. 社會矛盾的生長空間很大

在現代社會和市場經濟條件下，中國的社會階層利益很難統一，從而形

---

① 吳忠民. 社會的急遽轉型與社會焦慮 [J]. 科學中國人，2002，37 (4)：111-119.
② 吳忠民. 中國現階段勞動政策的主要特徵 [J]. 中國人民大學學報，2009 (4)：40-46.

成了孕育社會矛盾的溫床。在中國現階段，在促進利益方面應該齊頭並進的不同社會階層之間形成了一種不協調和不平衡的發展趨勢，這一點在最大的工人群體、農民群體和精英群體中尤為明顯。

現代社會，精英群體的利益增長速度較快，而工人及農民群體的利益增長速度較為緩慢，甚至有一些成員的利益幾乎沒有增長。隨著社會成員平等和維權意識的逐漸增強，儘管國家層面保護社會成員平等權利的政策、措施及實施方案接連出抬，但社會階層之間始終存在的不公態勢常常與突發事件結合起來加劇社會矛盾的產生，這也是在一個時期內社會矛盾的數量激增的主要原因之一。

第三節　社會矛盾治理的變遷

一、社會矛盾治理的相關概念與內涵

社會矛盾化解機制，是指社會矛盾化解中相關因素、環節的構成及其彼此相互結合、互相影響的過程與方式①。也就是人們為了化解社會矛盾而創造的條件、採用的手段及其運行過程與方式的總和。

一個有效而科學的社會矛盾化解機制理應實現下述三點要求：

第一，社會公平性的保障。在現階段，中國多數資源仍掌握在少數富裕人群手中，社會福利有時難以覆蓋到真正需要幫助的人群。例如，在外務工的農民工一方面無法獲得所在城鎮居民所應有的福利與保障，另一方面也無法獲得戶口本登記處所應有的鄉村福利。在許多行業和領域都存在類似不平等情形的社會中，不同群體間的利益衝突極易爆發，因此，社會矛盾化解機

---

① 凌常月. 公共治理視角下中國社會矛盾化解機制研究 [D]. 湘潭：湘潭大學，2013.

制應在最大限度上保障社會公平。

第二，促進社會發展。社會矛盾化解機制既是一種解決社會糾紛、社會衝突的必要舉措，又是穩固社會發展成果的必要手段。在建立和完善矛盾化解機制的過程中，應著重體現社會發展的公平和效率準則。

第三，能夠根本性、持續性地化解社會矛盾。在化解社會矛盾的過程中，首先應對矛盾的現象和原因有清晰的認知，其次再深入挖掘其深層的本質因素，這樣才能從根源上使得矛盾得到分解甚至化解。因此，社會矛盾化解機制的構建需保證其能從根本上緩解問題，並持續性地更新使用。

中國現行的化解社會矛盾的機制可概括為三種類型：社會矛盾的調解制度、社會矛盾的信訪制度和社會矛盾的訴訟調解制度。

社會矛盾的調解制度是自中華人民共和國成立至今使用範圍最廣、形成時間最長的矛盾化解制度。從調解主體和調解方法的角度來看，調解制度可分為兩種，一種是人民調解制度，另一種是司法調解制度，它們的立足點、側重點與做法均不相同。人民調解是指群眾性組織進行的社會自治行為，司法調解是指在司法部門主持下的法治調解活動。它們之間的本質區別在於實踐主體使用知識的機制不同，人民調解的主體傾向於使用實踐知識，以說服、疏導及教育等方式方法，促進矛盾雙方平等協商，以解決矛盾。司法調解主體側重於法律知識，在法院的主持或參與下，通過第三方的說服、疏導等方式，促進矛盾雙方自願和解[1]。其中，人民調解是迄今為止使用最廣泛和認同度最高的社會矛盾解決方式[2]。

社會矛盾的信訪制度是指用書信、電子郵件、上訪等形式，向政府部門反應情況、提出建議或意見，並依法由有關行政機關處理的制度[3]。在當今社會矛盾與社會問題逐漸增多、民眾的政治民主意識逐漸增強的背景下，信訪

---

[1] 李瑞昌. 論社會治理新格局站位下的人民調解制度建設方略 [J]. 湘潭大學學報（哲學社會科學版），2018，42（2）：20-24.
[2] 李瑞昌. 新中國調解制度變化的內容、路徑、動力及未來 [J]. 復旦學報（社會科學版），2018（4）：167-175.
[3] 王栖. 論中國信訪制度的歷史沿革、現狀及其改革 [D]. 南昌：南昌大學，2008.

權利作為中國公民的一項基本民主權利得到了越來越頻繁的運用。

社會矛盾的訴訟調解制度，主要是指訴訟調解，即在人民法院主持下，雙方當事人就民事權益的爭議及矛盾糾紛平等自願地進行協商、協議的活動，從而避免糾紛引致法律訴訟①。中國現行涉及社會矛盾的訴訟調解制度主要有三個：行政訴訟制度、民事訴訟制度和刑事訴訟制度。其中，行政訴訟制度是解決行政爭議的基本制度，也是化解社會矛盾特別是官民社會矛盾的主要渠道。當前，社會矛盾表現方式呈現過激化、暴力化傾向，有相當一部分是由行政權引起的，由於雙方地位不平等，民眾無法通過正常渠道尋求救濟。因而，行政訴訟在社會矛盾化解中具有特殊的作用與意義。

二、中國社會矛盾治理制度的變遷

（一）社會矛盾調解制度的變遷

1. 單位調解制度（1949—1994 年）

從 1949 年至 1994 年，中國的調解制度主要是單位調解制度。從組織構成而言，單位調解制度大多以單位或公社組織為主體，由單位工作人員或公社社員為主要調解員，由單位或公社承擔絕大部分組織運行經費。這一時期內的單位調解制度具有組織規範化和調解方式司法化的特徵。

調解組織規範化得益於國家一系列政策的出抬。1954 年 2 月 25 日通過的《人民調解委員會暫行組織通則》，首次統一了人民調解制度的科學內涵。1982 年，《中華人民共和國憲法》也對人民調解制度做出了一系列的相關規定，為人民調解委員會的設立提供了最高法律依據。1989 年 6 月，國務院頒布了《人民調解委員會組織條例》。司法部於 1990 年 4 月和 1994 年 5 月先後制定了《民間糾紛處理辦法》和《跨地區跨單位民間糾紛調解辦法》，這些規章制度的出抬為社會主義的人民調解進一步提供了理論依據。

單位調解制度中，對部分社會矛盾的方式可以通過調解方式司法化來體

---

① 閆慶霞. 法院調解制度研究 [M]. 北京：中國人民公安大學出版社，2008.

現。在這一時期內國家通過不斷降低調解在審判活動中的優先地位，轉而強調社會矛盾單位調解與司法化解的矛盾調和方式。1982年，《中華人民共和國民事訴訟法（試行）》將「調解為主」的提法改為「著重調解」；1991年的《中華人民共和國民事訴訟法》則進一步將「著重調解」改為「根據自願和合法原則進行調解」，調解方式不斷受到削弱，司法化方式逐漸成為主流，這為單位組織的調解提供了更為強有力的工具，單位調解不再單純圍繞「人情」與「倫理」開展，「法治」理念逐漸成為調解的標準和尺度。

2. 司法調解制度（1995—2010年）

從1995年至2010年，隨著城市單位制和農村人民公社制的解體，單位調解制度日漸式微，司法調解作為法院工作的重要內容，逐步成為中國的主要調解制度。

在這一時期，為加強調解的司法功能，全國人大、最高人民法院、最高人民檢察院、國務院，以及黨中央主要實施了以下三個主要措施：首先，確立了人民調解協議的民事合同性，對各類文件規範做出了統一標準，完成了人民調解與司法工作之間的銜接；其次，對司法調解的新形式進行了明確，其中「委託調解」「邀請調解」和「訴前（委託）調解」等司法調解新形式基本成型；最後，出抬了《中華人民共和國人民調解法》，該法規定了人民調解的基本制度，也對人民調解主體、人民調解參與者、調解程序、調解協議等內容做出了明確規定。通過上述一系列制度建設與優化，國家機關強調了司法調解的社會地位和權威，進一步推動了調解制度的發展。

3. 社團調解制度（2011年至今）

2011年至今，在全球化浪潮、互聯網發展以及城市快速變革的推動下，大量基層社會矛盾逐漸累積，司法機關壓力倍增，這使民間調解重回臺前，成為解決社會矛盾、擺脫糾紛的重要途徑。

社團調解制度主要是為了保護組織成員的權利，減少成員之間的衝突而設計的。新成立的調解組織顯示出社團的特性：正式和非正式組織共存，全職調解員和兼職調解員共存，調解活動時間固定和商定共存，矛盾調解的社會公共服務由政府購買和會員交費、調解收費等費用來源共存。

第七章　社會矛盾治理

在調解制度的不斷創新進程中，為了解決隨著時代發展所產生的各類新型社會矛盾，各地根據實踐需要開展了各種調解活動，如醫療糾紛調解、商事糾紛調解等。與此同時，行業協會的行業調解組織，以及政府與企業合作的商業調解組織也紛紛出現，積極解決著不同類別的社會糾紛與社會矛盾。

（二）社會矛盾信訪制度的變遷

1. 信訪制度的建立與探索期（1949—1978年）

1949年至1978年，中國信訪制度開啓漸進的探索路徑。1951年6月7日，《關於處理人民來信和接見人民工作的決定》的發布，標誌著中國信訪制度的建立。在此期間的國家信訪制度建設具有以下三個特點：一是國家信訪制度建設受到國家政府的高度重視，被正式納入國家政治議程，並對路線、方針、政策和具體情況做出初步決定；二是國家信訪制度建設與政治運動有較強的相關性，政治運動深刻影響著信訪制度建設的基本方向、基本措施；三是國家信訪制度的落實與實施還遠遠不夠。這一時期中國信訪制度的建立與探索主要局限於信訪制度的目標設定、理念設定，處於論述和宣傳階段，當時的信訪制度在制度構建、組織架構和資源投入等方面力度較小。

中國信訪制度的建立和探索期可以以三大標誌性文件的出抬為主要節點，下面依次進行介紹。

（1）節點一：《關於處理人民來信和接見人民工作的決定》。

1951年6月7日是中華人民共和國信訪制度的歷史起點。《關於處理人民來信和接見人民工作的決定》（以下簡稱《決定》）的發布，將信訪制度的建立首次正式列入國家制度建設日程。在此之前，政府對人們的來信和訪問的處理，缺乏規章制度。該文件的引入無疑促進了信訪機構的正規化和信訪工作的制度化。

在《決定》的推動下，各地漸漸開始將信訪制度建設作為地區規劃的重點。例如，黑龍江省人民政府已於1951年4月7日發布了面向全省的《關於改進處理人民群眾來信工作的決定》，這比國家發布的《決定》早出抬近兩個月，而黑龍江省人民政府在接到《決定》發布的通知後，於1951年6月29日發布政府令，重申並修訂了相關規定。

(2) 節點二：《關於加強處理人民來信和接待人民來訪工作的指示》。

隨著社會主義改造的基本完成，關於正確處理人民內部矛盾的問題被提出。

在此背景下，1957年5月28日至31日，第一次全國信訪工作會議召開，集中處理人民來信來訪工作。1957年11月9日，國務院發布了《關於加強處理人民來信和接待人民來訪工作的指示》（以下簡稱《指示》）[1]。與《決定》相比較，《指示》有三個特徵：一是首次明確規定了各級政府部門都務必安排專人管理人民來信和接待人民來訪的工作，且這一人選須來自部門領導層，這一規定標誌著信訪工作成為各部門無法忽視或輕視的必選科目之一；二是由「專人」負責轉變為強調「專職人員或者專職機構」獨立負責，從專人到專職的轉變，意味著針對信訪工作的進一步落實，資源配給也將大大加強；三是將「歸口交辦」的工作原則標準化，將群眾來信轉交相關業務部門，由它們結合各自的業務和工作進行處理。《指示》同時規定，在歸口交辦過程中，上級部門可以將群眾來信轉交下級部門，但應當多辦少轉，但縣級機關及以下的基層單位原則上只辦不轉[2]。這一規定一方面確保了信訪工作處理的專業性，另一方面也從一定程度上防止基層單位互踢皮球、不理實事。

(3) 節點三：《關於加強人民來信來訪工作的通知》。

自1958年始，「大躍進」運動和「反右傾」運動，使得幹部群眾與全國黨和群眾的關係急遽緊張：一方面是群眾的來信和訪問中對個人問題的抱怨數量與頻次急遽增加；另一方面，相關幹部打擊報復來信來訪群眾的現象與問題也越來越嚴重。

在此背景下，1961年1月11日至2月7日「七千人大會」召開，標誌著糾正「左」傾問題的開始，並確立了信訪工作為糾正「左」傾問題的突破口之一。會議最終形成了相關決議文件——《關於加強人民來信來訪工作的通

---

[1] 周恩來. 國務院關於加強處理人民來信和接待人民來訪工作的指示 [J]. 中華人民共和國國務院公報，1957 (52): 1093-1096.
[2] 周恩來. 國務院關於加強處理人民來信和接待人民來訪工作的指示 [J]. 中華人民共和國國務院公報，1957 (52): 1093-1096.

第七章　社會矛盾治理

知》（以下簡稱《通知》）（1963年9月20日出抬）。

《通知》下發後，各地開始按照要求，制定歸口交辦的實施細則，並對本地的信訪工作進行檢查和總結。然而，隨著1963年至1966年「四清」運動的開展，以及1966年5月至1976年10月的「文化大革命」，《通知》對信訪工作的種種具體規定和具體要求一度被擱置起來。所幸的是，在《通知》出抬前的籌備時間內，中共中央、國務院密集舉辦了多種形式的準備活動，並在此過程中不斷總結經驗、規範制度，為以後信訪制度的恢復和重建打下了堅實基礎。

2. 信訪制度的恢復與規範期（1979—2004年）

從1979年至2004年，中國政治、經濟與社會的逐漸安定與繁榮推動了信訪制度的恢復與規範。在這一階段，中國信訪工作逐漸規範化與法制化。以1992年為分水嶺，該階段可分為解決改革開放前的各種遺留問題的前期階段，以及處理在市場化的浪潮中出現的各種新的社會矛盾的後期階段。

（1）第二次全國信訪工作會議的召開。

「文化大革命」結束後，各種遺留的社會矛盾需要各級黨政機關來化解。自1977年下半年始，全國信訪量（尤其是上訪量）升幅驚人，推動了1978年9月18日至10月5日第二次全國信訪工作會議的召開。第二次全國信訪工作會議是信訪工作撥亂反正、信訪制度恢復重建的歷史起點。此次會議通過對「四人幫」的揭露和批判，為信訪領域的糾「左」打開了缺口，使得在黨的十一屆三中全會召開以後，信訪工作得以迅速啟動。

（2）第三次全國信訪工作會議的召開。

1982年2月22日—2月27日，第三次全國信訪工作會議於北京召開。會議討論通過了《當前信訪工作的形勢和今後的任務》和《黨政機關信訪工作暫行條例（草案）》兩個重要文件，並於同年4月8日由中共中央辦公廳和國務院辦公廳轉發各地執行。在這兩個文件中，《當前信訪工作的形勢和今後的任務》確立了信訪工作的持續開展的大政方針，而《黨政機關信訪工作暫行條例（草案）》則專門為未來的信件和訪問工作設定了基本框架，包括政治原則、組織結構和工作方法。

兩者相較而言，後者對於中國信訪制度演變和發展的影響更為深遠，其主要原因在於：首先，信訪工作長期以來一直停留在理論、理念與原則的概念中，儘管信訪制度的構想完美，但信訪制度如何具體落實，如何詳細實施，在信訪制度組織和技術層面始終缺乏明確和系統的設計，而《黨政機關信訪工作暫行條例（草案）》在這方面邁出了關鍵的一步；其次，《黨政機關信訪工作暫行條例（草案）》首次以法規的形式對「請願工作」進行了明確表達，而不是以行政決策、指令、指示、意見等進行明確，為信訪工作合法化指出了新的方向。

（3）《信訪條例》的誕生。

自1992年鄧小平南方談話後，中國的市場化改革全面展開，在推進社會經濟快速發展的同時，全國的信訪總量也逐年大幅上升。在此背景下國務院於1995年頒布了《信訪條例》——中國信訪史上首個關於信訪的條例。與第三次全國信訪工作會議通過的《黨政機關信訪工作暫行條例（草案）》相比，《信訪條例》的重點在於規範信訪事項的流程，譬如：如何提出，如何受理，信訪工作如何展開等。第三次全國信訪工作會議通過的《黨政機關信訪工作暫行條例（草案）》的重點則在於對信訪工作機構、工作人員的行為做出原則性規定。

總體而言，在信訪制度的恢復與規範期（1979—2004年）內，恢復主要是指恢復在「文化大革命」期間遭到破壞甚至暫停的信訪工作制度、組織與社會理念等，這一過程始於第二次全國信訪工作會議（1978年），完成於第三次全國信訪工作會議（1982年）。信訪工作逐漸走上規範化的發展道路，這一過程始於《黨政機關信訪工作暫行條例（草案）》的出抬（1982年），在《信訪條例》（1995年）發布後取得初步成果。

3. 信訪制度的統合與重塑期（2005年至今）

隨著改革開放的縱深發展，社會矛盾與信訪問題也隨之增加，針對此情況，21世紀初，中國建立起中央處理信訪突出問題及群體性事件聯席會議制度。「聯席會議」第一次會議於2004年召開，標誌著信訪制度的發展進入統合與重塑期。由於在恢復與重建期中過於強調部門分工和規範化，導致信訪

第七章　社會矛盾治理

體制一度相對分割和分散，統合與重塑期則著力將其重新整合，構建出「大信訪」格局，即「統一領導、部門協調、統籌兼顧、標本兼治、各負其責、齊抓共管」的信訪新範式。在這一過程中，標誌性事件有以下幾件：

（1）「聯席會議」的產生。

「聯席會議」是中國信訪工作實現「統一領導、部門協調」的組織平臺。聯席會議包含二十八個成員單位，設有六個專項工作小組，三位共同召集人分別是時任中共中央政治局委員、中央書記處書記兼公安部部長，中共中央辦公廳主任，以及國務院秘書長[①]。這些專項工作小組討論的問題涉及很多領域的信訪突出問題，諸如農村土地徵用問題、城鎮拆遷安置問題、國有企業改制問題等。

（2）《信訪條例》的修訂。

國務院 2005 年頒布了新修訂的《信訪條例》，確立了信訪工作的「屬地管理」原則，並進一步整合和重塑了信訪制度，同時還肯定了聯席會議制度及其功能。

首先，在信訪工作「屬地管理」方面，修訂後的《信訪條例》規定，地域管理和等級管理是信訪工作的基礎，強調合法、及時、現場解決問題和教育。這使以往「歸口管理」中易出現的推諉扯皮現象得到改善，「屬地」的概念充分明晰了主管和主責部門。其次，在肯定聯席會議制度及其職能方面，修訂後的《信訪條例》第五條明確規定：「縣級以上人民政府應當建立統一領導、部門協調、統籌兼顧、標本兼治、各負其責、齊抓共管的信訪工作格局，通過聯席會議、建立排查調處機制、建立信訪督查工作制度等方式，及時化解矛盾和糾紛。」

（3）《關於進一步加強新時期信訪工作的意見》的發布。

由於修訂後的《信訪條例》屬於國務院制定的行政法規，其主要規範的是政府的行政行為，而對行政系統以外的機關部門（如黨委、人大、法院、檢察院等）缺乏統一的硬性要求。因此，《關於進一步加強新時期信訪工作的

[①] 凌常月．公共治理視角下中國社會矛盾化解機制研究［D］．湘潭：湘潭大學，2013．

意見》於 2007 年出抬。《關於進一步加強新時期信訪工作的意見》被視為進一步加強整合力度，為黨委、政府履行「統一領導」與「部門協調」的職能提供政策依據的重要文件。

(4)《關於創新群眾工作方法解決信訪突出問題的意見》的發布。

中共中央辦公廳、國務院辦公廳《關於創新群眾工作方法解決信訪突出問題的意見》於 2013 年 12 月 20 日出抬，該文件對如何改進信訪工作系統，如何改進信訪工作機制做出了更為明晰的規定。雖然此文件內容涵蓋了各個方面，但其最重要的目標是「運用法治思維和法治方式化解矛盾糾紛，防止以鬧求解決、以訪謀私利、無理纏訪鬧訪等現象發生」。

總體而言，2005 年至今，中國信訪制度處於整合與重塑期。信訪制度變化的一個重要特點是越來越詳細和複雜。詳細主要是指中國針對信訪制度出抬了大量的可操作性技術和可具體運作的體制法規，與以前只有一些廣泛的原則性的制度與規定不同；複雜是指這些信訪制度的規定、信訪制度工作機制和細則往往隨地方的政治、經濟和社會環境的不同而帶有各自的區域特點，不像以前的規章制度，強調全國統一。

(三) 社會矛盾訴訟制度的變遷

1. 社會矛盾行政訴訟制度的變遷

(1) 行政訴訟制度寒冬期（1949—1978 年）。

中華人民共和國行政訴訟法制的憲法依據最早來源於《中國人民政治協商會議共同綱領》（1949 年），《中國人民政治協商會議共同綱領》第十九條規定：「人民和人民團體有權向人民監察機關或者人民司法機關控告任何國家機關和任何公務人員的違法失職行為。」隨後，1954 年《中華人民共和國憲法》在第九十七條中規定：「中華人民共和國公民對於任何違法失職的國家機關工作人員，有向各級國家機關提出書面控告或者口頭控告的權利。由於國家機關工作人員侵犯公民權利而受到損失的人，有取得賠償的權利。」上述兩項規定為中華人民共和國成立後的早期行政訴訟法奠定了良好的基礎。與此同時，行政審批組織的建設也在逐步進行。

1949 年，《中央人民政府最高人民法院試行組織條例》對最高人民法院的

第七章　社會矛盾治理

下設單位做出了規定，最高人民法院下設民政、刑事、行政以及辦公廳等單位。《中央人民政府最高人民檢察署試行組織條例》對最高人民檢察署的權力和責任也進行了規定：對政府機關、公務人員和全國國民嚴格遵守法律的行為負責，有權參與一切行政訴訟。

行政訴訟程序在此期間也有所發展。1950 年，《中華人民共和國土地改革法》中第三十一條指出，如果農民對於政府評定的成分持不同意見，可以提出申請，由縣人民法院裁決。但這段時期並沒有形成正式的行政訴訟制度，行政糾紛依賴於行政機關的內部處理機制。人民監督委員會設立的政府委員會負責監督政府機構，並在同一時間，機關各級建立了群眾來信來訪渠道。到 1954 年，《中華人民共和國人民檢察院組織法》詳述了人民檢察院的監督職責，並鼓勵群眾參與到對政府工作的監督中來，可以檢舉揭發各級機關和公務人員的違法行為。

中國的法律制度建設在中華人民共和國成立初期取得了一定的進展，但在稍後的歷史時期中，中國的行政訴訟法制發展陷入停滯，不僅無法學習歐美發達國家的相關經驗，向社會主義國家蘇聯學習的通道也被關閉了。

（2）行政訴訟制度新生期（1979 年至今）。

1979 年後，改革開放的春風吹向了中國的行政訴訟法制建設領域。中國的行政訴訟法律制度迎來了新生，並率先在涉外行政執法領域取得成績。

1980 年中國頒布的《中華人民共和國中外合資經營企業所得稅法》對在中國經營的企業行政權力進行了規定，比如，如果對中國稅務機關的判罰不滿，可以向人民法院提起行政訴訟。隨後，與此相關的法律法規逐步建立，行政訴訟的法律範圍繼續擴大。

1982 年頒布的《中華人民共和國憲法》促進了行政訴訟法的進一步發展。它恢復了 1954 年行政訴訟的有關規定，使行政訴訟在國家基本訴訟制度中重新發揮了重要作用。

隨著行政審批庭的設立，人們開始呼籲行政訴訟法制法典化，並在 1986 年將其提上了議事的日程。隨後，全國人大常委會組織行政訴訟專家徵求各方意見並擬定了草案。黨的十三大報告（1987 年）正式明確要制定行政訴訟

法，並在第七屆全國人大二次會議上通過了中華人民共和國第一部行政訴訟法——《中華人民共和國行政訴訟法》。《中華人民共和國行政訴訟法》的頒布，是中國行政訴訟法律制度建設的重要里程碑，標誌著中國行政訴訟法律制度基本完成，為中國市場經濟體制的繁榮發展提供了積極有效的法律支持。

行政訴訟法律制度的建設還包括一系列相關的行政訴訟司法解釋。它包括以下幾個方面：第一，豐富了行政訴訟受理案件的內容，擴大了行政訴訟受理案件的範圍；第二，增加了行政訴訟案件判決結果的種類；第三，對行政訴訟起訴的期限進行了嚴格的規定；第四，更加強調行政訴訟證據的合法性；第五，對行政訴訟過程中的調解進行了規範；第六，對反傾銷和反補貼等特殊行政案件進行了更為詳細的規定。

為了進一步完善中國的行政訴訟法制，國家頒布了一系列補充性的法律法規，如《中華人民共和國行政許可法》《中華人民共和國行政處罰法》《中華人民共和國行政強制法》《中華人民共和國治安管理處罰法》等，形成了中國的行政訴訟法律體系，進一步完善了中國行政訴訟法律制度。

2. 社會矛盾民事訴訟制度的變遷

（1）民事訴訟制度起步期（1949—1990 年）。

民事訴訟制度發展的第一階段主要是從中華人民共和國成立初期到 20 世紀 90 年代。在中華人民共和國成立初期，黨和人民政府意識到訴訟制度的重要性並將馬錫五審判方式[①]在全國推廣。在這段時期，由於沒有具體的法律支撐，訴訟調解工作主要依賴於國家的政策方針，這也成為中國民事訴訟制度發展中的一個特色。

1963 年中國制定的審判方針為「調查研究、調解為主、就地解決」十二字方針。1964 年，審判方針被修改為「依靠群眾、調查研究、調解為主、就地解決」十六字方針。在改革開放初期，民事訴訟案件仍以調解為主。如果法院的調解失敗，再考慮審判。1982 年，調解制度被納入法律範圍，成為民

---

① 馬錫五審判方式是抗日戰爭時期在陝甘寧邊區實行的一套便利人民群眾的審判制度，其主要內容是簡化訴訟手續，實行巡迴審判、就地審判。在審判中依靠群眾、調查研究，解決並糾正疑難與錯案，使群眾在審判活動中得到教育。

事訴訟的正式內容。黨通過司法在群眾中的實踐，發現了訴訟調解在人民群眾中的重要作用，因此這段時期民事糾紛的處理多是以調解為主、以法庭裁判為輔的方式。[1]

（2）民事訴訟制度邊緣期（1991—2003年）。

民事訴訟制度發展的第二個階段是從20世紀90年代到21世紀初期。在此期間，政府開始對民事訴訟法進行調整，在肯定訴訟調解的作用時，也開始重視判決法律的效力。因此，1991年，政府將訴訟法中的「著重調解」修改為「應當根據自願和合法的原則進行調解」，並針對訴訟調解制度的應用與應用情景進行了詳細規範，由此基本確立了中國現行的訴訟調解制度。

這一階段的民事訴訟法呈現出以下特點：第一，調解更具規範性。新的訴訟法對調解的過程進行了明確，使司法部門在執行中的依據更加清晰。第二，更加尊重當事人的個人意願。在以前的訴訟法中，調解被優先考慮，忽略了當事人的想法。新的法律法規使得當事人可以根據自身利益進行選擇。

這個變化與時代的發展密切相關。這一階段，經過改革開放的洗禮，中國經濟取得了長足發展，人民的生活水準得到迅速提升、權利與防範意識也日漸增強，同時對國家法律體系的建設和完善提出了更高的要求。這一時期，訴訟調解率明顯下降。

（3）民事訴訟制度復興期（2004年至今）。

民事訴訟制度發展的第三個階段是從2004年至今。在這一時期，最高人民法院出抬了系列相關司法解釋，對訴訟調解制度進行改革與完善。調解制度在不斷規範中發揮新的作用。2004年，最高人民法院出抬了多項關於民事調解問題的規定，這些規定提出了在民事調解中要遵循的四個原則，分別是自願、合法、靈活和保密原則。與此同時，構建社會主義和諧社會成為黨的十六屆四中全會後，備受重視的社會發展新目標。因此，在民事糾紛過程中調解被重新審視與重視。民事訴訟調解率及調解成功率開始逐漸回升。

自2004年始，全國各地的民事案件調解率遞增趨勢明顯，自2004年的

---

[1] 李迪. 中國訴訟調解制度演變與發展趨勢研究[D]. 重慶：重慶大學，2012.

31.01%增長至2006年的32.55%。此後,最高人民法院又出抬了關於訴訟調解程序的若干意見,明確了司法部門在執法調解過程中的流程。最高人民法院對調解的作用愈加重視,2009年出抬了《關於進一步加強司法便民工作的若干意見》,對基層人民法院在處理糾紛過程中率先考慮調解方式,遵循調解優先、調判結合的原則進行強化與指導。為了在基層法院實施這項政策,在2009年全國法院調解工作經驗交流會上,時任最高人民法院院長王勝俊著重強調了法院調解的意義,使參會人員認識到法院調解在民事糾紛中的重要性和必要性。

3. 社會矛盾刑事訴訟制度的變遷

(1) 刑事訴訟制度萌芽期(1949—1978年)。

在中華人民共和國成立初期,為了實現國內經濟的穩定發展,實現社會的整體目標,中央人民政府實行的是全能政府治理模式[1]。因此國家對人民法院的審判制定了相關的法律約束,以使其活動遵循中央人民政府的規則。1950年,中國刑事司法系統迎來了第一次具有重要意義的挑戰,在鎮壓反革命運動中,中央人民政府發現司法機關存在過於寬大的問題,對反革命分子的判罰較輕,起不到足夠的威懾作用,案件處理效率低,並且對反革命分子的管理鬆懈。為應對這一情況,中央人民政府頒布了新的條例,即《中華人民共和國懲治反革命條例》,對處罰反革命分子的標準進行了詳細規定。然而,這一條例在後期也帶來了一些不良影響,使得鎮壓反革命運動出現了擴大化趨勢。

通過回顧,我們可以發現,1950年的鎮壓反革命運動相比於以往有了明顯的進步,在判決的過程中正式採用了法律的形式,通過嚴格的審判流程,以較為理性的方式做出判決結果。雖然人民法院對反革命的審判中存在一些問題,但是相比通過單純的政治手段處理案件無疑更具有科學性和公平性。

鎮壓反革命運動之後,中央人民政府頒布了一系列涉及刑事訴訟的法律和法令。第一屆全國人民代表大會第一次會議頒布了《中華人民共和國憲法》

---

[1] 董炯. 國家、公民與行政法 [M]. 北京:北京大學出版社,2001.

(1954年)、《中華人民共和國法院組織法》《中華人民共和國檢察院組織法》(1954年9月)。1954年12月,《中華人民共和國逮捕拘留條例》頒布。上述法律明確規定了以下內容:①人民法院、人民檢察院及公安機關分別行使審判權、檢察權、偵查權;②三大機關秉持相互配合、分工負責、相互制約的原則;③人民法院獨立審判,只服從法律;④改檢察機關的雙重領導為垂直領導,檢察機關獨立行使職權原則;⑤所有公民在適用法律中都是平等的;⑥審判開放;⑦被告有權獲得辯護等[1]。在上述法律的影響下,中國的刑事訴訟制度呈現出現代法律應有的基本特徵。這一時期的刑事訴訟制度是中國政府法律治理以及程序治理的重要依據與法理。

但1957年後,整風運動逐漸演變為反右派鬥爭,人治開始代替法治成為審判中推崇的處理手段,法律虛無主義在中國盛行。在這一階段,原本形成的法治基本原則被嚴重破壞,法律被無視,法律至上、司法獨立等原則都遭到了否定和拋棄。在此次反右派鬥爭中,「人民法院獨立行使審判權的行為被視為對黨的打壓,審判獨立的原則成為反黨的言論」[2]。

檢察機關的法律監督權被批判為「矛頭對內」,針對公檢法(公安機關、檢察院、法院)三機關的關係,以「支持第一、制約第二」的原則來取代以前分工負責、互相配合、互相制約的原則,而以往注重或嚴守司法程序的原則被認為是舊司法傳統。

「大躍進」運動中,全國司法工作對公檢法三機關的要求是「同步躍進」。某些地方採取以群眾路線與專門機關相結合的辦案方法,即所謂「一員代三員」「一長代三長」辦案,結合辯論,充分發動群眾,檢舉揭發犯罪,就地逮捕、就地起訴、就地審判[3]。

反右派鬥爭開展之後,相當數量的法院領袖和商業骨幹被列為右派,律師制度也被取消,被告也不能委託律師在刑事訴訟中為其辯護。1957年,反右派鬥爭使大量律師成為右派。1959年,全國各地的律師事務所都被關閉。

---

[1] 陳光中. 刑事訴訟法 [M]. 北京:北京大學出版社,2002.
[2] 李蜜. 中國刑事訴訟法若干問題研究 [J]. 法制博覽,2019(5):117-118.
[3] 張武雲. 打破常規,一日千里 [J]. 法學研究,1958(5):58-61.

1960年，最高人民法院和最高人民檢察院合併為公安部，並實施聯合辦公。1968年，最高人民法院和最高人民檢察院代表、內務部軍代表及公安部領導小組向中共中央和中央文革小組呈交報告，即《關於撤銷高檢院、內務部、內務辦三個單位，公安部、高法院留下少數人的請示報告》，此後檢察制度被廢除。檢察機關公訴職能被所謂群眾專政指揮部、公檢法軍管小組及人民革命委員會保衛組所代行。1975年全國四屆人大一次會議通過憲法，以根本法的形式規定，「檢察機關的職權由各級公安機關行使」，意味著從法律上正式確認檢察機關的消亡①。

(2) 刑事訴訟制度構建期（1979—1996年）。

1976年後，「四人幫」的粉碎，促進了中國的刑事訴訟制度重建期的快速到來。在全能政府治理模式下，造成了大量的冤假錯案，政府認識到了法律虛無主義帶來的慘痛教訓。據統計，在「文化大革命」期間，超過120萬件刑事案件在全國範圍審判，其中大部分是通過法律和程序予以懲處。黨的十一屆三中全會後，中國司法開始全面改革，摒棄了以前不合理的解決刑法問題的方式，並在1978年憲法中確立了全國人民代表大會作為中國最高權力機構的地位，這也意味著中國的權力體系與1954年憲法接軌，並得到進一步發展。

雖然當時的法律尚未擺脫以階級鬥爭為指導思想的影子，但已經出現了重構政治結構、調整國家與公民關係，以及保障公民自由和權利的思想。在黨的十一屆三中全會之後，中國社會開始進行大刀闊斧的改革。這一改革的基本趨勢是打破單一的、縱向的社會結構與模式，改進國家與社會的關係。中國開始了法律重建的歷史過程，公安局、檢察院、法院、司法局等機關的職能逐步恢復，刑事訴訟制度也進入了重建過程。

1979年7月，全國人民代表大會頒布了《中華人民共和國刑事訴訟法》，這是中華人民共和國成立以來頒布的第一部刑事訴訟法。此刑事訴訟法是中國刑事訴訟法律制度建設的重要里程碑，這意味著中國刑事訴訟活動有了正式的法律支持。

---

① 張培田. 法與司法的演進及改革考論 [M]. 北京：中國政法大學出版社，2002.

第七章　社會矛盾治理

黨的十一屆三中全會以來，中國社會主義市場經濟體制的建立和發展，使國家與社會的關係發生了深刻的變化，從根本上改變了中國傳統的自然經濟和計劃經濟體制，1979 年頒布的刑事訴訟法，主張刑事審判要切合實際。人民法院不僅要根據檢察官和被告提交的證據做出判決，還要收集和調查證據，通過積極收集針對被告的證據來對定罪負責。此外，「無罪推定」並沒有在 1979 年的刑事訴訟法中確立。因為「無罪推定」是理想主義的表達，而刑事訴訟的最高境界是追求客觀真理。

（3）刑事訴訟制度完善期（1997—2012 年）。

20 世紀 90 年代以後，在鄧小平同志的指示下，中國的市場經濟體制進一步發展，市場經濟的發展也促使中國社會轉型。此時，市場成為國家與社會的連接體。中國發展市場經濟時吸取了以前閉關鎖國的慘痛經驗，遵循對外開放的原則，並且積極地參與到世界經濟一體化的進程中，為世界經濟的發展帶來新的動力。

選擇融入世界經濟全球化的進程，對中國的法律體系提出了更高的要求。此時，平等、公平、正義、權利等觀念已經深入人心，中國已經進入一個追求價值多元與利益多元化的時代。人們認識到了法律在保障我們自身權益中的重要作用，法治成為人民追求的目標。而中國於 1979 年制定的刑事訴訟法在此刻暴露出了種種問題，已經不能滿足國家與社會發展的需要。司法部門開始著手修正中國的刑事訴訟法。

經過將近三年的多次論證，1996 年 3 月 17 日，第八屆全國人民代表大會第四次會議通過了《關於修改〈中華人民共和國刑事訴訟法〉的決定》。1979 年頒布的《中華人民共和國刑事訴訟法》得到了重大修改和完善：一是加入「無罪推定」原則的基本精神和要求，確立了「未經人民法院依法判決，對任何人都不得確定有罪」的基本原則。相應地，改變稱謂，將處於不同訴訟階段的被起訴人分別稱為犯罪嫌疑人或被告。二是對律師介入訴訟程序的時間做了調整，律師介入訴訟的時間提前到偵查階段，這有利於保護犯罪嫌疑人和被告的權利。三是進一步加強對刑事被害人權利與利益的保護，從原訴訟當事人到訴訟當事人的法律地位得到了提升。四是對追求撤退權的權利進行

了適當限制。五是實現司法權力合理性迴歸，將控制權與審判權進行分離。

1996 年修訂的刑事訴訟法的上述特徵反應了國家權力對公權力本身的規制和制約，以及通過加強對受害者權利的保護來限制國家權力的邊界。自 1996 年刑事訴訟法修訂以來，中國政府積極融入全球化進程，隨著全球經濟一體化格局的形成，全球化浪潮開始影響政治和文化，中國經濟在快速發展的過程中，社會矛盾呈現出新的變化。根據變化的形勢，2012 年 3 月 14 日，第十一屆全國人民代表大會第五次會議投票通過了《關於修改〈中華人民共和國刑事訴訟法〉的決定》。此次刑事訴訟法的修訂具有 1996 年修訂時所沒有的有利條件：第一，1996 年以後，「依法治國」和「人權保障」分別在憲法的兩次修正案中加入，「依法治國」和「人權保障」的寫入，特別是對於人權的維護，擴大了修訂刑事訴訟法的空間；第二，1998 年 10 月，《公民權利和政治權利國際公約》的簽署也可被視為促進修訂刑事訴訟法的重大契機；第三，隨著社會的不斷進步，先進的社會理念得到逐步發展與推廣，特別是「以人為本」「和諧社會」「以德治國」等理念對某些刑事訴訟制度與體制機制的創新產生了積極影響。相比而言，1996 年刑事訴訟法的修訂重點是對制度的引入、移植與陪護，2012 年的修訂更加注重國情與實際，修訂重點是解決司法實踐中的突出問題。

（4）刑事訴訟制度加速發展期（2013 年至今）。

黨的十八大以來，在全面依法治國的大背景下，刑事訴訟制度調整的步伐加快了。2013 年新修訂的刑事訴訟法及其司法解釋的生效，加強了刑事審判的功能；最高人民法院召開第六次全國刑事審判工作會議，完成了實施「兩法」、糾正虛假案件和刑事司法改革的全面部署。2014 年，中共十八屆四中全會推行了一系列刑事司法改革措施，如推進以試點為中心的訴訟制度改革。自 2015 年以來，法院已經糾正了數十起重大刑事和虛假案件，以及一些涉及財產權的刑事案件，並糾正了呼格吉勒圖案、聶樹斌案和張文中案等錯誤案件。在全國法院刑事審判工作總結表彰大會上，最高人民法院院長周強提出了懲治犯罪、維護人權，堅決糾正和預防虛假和不法案件的觀點，反應了新時代的刑事司法理念。

第七章　社會矛盾治理

第四節　小結與評價

改革開放以來，中國經歷了四十多年的發展，在社會主義現代化建設的各個領域都取得了輝煌的成就。制度的變革為中國的經濟社會發展提供了動力，中國的經濟社會經過不斷的改革展現出新的風貌。但我們必須認識到，在發展的同時仍出現了許多矛盾和問題，特別是各種社會問題開始持續顯現，正如習近平總書記在黨的十九大報告中的指示：「國內外形勢正在發生深刻複雜變化，中國發展仍處於重要戰略機遇期，前景非十分光明，挑戰也十分嚴峻。」當前，中國的市場機制與法律法規還不夠完善，經濟社會在發展中會產生各種新的問題。與此同時，各種歷史遺留問題也有待解決，隨著經濟下行壓力加大，情況顯得更為嚴峻。

矛盾是無時不有、無處不在的，無論人類文明發展到哪個階段，社會中都會存在矛盾，人類社會就是在不斷發現矛盾並解決矛盾的過程中前進的。對於國家而言，矛盾是不可怕的，只要正視矛盾，及時有效地處理矛盾，控制好矛盾產生的不利影響，便能在時代的洪流中屹立。如果矛盾不能得到正確和及時的處理，社會可能會動盪，經濟可能會停滯不前。因此，處理社會矛盾的能力可以直接反應政府治理的能力。習近平總書記在黨的十九大報告中提出：「社會矛盾和問題交織疊加，全面依法治國任務依然繁重，國家治理體系和治理能力有待加強。」可以看出，我們黨已經深刻認識到當前的社會矛盾，如何開展有效的社會治理工作將成為黨和政府工作的重點。

社會矛盾的治理是中國共產黨在新時代的重大任務。黨的十六屆三中全會指出，政府社會管理和公共服務職能目前還存在不足，需要進一步完善。黨的十六屆四中全會進一步細化了這一目標，並提出要加強社會建設和管理，推進社會管理體制創新，建立健全「黨委領導、政府負責、社會協同、公眾參與」的社會管理結構。黨的十七大針對健全基層社會管理體制提出了新要求，要最大限度地發揮社會創造活力，最大限度地增加和諧因素，最大限度

地減少不和諧因素，妥善處理人民內部矛盾。黨的十八大將社會管理體制與中國的國情相結合，指出要將中國特色社會主義與社會管理體系相互融合，形成「黨委領導、政府負責、社會協同、公眾參與、法治保障」的社會管理體制，加快形成「源頭治理、動態管理、應急處置」相結合的社會管理機制。黨的十八屆三中全會提出中國深化改革的總目標是推進國家治理體系和治理能力現代化。黨的十九大報告進一步將正確處理人民內部矛盾納入政府工作重點。

在治理理論學派的俞可平學者看來，「善治」是政府治理的最高境界。善治與中國道家思想有相契合的地方，更加強調法理自然，這意味著社會可以更加文明，更加民主，更具有包容性，追求開放和多元。同時，這也意味著充分發揮社會各階層的力量，有效地分配社會的各種資源，使社會更加和諧、人民的生活更加豐富。在中國共產黨的領導下，我們有理由相信，通過中國人民的努力，當前的中國社會將排除各種困難，實現善治。

經典案例：漢源縣大樹鎮的社會矛盾治理之路[1]

四川省雅安市漢源縣大樹鎮地處大渡河中游的南岸，面積30.1平方千米，是大樹片區政治、經濟、文化、商貿的中心。近年來，大樹鎮的矛盾調解機制不斷完善，現已形成了以司法所和信訪辦為主體的鎮、村兩級調解網絡組織。通過實踐與制度的融合，至今，大樹鎮的社會矛盾治理之道仍在不斷發展和完善。下面以2017年當地發生的一起生態環境糾紛調解案為例，以管窺豹，我們可以看到人民調解制度在社會矛盾治理中的高效性。

一、高效的人民調解制度

2017年3月，四川省雅安市漢源縣大樹鎮中心村部分村民陸續反應：漢源縣有色金屬總廠沸騰爐投產後，排出大量菸霧，刺鼻難聞，周邊木葉黃枝枯；進入掛果期，出現核桃、柑橘、枇杷、李子、桃子等坐果率低的現象，核桃成熟後，皮薄殼軟，核仁油皮、花皮、萎蔫；與往年相比，這些經濟果實量少價低，收入大幅下降；同時工廠排放氣體影響村民身心健康，要求組織體檢；工廠尾砂對周圍田地及堰道污染嚴重。

2017年8月23日，中心村20餘人將調查此事的縣環保局工作人員強留在當地，要求解決上述問題；24日，大樹鎮中心村、木甘村以及片馬鄉大營村共356人聯名寫信至縣信訪局反應情況，當日百餘人到大樹鎮人民政府門口討要說法。經大樹鎮聯村幹部和農業技術人員多次深入實地調查瞭解，發現漢源縣有色金屬總廠沸騰爐排出的氣體量多味大，四處彌漫；礦石運輸跑冒滴漏、揚塵四溢、交通不暢；廠區周邊部分經濟作物枝枯葉黃，果實異常，初步統計受損面積為40餘公頃，涉及中心村1組、2組、3組、4組以及木甘村3組和片馬鄉大營村4組約200戶700人。

2017年8月31日上午10時左右，中心村、木甘村部分村民約80人陸續

---

[1] 案例來源：由「新常態下的社會矛盾糾紛的動態管理研究」課題組提供。

到漢源縣有色金屬總廠門口聚集，要求工廠賠償果樹經濟損失，停止生產或遷址，並對影響範圍內的村民進行體檢，否則將切斷工廠水源，阻止其開工生產。

大樹鎮人民調解委員會接報後，第一時間趕至現場，控制局面，穩定態勢。協調小組當機立斷，召開村組幹部、村民代表會議，宣傳解釋相關政策，安撫幹部群眾情緒。隨後，協調小組再次組織群眾代表與有色金屬總廠負責人召開協調會。經調解，各方達成以下協議：一是在縣環保部門檢測鑒定報告出來前，工廠停止生產建設；二是經鑒定屬廠方責任，則由工廠賠償一切損失，同時關閉或遷移廠址；三是若廠方排放符合標準要求，則村民配合支持工廠生產；四是村民若對縣環保部門出具的報告有懷疑，可以自行聯繫有資質的第三方檢測機構進行鑒定，費用由廠方承擔，結果按上述二、三條執行；五是近期由廠方整治尾砂，修復和疏通周邊堰道，治理道路和廠區揚塵問題。

這起牽涉面較廣的生態環境糾紛案件充分體現了人民調解制度的高效性。在這一過程中，大樹鎮人民調解委員會在調解前先對兩個村的群眾進行了疏散，以避免群體性矛盾激化，抓住關鍵點，在大樹鎮人民政府工作人員及鎮司法調解委員的共同努力之下，及時化解了糾紛。

二、「大調解」背景下的「三調聯動」機制

實際上，在大樹鎮近年來社會矛盾治理的進程中，「大調解」已成為其標誌性治理方式。「大調解」包括五大要素，分別是黨政驅動、司法能動、多方聯動、法院主導和關係協調。「大調解」的功能既在於預防、化解與解決社會矛盾糾紛，更在於促進一方社會和諧和維護社會穩定。「大調解」已經成為當代中國調解的新模式。

2017年12月26日，漢源縣大樹鎮人民政府發布《關於人民調解、司法調解、行政調解聯動機制實施意見》並建立了「三調聯動」機制，即「以人民調解為基礎和依託，人民調解、司法調解、行政調解銜接聯動工作機制」。

在經濟體制改革、社會結構變遷和利益格局調整的背景下，民事糾紛的特點是主體多樣化、規模擴大、調解困難、集約化，很難通過一個部門、一

第七章　社會矛盾治理

種方法或一種手段有效地解決矛盾。因此，建立「三調聯動」工作機制，形成科學有效的協調機制迫在眉睫。

「三調聯動」機制以大樹鎮人民調解委員會為工作平臺，在大樹鎮人民調解委員會設立社會矛盾糾紛聯合調處工作室，以「聯調工作機制」為載體，組織綜治辦（社會治安綜合治理辦公室）、司法所、信訪辦（信訪辦公室）等職能部門及人民調解委員會共同參與社會矛盾糾紛聯防聯調。聯合調處工作室設置若干調解員崗位，並由大樹鎮司法所直接管理使用。在這一機制中，人民調解、司法調解、行政調解三者既能發揮各自獨特的作用，又能有機銜接、緊密結合，使其運行機制規範且高效。同時，通過進一步完善矛盾糾紛的調查制度，收集、報告和分析糾紛信息，及時消除內部情況中的矛盾和糾紛，從而防止重大群體性事件的發生。這個機制的目的是引導人們將人民調解制度作為解決社會矛盾糾紛的主要選擇，積極提升人民調解與民事訴訟調解的成功率，推進行政訴訟案件協調解決，提高行政訴訟案的結案率；降低公民產生有關投訴和抱怨的情況，確保社會和諧穩定。

本章參考文獻

[1] 吳忠民. 傳統社會與現代社會的社會矛盾特徵比較研究 [J]. 教學與研究, 2013 (10): 22-30.

[2] 吳忠民. 中國現階段社會矛盾特徵分析 [J]. 教學與研究, 2010 (3): 5-11.

[3] 凌常月. 公共治理視角下中國社會矛盾化解機制研究 [D]. 湘潭: 湘潭大學, 2013.

[4] 陸葉婷. 複雜性視角下的社會歷史發展 [D]. 上海: 東華大學, 2015.

[5] 陳果. 和諧社會語境下訴訟調解的完善——以調審分離、審前調解為構建中心 [J]. 南華大學學報 (社會科學版), 2006 (6): 57-60.

[6] 黃天柱. 中國特色社會主義統一戰線理論體系若干基本理論問題——基於對主要領導人講話及中央文件的文本梳理 [J]. 江蘇省社會主義學院學報, 2012 (4): 55-61.

[7] 朱力. 剛性社會矛盾的內涵與特徵——關於中國21世紀以來重大社會矛盾的探解 [J]. 中共中央黨校學報, 2016, 20 (4): 66-74.

[8] 姚衛蓮. 人民法院調解制度縱向考察: 歷史、現狀與未來 [D]. 上海: 復旦大學, 2008.

[9] 蔣為群, 黎暉. 訴訟調解之反思 [J]. 企業家天地, 2005 (5): 85-86.

[10] 李琳. 商事調解的利弊探析暨多元化調解機制的建立 [J]. 河南工程學院學報 (社會科學版), 2011, 26 (2): 63-69.

[11] 劉靜. 習近平關於科技創新重要論述的科學思維方式 [J]. 西安建築科技大學學報 (社會科學版), 2018, 37 (6): 7-12.

[12] 李雪松. 改革開放四十年中國憲法的發展研究 [J]. 哈爾濱學院學

報，2018，39（12）：35-37.

[13] 許素梅. 中國法官職能的定位與重塑［D］. 廣州：廣東商學院，2011.

[14] 李中建，張藝冉. 新時代下以農民工為主體的產業工人隊伍建設——基於產業後備軍理論［J］. 河南工業大學學報（社會科學版），2018，14（6）：19-24.

[15] 王海軍，葉群. 中國商業銀行不良貸款的新週期：機理與驗證［J］. 金融學季刊，2018，12（4）：175-191.

[16] 馬燕. 論中國的民事訴訟調解制度［D］. 上海：復旦大學，2008.

[17] 馮仕政. 社會衝突治理與新中國信訪制度的演進研究［Z］. 學術論文聯合比對庫，2017.

[18] 馮仕政. 中國信訪制度的歷史變遷［J］. 社會發展研究，2018，5（2）：157-245.

[19] 胡建淼，吳歡. 中國行政訴訟法制百年變遷［J］. 法制與社會發展，2014，20（1）：28-45.

[20] 夏凱. 論中國信訪立法體系的形成與完善［Z］. 學術論文聯合比對庫，2015.

[21] 夏凱. 建國以後信訪制度的形成與發展研究［Z］. 學術論文聯合比對庫，2015.

[22] 郭劍鳴. 城市公用事業政府監管監督體系的構成及其相互關係［Z］. 學術論文聯合比對庫，2015.

[23] 趙江風. 行政處罰之訴訟的變遷［Z］. 學術論文聯合比對庫，2017.

[24] 李迪. 中國訴訟調解制度演變與發展趨勢研究［D］. 重慶：重慶大學，2012.

[25] 李瑞昌. 新中國調解制度變化的內容、路徑、動力及未來［J］. 復旦學報（社會科學版），2018，60（4）：167-175.

[26] 王新雙. 論中國信訪制度的完善［Z］. 學術論文聯合比對庫，2016.

[27] 李迪. 調解制度的歷史演變與未來趨勢［Z］. 學術論文聯合比對

庫，2012.

[28] 衛金木. 推進社會主義和諧社會建設的重要舉措——談談新《信訪條例》的產生背景和創新之點 [J]. 秘書工作，2005（8）：42-44.

[29] 王莉莉. 洛陽市 A 區越級上訪治理研究 [D]. 鄭州：鄭州大學，2018.

[30] 馬懷德，孔祥穩. 改革開放四十年行政訴訟的成就與展望 [J]. 中外法學，2018，30（5）：1141-1162.

[31] 龔維斌. 正確處理十大關係 推進信訪工作科學化 [J]. 中共福建省委黨校學報，2018（11）：4-12.

[32] 劉瑩. 中國信訪制度運行現狀及問題對策研究綜述 [J]. 現代商業，2011（6）：84-86.

[33] 衛天保. 新中國四部憲法中的基本權利條款變遷研究 [D]. 蘭州：西北師範大學，2017.

[34] 吳家慶，劉厚見. 論用群眾工作統攬信訪工作 [J]. 湖南師範大學社會科學學報，2014，43（2）：41-47.

[35] 陳廷超. 試論新形勢下民事糾紛的調解工作 [J]. 法制與社會，2011（10）：124-125.

[36] 徐鶴喃. 從始點到起點——刑事訴訟法學 50 年回顧與前瞻（上）[J]. 國家檢察官學院學報，2000（1）：22-30.

[37] 任建明，王方方. 改革開放 40 年民眾參與反腐的模式與變遷 [J]. 北京航空航天大學學報（社會科學版），2019，32（1）：23-64.

[38] 馬懷德，孔祥穩. 中國國家賠償制度的發展歷程、現狀與未來 [J]. 北京行政學院學報，2018（6）：1-12.

[39] 鄧志峰. 日本行政相談制度與中國信訪制度比較 [J]. 日本研究，2010（4）：52-56.

[40] 李思齊. 中國行政法制監督體系完善研究 [D]. 成都：西南石油大學，2015.

[41] 張海波. 全面改革窗口期的信訪制度改革 [J]. 南京社會科學，

2016（2）：77-85.

［42］陳麗君，安啓雷，陳辰. 國有銀行不良資產處置市場化的若干問題［J］. 吉林金融研究，2009（11）：8-12.

［43］張鑫. 論中國行政訴訟調解制度的完善［D］. 哈爾濱：黑龍江大學，2018.

［44］梁欣. 從法制到法治——改革開放四十年刑事訴訟模式變遷［N］. 人民法院報，2018-11-14（5）.

［45］盧雲輝. 社會治理創新視域下的農村扶貧開發研究［D］. 武漢：武漢大學，2016.

［46］郝鐵川. 中國改革開放以來法治現代化的範式轉型［J］. 法學，2019（5）：3-18.

［47］張寧. 參與與行動：西北多民族聚居大城市中社會組織防治愛滋病的田野調查［D］. 蘭州：蘭州大學，2012.

［48］李蜜. 中國刑事訴訟法若干問題研究［J］. 法制博覽，2019（5）：117-118.

［49］伍義林.「強起來」的新徵程上改革大有可為［J］. 觀察與思考，2018（12）：16-21.

［50］雲山城. 試論構建三位一體的「大調解」工作體系［J］. 湖北警官學院學報，2011，24（1）：76-80.

［51］黃豔好. 河街司法：中國基層政法邏輯［D］. 北京：北京理工大學，2015.

［52］張希磊. 基於GIS的社會綜治管理系統建設及應用［D］. 濟南：山東大學，2018.

［53］艾佳慧.「大調解」的運作模式與適用邊界［J］. 法商研究，2011，28（1）：19-27.

［54］孫媛.「三位一體」大調解 化解糾紛「源頭」化［N］. 張家口日報，2017-08-24（A8）.

［55］肖金明，馮曉暢. 治理現代化視域下的黨內法規定位——兼與「黨

內法規是軟法」商榷［J］. 四川師範大學學報（社會科學版），2019，46（1）：95-103.

［56］楊利民. 新時代領導科學要關注的六個問題［J］. 內蒙古社會科學（漢文版），2018，39（6）：189-191.

［57］王勇. 把握習近平改革思想的基本內涵［J］. 時代報告，2018（12）：16.

［58］李建芳. 新時代推進國家治理體系和治理能力現代化研究［J］. 時代報告，2018（12）：151.

［59］李正華. 改革開放是實現中華民族偉大復興的關鍵一招［J］. 黨的文獻，2018（6）：14-17.

［60］周亞紅.「三調聯動」與刑事和解——基於湖南經驗的實證研究［J］. 湘潭大學學報（哲學社會科學版），2011，35（3）：83-85.

［61］劉鑫鑫，楊彬彬. 十八大以來中國社會自治建設研究［J］. 山東行政學院學報，2018（6）：36-89.

［62］王樹蔭，連歡. 改革開放偉大事業成功的生命線［J］. 思想理論教育導刊，2018（12）：17-23.

［63］李彬. 中國道路新聞學（六）——社會主義［J］. 當代傳播，2018（6）：13-17.

［64］萬軍. 淺論科學發展觀對馬克思主義社會建設理論的創新［J］. 長春市委黨校學報，2010（6）：17-25.

［65］謝和均. 轉型・秩序與社會管理［J］. 理論月刊，2011（4）：149-152.

下篇
社會治理方式

1949年後
中國社會治理制度變遷

第八章
社會治理方式

第一節　社會治理方式概述

一、社會治理方式的概念

從社會治理的運行含義來看,「社會治理」的實質是「治理社會」。由「社會管理」到「社會治理」的轉變,其所體現的不單單是概念上的變化,而且蘊含著管理理念、方法和制度等多個維度的深刻變革。社會治理方式是指管理主體通過何種方法,採用何種途徑進行社會治理,合理而有效的治理方式對於實現治理目的意義重大。

當代新型的社會治理方式,是摒棄了傳統社會條件下神治和人治的現代治理方式,它是包括公共的、私人的,以及個人和機構共同管理社會事務的諸多方式的總和,它更多強調社會的自主性和各種治理主體之間是平等與合作的雙方甚至多方關係[1]。

中國社會治理方式,從中華人民共和國成立到現在已經發生了一場革命性的轉變。中國現在的社會治理不再依靠傳統時期自上而下的單向管理,它強調的是一個上下互動,平等、協商合作的過程。傳統社會管理的「管」「控」「壓」的方式已經不再適用,在現代社會治理中,「自治」「參與」「協商」才是社會治理的主要手段。

社會治理方式的轉變更是思想上的革命性轉變。中國共產黨,在社會治理方式上的認識,同經濟體制改革、政治體制改革一樣,是一個不斷推進、逐步由自發變為自覺探索、深化的過程。2013年黨的十八屆三中全會正式提出了「社會治理」,它從此取代了「社會管理」,成為中央文件的正式用語。從社會管理到社會治理的轉變,不僅僅是文字上的替換,二者有著本質上的區別。「管」是權利自上而下的單向運作思維,以政府為主導,具有很強的政

---

[1] 劉徽徽. 公共治理視角下社會治理方式現代化研究 [D]. 大連:遼寧師範大學,2015:6.

府權威和控制意味,「治」則強調多元主體、雙向互動、協商合作對社會治理的必然性。這種認識上的轉變意味著黨和政府從原來單純依靠群眾運動和社會控制轉向依靠內涵更加豐富的社會治理體制機制上來,預示著社會管理理念、體制機制、管理方法與手段的全面創新,體現的是黨和政府對社會治理方式內涵的深刻把握以及對社會治理方式的認識和實踐達到了新境界。「社會治理是一門科學」[1],我們必須始終秉持多元共治理念,積極創新現有的社會治理方式,大力推進現代化的社會治理模式,實現中國社會治理體系現代化。

二、社會治理方式的基本原則

社會治理的方式創新是加快實現國家治理體系和治理能力現代化戰略的重要抓手。2015年國務院印發《促進大數據發展行動綱要》,將大數據定性為國家基礎性戰略資源。數據驅動社會,人工智能的新時代已經到來,經驗型社會治理方式的弊端在幾十年前早已凸顯,社會治理方式必須順應知識經濟時代的發展,社會治理方式的創新必須貫徹六個堅持。

第一,堅持數據治理原則。大數據的存在,為政府獲取經濟、社會、政治和文化等領域中的全面而系統的數據提供了機會和條件,為社會治理創新和精細化提供了重要的技術平臺[2]。隨著互聯網的發展和數據時代的到來,社會治理應突破經驗式決策模式的束縛而適應時代發展的大趨勢;政府應加強數據治理思維,合理利用大數據技術識別社會問題,及時解決社會衝突,為社會提供科學、精準的公共服務,從而合理配置資源,提高政府的運行效率。數據治理為社會治理創新提供了新的方向,我們應積極推動「數據說話、數據管理、數據決策、數據創新社會治理」的治理思維[3],用數據治理的理念推動社會治理方式的現代化。

---

[1] 推進中國上海自貿試驗區建設加強和創新特大城市社會治理 [J].上海人大月刊,2014(4):6-8.
[2] 周曉麗.論社會治理精細化的邏輯及其實現 [J].理論月刊,2016(9):144-174.
[3] 中華人民共和國國務院.促進大數據發展行動綱要 [J].成組技術與生產現代化,2015,32(3):51-58.

第二，堅持協同治理原則，加快「黨委領導、政府負責、社會協同、公眾參與、法治保障」社會治理體制的形成。隨著人民日益增長的美好生活需要和不平衡不充分的發展之間的矛盾的轉化，以及民眾民主意識的增強，政府應在社會治理中分權與制衡，下放權力，借助社會力量，讓公眾積極有效地參與到社會治理當中，與多方主體協同合作處理其所面對的社會矛盾及矛盾糾紛，形成協同治理的矛盾化解新局面。

第三，堅持依法治理原則，強調社會治理中的「法治思維和法治方式」。中國應建立健全社會矛盾化解機制，樹立法律在維護群眾利益和化解社會矛盾過程中的權威地位，引導、支持群眾合理表達自己的利益訴求。中國應突出法律在解決社會群體衝突中的核心地位，摒棄以往政府對社會衝突的「壓」「防」「捂」的政治維穩模式，通過法律實現衝突與共識的良性互動，將社會治理的法治方式作為社會穩定的核心手段。

第四，堅持系統治理原則。系統治理的核心在於社會治理主體（黨委、政府、社會、民眾等）既要分工明確、各司其職，又要協同合作，打破以往黨委和政府單兵作戰、唱獨角戲的狀態。這就要求黨要堅持群眾路線，在黨的領導下發揮政府主導作用；同時又注重鼓勵、吸納社會組織和民眾有序參與，建立廣泛的社會參與機制，讓社會群眾對社會治理能參與、想參與、可發揮[①]。

第五，堅持源頭治理原則，關鍵在於不能將治理停在表面和臨時，應該深入到基層和平時，抓住問題的本質，解決問題的根源。中國應利用先進的科學技術和方法，例如，利用網格化管理、大數據等技術找到社會問題的根源，實現預防治理、動態治理，達到標本兼治。

第六，堅持綜合治理原則。綜合治理強調多樣化的治理手段和治理方式，調動一切有利於促進社會發展的要素，調節社會利益、規範社會行為，在尊重法律規範的前提下，綜合運用經濟、行政、打擊、防範、教育、改造等多種方式，致力於社會矛盾的化解，降低犯罪發生率，減少社會不安因素，實現社會秩序健康運轉。

[①] 馮仕政. 社會治理新藍圖 [M]. 北京：中國人民大學出版社，2017：66.

三、社會治理方式的主體

中國的社會治理的主體經歷了從「一元」到「多元」的變遷。改革開放前，政府扮演著管理者的角色，處於主宰地位，唱著社會治理的「獨角戲」。這一時期的政府是社會治理的唯一主體，其他社會治理行動者被視為政府所管理的對象。改革開放後，隨著經濟體制的轉變與市場經濟的發展，治理主體結構從單一向多元化轉變。

社會治理的多元化主體，主要包括以下五種類型：一是黨委。黨委在政治、經濟、文化、社會等方面發揮總攬全局的領導核心作用，黨委對整合各方資源、制度制定與推動有著不可替代的地位。二是政府。政府在社會治理中起到牽頭和引導作用。政府扮演著社會治理執行者、監督者的角色。無論社會治理發展到何種階段，政府作為多元主體之一，必然承擔起治理的必要職能。三是市場。市場作為隱形之手，在彌補政府失靈、解決社會矛盾問題、創新社會治理方式等方面發揮著越來越重要的作用。四是社會組織，包括單位、自治組織、社團組織等組織形式。社會組織是民眾參與社會公共事務，維護公共利益，調解與緩衝社會矛盾，預防犯罪，促進社會和諧的重要力量。五是公眾。公眾是社會的細胞，是打造共建共享的社會治理格局的必要維度，也是社會民主的充分體現的保障形式。

上述五類社會治理主體，既是新時期社會治理的多元主體，也是社會治理的參與者、治理者與推動者，更是社會治理成果的享有者。構建多元主體參與的共建機制，其要義是在黨委領導、政府主導下，充分發揮各社會主體在社會治理中的獨特優勢和積極性，各類社會主體協商合作，明確各主體的定位，正確處理各主體之間的關係，促進治理主體之間有機互動關係的形成，以推動社會治理主體結構合理化。多元治理主體是社會治理主體，是實現從「單中心治理」走向「多中心治理」的必由之路[1]。

---

[1] 陳鵬. 中國社會治理40年：回顧與前瞻［J］. 北京師範大學學報（社會科學版），2018（6）：12-27.

第二節 社會治理方式的演進

一、社會治理「壟斷」階段（1949—1978年）

中華人民共和國成立後，社會治理等同於國家治理。國家採取單向、自上而下的行政指令和行政計劃對社會成員進行管控。面對普遍凋敝、落後和失序的中國社會，政府的重任便是使中國社會、經濟發展步入正軌。政府迅速恢復正常生產，消滅土匪，關閉菸館、妓院，打擊各種反社會勢力，整頓社會秩序，借鑑蘇聯發展模式，進行土地改革，走集體化道路，在農村建立人民公社，在城市形成單位制、街居制、票證制、戶籍制，以對人民進行管理。

這一時期國家對社會的全部重要資源近乎壟斷，社會生活基本處於被全面嚴格控制的狀態。任何相對獨立於國家的社會力量幾乎都舉步維艱。基層社會被嚴格的行政體制所吸納，幾乎消失，社會力量成為政府附屬品。中華人民共和國剛成立後的相當長時間內，中國共產黨的思維和行為方式仍然保留著革命時期的風格，加上急於推進現代化建設，所以往往採取規訓、動員和運動等方式來處理包括經濟、政治、文化等在內的社會問題，對於出現的問題經常採用「通告批判」「大檢查」「嚴打」等消極管制手段。正如劉少奇所批評的，「這種形式主義的群眾運動，沒有真正的群眾基礎，而是在強迫命令的情況下進行的，表面上似乎轟轟烈烈，實際上空空洞洞」[1]。

中華人民共和國成立初期，國家之所以能對社會進行壟斷，是基於總體性社會結構，國家依靠強有力的中央集權、計劃體制、行政控制，對經濟、政治、社會等各種資源實行全面的壟斷，整個社會結構封閉、單一。在總體性社會框架下，個人所有制、集體所有制被國家所有制取代，市場經濟被計

---

[1] 劉少奇. 劉少奇選集：下卷[M]. 北京：人民出版社，1985.

劃經濟取代。這種社會治理體制，在當時經濟短缺的情況下，國家通過權力集中，能夠在短時間內運用有限的社會資源，解決百姓生活和生產問題。同時，這種體制對於維護國家主權、獨立，對於促進國家科學技術的發展和基礎性工程的建設等起到了決定性的作用。但是，這種帶有極強的行政和計劃色彩的體制，使國家權力和社會權力走向兩個極端，社會的運轉只能依靠行政命令控制，嚴重抑制了社會自我發展、自我管理的能力，社會活力和市場效率被嚴重壓制，人民群眾的基本生活需求也得不到滿足。

二、社會治理「管控」階段（1979—1992 年）

黨的十一屆三中全會後，中國的工作重心轉移到經濟建設上來，商品經濟、市場經濟體制逐步建立。同時，國家對社會管理體制進行了局部調整，社會逐漸與經濟、政治相分離。改革開放後，個體、私營經濟的出現打破了公有制的大一統。大量企業和社會組織湧現，社會資源和生產要素在社會領域的流動頻率加快，而不再單單拘囿於國家。與此同時，部分組織機構的管理體系也在發生改變，人民公社解體、單位制和街居制逐漸鬆動瓦解，對人口遷移的控制逐步減弱，村民委員會、居民委員會等基層群眾自治組織開始出現，為基層社會治理開闢了新的路徑。國家實行「放權」改革，實施政企、政社分開，許多獨立於國家的民間社團逐漸發展起來。這一時期，雖然國家的計劃與控制體系不斷減弱，「運動式」的管理手段逐漸被正規的法治手段代替，國家對社會的管控放鬆，但經濟改革居於主導地位，社會改革只是服務於高度集中的計劃經濟，自上而下的行政指令性管理手段依然占據主導地位；單位制雖鬆動，但是社會的單位性仍然很強，社會管理的絕對主體依然是政府和國營企事業單位，行政管理仍居於社會控制的首位；社會治理依然被湮沒於國家治理之中，社會治理具有零散性和局部性，沒有形成系統性的結構。並且這一時期，快速積聚了大批社會矛盾和問題，如城鄉二元結構明顯，官員腐敗、「三農」問題、社會越軌行為增多。這些社會問題嚴重阻礙了中國經濟和社會的發展，中國的社會管理體制受到前所未有的挑戰，社會管理體制

開始走向摸索調整之路。

三、社會治理「經營」階段（1993—2002年）

1992年，鄧小平南方談話與黨的十四大勝利召開，明確了構建社會主義市場經濟體制的目標，隨後相應的社會體制改革相繼展開。在以經濟建設為中心的前提下，國家也在積極探索社會治理改革及治理方式的創新。

1993年，中共十四屆三中全會提出，「加強政府的社會管理職能，保證國民經濟正常運行和良好的社會秩序」[1]。為促進社會秩序良好發展，政府已明確把社會管理作為政府重要職能，政府為社會提供多層次的社會制度保障。1998年，國務院機構改革方案中首次明確「社會管理」的概念，明確指出社會管理是政府的基本職能。在改革方案中，「要求轉變政府職能，把政府職能切實轉變到宏觀調控、社會管理和公共服務方面來，把生產經營的權力真正交給企業；在調整政府組織結構方面，提出適當調整社會服務部門，發展社會仲介組織」[2]。同時，有關社會組織和基層自治的法律法規逐漸完善，全國人大於1998年通過了《中華人民共和國村民委員會組織法》，村民自治也逐漸走向制度化與法制化的道路。這一時期的城市居民自治制度也在不斷創新，1998年，《民辦非企業單位登記管理暫行條例》與新修訂的《社會團體登記管理條例》出抬，標誌著中國社會組織管理更加規範。

雖然這一階段政府的社會管理職能開始被提出，但是改革的重點仍在經濟領域，因此經濟職能仍然是當時政府的主要職能，經濟職能與社會職能之間處於一種相對失衡的狀態。

四、社會治理「管理」階段（2003—2012年）

這一時期社會治理的最突出的特徵是，政府加強了在社會領域的投入。

---

[1] 中共中央文獻研究室. 十四大以來重要文獻選編：上 [Z]. 北京：人民出版社, 1996.
[2] 中共中央文獻研究室. 十五大以來重要文獻選編：上 [Z]. 北京：人民出版社, 2000：242.

第八章　社會治理方式

這一階段社會管理得到黨和國家的高度重視，並被提升到構建社會主義和諧社會的高度。2002 年，黨的十六大提出了「全面建設小康社會」的目標，並將社會管理作為政府職能之一，再次明確了政府的四大職能是：經濟調節、市場監管、社會管理、公共服務。黨中央站在維護社會穩定的角度，提出了要「改進社會管理」，以求良好社會秩序的運行[①]。2003 年，「非典」事件爆發後，國家更加重視對社會的管理。在「非典」總結會議上，胡錦濤指出，「把促進經濟社會協調發展擺到更加突出的位置，要進一步加強社會管理體制的建設和創新，建立健全與發展社會主義市場經濟相適應的社會管理體制」[②]。2005 年，在給中央省級領導幹部的講話中，胡錦濤指出，「中國特色社會主義事業的總體佈局由社會主義經濟建設、政治建設、文化建設三位一體發展為經濟建設、政治建設、文化建設、社會建設四位一體」。自此開始，中國的社會建設與經濟建設、政治建設、文化建設被提升到同一高度。2006 年，黨的十六屆六中全會首次對社會管理做出了具體安排與部署，特別是社會管理體制的健全、社會管理格局的健全，以及社會治安體系完善等幾個方面[③]。此時，社會管理體制改革進入自覺建設階段。2007 年，社會管理體制改革被正式提上日程。黨的十七大針對實現全面小康社會目標，為構建實現人人有責、人人共享的和諧社會，要求完善社會管理、最大限度激發社會活力。2010 年，黨的十七屆五中全會進一步提出要創新社會管理體制，加強社會管理能力建設。2011 年是中國的社會管理年，中央就加強社會管理和創新召開了專題研討會，「加強和創新社會管理」被寫入「十二五」規劃。2011 年 7 月，國務院出抬《關於加強和創新社會管理的意見》，對社會管理工作做出了更全面的部署。2012 年，黨的十八大報告提出要加快形成「黨委領導、政府負責、社會協同、公眾參與、法治保障」的社會管理體制。報告將「法治保障」融入社會管理體制，表明了社會管理體制要與依法治理相結合，不再依靠行政權力來管理。

---

① 中共中央文獻研究室. 十六大以來重要文獻選編：上 [Z]. 北京：中央文獻出版社，2005：28-29.
② 胡錦濤. 胡錦濤文選：第 2 卷 [M]. 北京：人民出版社，2016.
③ 新華社. 中共中央關於構建社會主義和諧社會若干重大問題的決定 [J]. 當代廣西，2006（21）：4-10.

五、社會治理「治理」階段（2013年至今）

2013年，中國開始進入「社會治理」新階段，現代意義上的社會治理正式開始。黨的十八屆三中全會首次提出「社會治理」的概念，並對以往「社會管理」的提法進行修正，社會治理成為實現國家治理體系和治理能力現代化的重要內容，《中共中央關於全面深化改革若干重大問題的決定》也在此次會議上通過。《中共中央關於全面深化改革若干重大問題的決定》明確指出創新社會治理的目的是，「必須著眼於維護最廣大人民根本利益，最大限度地增加和諧因素，增強社會發展活力，提高社會治理水準，全面推進平安中國建設，維護國家安全，確保人民安居樂業、社會安定有序」[①]。《中共中央關於全面深化改革若干重大問題的決定》從社會治理方式、激發社會活力、化解社會矛盾，以及防範社會風險等方面對社會治理進行了全面闡釋。中央高層對社會治理的理念有了全新的理解，開始注重發揮社會力量在社會治理中的作用，強調社會與政府的合作，強調多元參與、以人為本、依法治理。2014年3月，十二屆全國人大二次會議在「加強和創新社會管理」方面提出新要求，即「注重運用法治方式，實行多元主體共同治理」[②]。2015年，《促進大數據發展行動綱要》出抬，大數據治理成為中國社會治理戰略的重要方法，社會治理方式開始走向精細化。2017年，黨的十九大報告指出，中國社會主要矛盾已發生轉變，人民對美好生活的需求變得日益廣泛的同時，還對法治、民主、安全、環境等方面有了更高層次的要求。為了滿足人民的需求和要求，解決新的社會矛盾，黨中央提出要打造共建共享的社會治理新格局。

---

① 中共中央文獻研究室. 十八大以來重要文獻選編：上 [Z]. 北京：中央文獻出版社, 2014：539-540.
② 中共中央文獻研究室. 十八大以來重要文獻選編：上 [Z]. 北京：中央文獻出版社, 2014：850.

第三節　社會治理方式的智能化創新

一、大數據與社會治理

（一）大數據的概念及特徵

1. 大數據的定義

大數據由「bigdata」翻譯而來。關於大數據，雖沒有統一的定義，但是人們卻有幾個一致的觀點。有兩種定義可以很好地詮釋大數據的本質。第一個定義是2011年Gather公司在 *Teradata Magazine* 期刊上對大數據的解釋：大數據是超出了常用硬件環境和軟件工具在可接受的時間內為其用戶收集、管理和處理數據的能力[1]。另一個定義來自全數據分析研究所的麥肯錫，他在2011年5月發表的《大數據：創新、競爭和生產力的下一個前沿》一文中對大數據概念進行了定義：大數據是指大小超出了傳統數據庫軟件工具的抓取、存儲、管理和分析能力的數據群，並同時解釋了「多大的數據才算得上是大數據」的問題。

2. 大數據的特徵

要想瞭解大數據的本質，除了從定義去瞭解，還應從其特徵上進行把握。大數據的特徵經歷了從3V到4V的演變。IBM（萬國商業機器公司）認為大數據具有Volume（大量化）、Variety（多樣化）、Velocity（快速化）的3V特徵。後來IDC（國際數據公司）將大數據的特徵概括為4V，即在3V的基礎上增加了Value（價值）。目前普遍認可的是大數據的4V特徵。

Volume（大量化）：截止到2018年12月底，新浪微博全國日均文字發布量1.3億字，日均視頻播放150萬條；根據2018年微信數據報告，微信用戶每天約發出450億次信息，4.1億次音視頻。IDC在2006年估計全球產生的

---

[1] 吳文遠. 大數據時代下數據分析理念的辨析[J]. 科技風, 2017 (21)：53.

數據量為 0.81ZB，到了 2018 年已增長至 33ZB。根據這個增長速度，到 2025 年，全世界產生的數據量有望增至 175ZB（註：1,024GB = 1TB、1,024TB = 1PB、1,024PB = 1EB、1,024EB = 1ZB）。例如，治安工作中的數據包括通報協查與串案並案信息、違法犯罪嫌疑人前科信息、戶籍檔案管理的工作對象正副卷信息、一般成年人人口信息、備查檔案、戶口簿冊、治安信息員與治安耳目等，以及海關、工商管理部門轉遞給治安部門的情報材料等，海量信息包含海量數據。

　　Variety（多樣化）：多樣化主要體現在兩個方面。首先是數據來源多，隨著互聯網的普及，可以通過分佈在社交網站、電子平臺等的各式各樣的傳感器獲取多種類型的數據源。其次是數據類型繁多，包括除了以數字、符號為主的結構化類型的數據，還包括非結構化類型的數據，如文本、所有辦公文檔、音頻/視頻、圖像、各類報表、網頁等。社會治理中，所需要處理的數據不只是結構化的，更多是非結構化的。例如在社區網格化管理中，數據類型有監控網格內的視頻、反應現場情況的圖像和群眾互動的文本信息等非結構化數據。

　　Velocity（快速化）：它不僅指產生數據的速度快，而且對數據的邏輯處理速度也非常快。每個人每時每刻都在產生大量數據，社會治理各個領域的數據產生速度極快，這就要求對大數據的處理做到即時、準確、迅速。大數據的快速邏輯處理速度，能夠適應公眾要求政府快速做出反應的需求，一個公共事件可以在短時間內快速爆發，引發社會輿情。而大數據的快速化，使數據處理者能夠快速地分析輿情的發展趨勢、輿情的爆發點，從而幫助政府快速做出應對方法。

　　Value（價值）：這是大數據的核心特徵。現如今，數據量很大、虛假信息很多，而有價值的數據的比例又很小，這為社會治理帶來了較大的挑戰。而大數據能夠從大量信息裡提取有價值的信息，挖掘出對未來趨勢的預測和模式化地分析有價值的數據，利用智能方法、數據挖掘法探討出新的規律和新的知識，並將其運用到社會治理領域，構建「智慧城市」「智慧交通」「智慧醫療」和「智慧環保」，大大提高了社會治理的水準。

第八章　社會治理方式

3. 大數據與雲計算

除了以上特徵，大數據還有一技術特色，即與雲計算密切相關。雲計算的基本原理是，大量計算分散式地分佈在計算機上而非本地的計算機或遠程服務器中[①]。用戶只需通過一臺可以連接互聯網的電腦或手機等終端，就可以瀏覽新聞、圖片、音視頻、文字等，實現「足不出戶就可以看天下」，甚至執行超級計算服務的任務。大數據依託雲計算進行分佈式處理、分佈式數據庫存儲、雲端儲存和虛擬化技術模擬，對海量數據進行分佈式挖掘和分析。如今雲計算將大數據帶入公共區域、私人領域、商業領域等，而雲計算的應用能得到快速增長主要得益於互聯網的支撐。因此大數據離不開雲計算和互聯網。

(二) 社會治理中大數據的應用特點

最近幾年大數據在社會治理方面「大顯身手」。「數據驅動社會治理」是一種新型社會治理模式，收集數據、分析數據已經成為政府部門和各個行業的基本要求。它們根據數據預測的趨勢和分析結果制定各項政策和法規，將社會治理從事前管理向事後預防轉變，在醫療衛生、環境生態、交通、農業、金融等領域發揮著重要的作用。

大數據正在引發一場治理的變革。大數據顛覆了傳統治理中研判問題的方法，以大數據的思維邏輯貫穿社會治理的全過程，對社會治理問題做到精準把握、快速發現、準確預測、優化治理。社會治理的方式從傳統的基於研究對象的局部「現實」進行分析，變為如今利用海量數據進行精準分析，大數據無疑給社會治理帶來了翻天覆地的變化，影響著我們的生產方式和生活方式以及思維方式。大數據治理方式既不同於傳統治理方式，又有著傳統治理方式不具備的特點，我們可以從大數據在社會治理中的應用的現實情況概括出以下四個特點。

1. 科學性

在政府管理社會事務時，由於政府組織的科層制結構，信息傳遞受阻礙，

[①] 萬川媒. 雲計算應用技術 [M]. 成都：西南交通大學出版社，2013：9.

往往導致信息不對稱和信息失真的困境，因而許多決策缺乏科學性。缺乏對信息的完整的瞭解，決策就會漏洞百出，引起更大的社會矛盾。而大數據的出現使政府可以收集大量政治、經濟、文化等領域的數據，可以改變信息科層制所帶來的弊病，使得信息傳遞更加扁平化。政府能夠借助大數據瞭解更多維度的信息，能夠瞭解問題的真實性，以便做出科學、準確、民主的決策。以糧食管理為例，運用遙感衛星的數據，中央人民政府便可知耕地數量，再配合算法以及模型估計，便可知地方人民政府上報糧食產量的精確性，利於跨區域地統籌和規劃農業政策；同時也利於更合理地調配各地糧食資源，解決糧食安全等問題。

2. 高效率

傳統社會治理方式僅僅依靠直覺和經驗做出社會決策。而大數據時代，絕大部分的決策行為是基於數據分析，而其快速化、大量化、多樣化和高價值的特徵，必然使其在社會治理方面具有高效率的特徵。例如農村普遍的焚燒秸稈行為導致當地土層破壞，空氣污染嚴重。但地方人民政府對於秸稈焚燒行為長期監控不力，沒有很好的監控辦法。在借助遙感衛星的大數據後，江蘇省被發現74處秸稈焚燒點，環保部門緊急約談當地政府，對政府負責人進行了處理。運用了大數據平臺後，環保治理信息不對稱的問題高效地得到瞭解決。

3. 公正性

大數據治理實際上是基於數據的治理，隨著大數據技術的不斷完善，社會治理將會從大數據治理發展到基於大數據的智能機器治理。基於大數據的智能機器治理，雖然會涉及人類發展更深層次的問題，但是機器不會具有人性的複雜性。基於大數據我們將會對更客觀的數據進行分析，用數據說話的治理方式將會很大程度地降低主觀、偏見等非理性因素，提高法治的水準，使得社會治理更公平、公正。

4. 協同性

社會治理從過去唯一主體變為多個主體，從過去單向度的、自上而下的權威管理變為平行的各個方向合作、協調的治理。大數據為協調治理提供了

技術支持。大數據可以突破時間和空間的限制，再加上與博客、微信、微博等新媒體的深度融合，政府能夠更深入地與民眾進行互動，形成多元協同治理新格局。2018年8月，雲南省昭通市魯甸縣發生6.5級地震。許多互聯網公司利用數據平臺和技術優勢，紛紛加入救災的隊伍中。奇虎360公司開放「災區尋人」界面，用戶進行相關信息的搜索，即可發布尋人信息。通過該平臺，很多失散的親人得以團聚。百度公司也推出「百度救災地圖」，通過該地圖可以瞭解物資緊急情況、捐助通道，民眾可以直接向災區捐物、捐款，讓真正缺少物資的地方得到關注。社會多元主體的廣泛參與，協同處理災情，極大提高了抗災救災的效率。

（三）大數據創新社會治理

加強社會治理創新是應對社會轉型，增強社會發展活力，促進社會和諧發展所面臨的一項重大戰略任務。黨的十八屆三中全會明確提出要改進社會治理方式，提高社會治理水準。黨的十八屆五中全會進一步強調要「完善黨委領導、政府主導、社會協同、公眾參與、法治保障的社會治理體制」「構建全民共建共享的社會治理格局」。由此可見，加強社會治理創新，及創新社會治理方式是適應中國當前社會建設和實現國家治理體系與治理能力現代化的必然要求。因此，中國應探索社會治理創新的有效途徑，大力推進科學技術在社會治理上的運用，把大數據作為社會治理的重要手段，強化社會治理體系的法治化、協同化、系統化、智能化。

當前，大數據因其大量化（Volume）、多樣化（Variety）、快速化（Velocity）和價值（Value）成為全球關注熱點，而且大數據在社會治理領域內發揮著巨大的作用，運用大數據技術和大數據思維創新社會治理逐漸得到社會的普遍認可。針對轉型時期中國社會矛盾複雜化、社會利益衝突多樣化等問題，大數據技術從認識、理論、方法等方面都能提供幫助和解決措施。大數據對海量信息的收集與挖掘、存儲與整理、研判與共享，為社會轉型期的社會治理創新帶來了新的機遇。

1. 大數據與流動人口

大數據的出現為流動人口的治理提出了新的思路和方法。《中國流動人口

發展報告 2018》顯示，2017 年中國流動人口總量為 2.44 億人。面對規模如此大的人口流動數量，政府原有的治理理念、模式、手段已經不再適合，並且出現了許多新的社會問題。而大數據技術在優化人口治理方面具有特有的優勢。大數據充分運用了現代化科技力量，提高了政府對流動人口的治理水準，大數據為實現流動人口治理的現代化、智能化提供了有效的途徑。

當前中國的人口管理信息網絡系統已形成了全國的聯通，大數據技術在治理流動人口問題上作用非常顯著。首先，基於大數據技術而形成的人口管理信息系統能夠提高公安機關管理戶籍的效率，特別是在對流動人口的管理方面，起到了很好的作用。傳統的人口流動管理無法對實有人口的總體規模、遷徙特點、人口結構分佈特徵方面進行數據收集和分析，無法掌握流動人口的變動，而彌補了流動人口傳統管理技術的缺陷的大數據可以做到。其次，利用人口信息系統，政府可以通過瞭解租房人員信息登記或網上登記等資源，迅速掌握本轄區流動人口信息；同時基於大數據建立的治安管理信息系統，可以將全國各地在網上公布的在逃犯罪分子的信息與當地公安人口信息系統進行對比，在第一時間發現逃犯，對其進行抓捕，消除治安隱患。再次，基於大數據建立的人口信息系統平臺，實行多部門聯動，可以提高行政效率。公安機關聯合人社、衛生、計劃生育等部門，將登記和保存的人口數據形成統一的數據共享平臺，進行綜合全面管理，做到只要輸入相關信息就可以查看流動人口的基本信息。這可以打破部門之間的信息壁壘，實現不同層級、不同部門之間人口信息系統共享，同時可以減少信息傳遞的阻礙，降低人工管理成本，減少工作負擔，提高人口管理效率。最後，大數據與移動媒體的結合，解決了人口信息主動提交的問題。以前政府很難監控人口的流出，很多人流出後都不會主動到相關部門進行登記，這阻礙了國家對人口信息的準確性和全面性的把握。而以智能手機為代表的移動媒體自身所具有的移動定位功能，為流動人口即時性方位管理提供了極大的便利。同時移動媒體平臺為流動人口管理提供了便利，人們願意主動接受人口管理信息的提交。

2. 大數據與社會治安

2016 年 12 月，由國務院印發的《「十三五」國家信息化規劃》提出，要

第八章　社會治理方式

推進網上綜合防控體系建設，建立和完善社會治安綜合治理信息系統和公安大數據中心，加強公共安全視頻監控聯網應用。也就是說，要加強大數據技術在社會治理領域的重點應用，發揮基於大數據的社會治理在維護社會安全穩定中的巨大作用。

社會治理中一項非常重大的任務是社會治安管理，社會治安管理是國家治理體系和治理能力現代化的主要表徵之一。將大數據技術與社會治安管理相結合，是改進和創新社會治安管理方式的一個必然趨勢。

傳統的治安防控體系碎片化、被動化，常常浪費大量警力進行摸底排隊，或者進行大規模的運動作戰，導致投入過大，浪費警力資源。事實也證明，對於大多數犯罪活動而言，摸底排隊、調查訪問等傳統工作，對打擊犯罪的效果不佳。只有數據化、主動化、全局化的治安防控模式，才能實現動態的社會治安治理。

社會治安管理領域中大數據的應用有很多種實現方式。比如，對城市街區中治安事件發生的時間、地點、類型和其他信息進行收集，然後運用大數據技術進行非文本數據的清洗、挖掘、整合與分析，再結合地理信息系統繪製治安事件的熱點地圖，可以描繪出高事故率和犯罪率的地區，以及密集時間段，社會治理當局就可以根據事故率和犯罪率的高低與不一的程度進行警力布控與防範預防，提高預警能力和有效降低暴力犯罪發生率。如北京市公安局懷柔分局，通過運用大數據、雲計算和科學分析模型，開發建設了「犯罪數據分析和趨勢預測系統」，該系統收集了 9 年 1.6 萬餘個案件的信息，並通過系統對案件信息進行分析，自動預測未來某個時間、某個區域可能發生犯罪的概率以及犯罪的種類，隨後有重點地加大警力投入，收到了很好的效果。大數據的運用扭轉了以往民警圍繞案件轉的被動局面，變為主動出擊，加強地區治安巡邏，如根據犯罪團伙的身分信息、手段、活動軌跡等作案特點進行分析，進行全鏈條精準打擊。廣東警方一週內抓獲「盜搶騙」犯罪嫌疑人 1,043 名。此次行動正是依託現代科技信息化手段——大數據技術與雲平臺，根據在區域作案的「盜、搶、騙」等職業犯罪嫌疑人的真實身分、犯罪事實、手段特點、活動軌跡、關係網絡等特徵，統籌信息開展大數據批量

碰撞分析、上下聯動、區域聯動、部分聯動，實施合成作戰，這大大降低了同類犯罪案件的數量與頻次，彰顯了應用大數據技術打擊和預防犯罪的巨大威力。再如應用社交網絡分析技術打擊犯罪團伙和暴恐組織。傳統的方式是將涉案人員的關係通過圖釘和連線在黑板上展示出來，而社交網絡分析技術利用經典的圖劃分算法，挖掘和分析團伙成員關係、團伙結構和作案模式，以及對多個可能相關的案件進行研判分析，從而提高辦案效率，為構建和諧社會保駕護航。

大數據在社會治安的初步應用效果已經證明了其巨大的實用價值和發展潛力。中國應該繼續探索大數據在治安方面的道路，轉變傳統的治理思維模式，培養大數據參與社會治安治理模式下的預測式、預防式思維。

3. 大數據與網絡輿情

現在的網絡程序已從以往即時性不強的博客、論壇、貼吧等發展到即時性很強的微博、微信，網絡技術從 2G（第二代手機通信技術）時期的 PC（個人計算機）互聯網發展到 3G（第三代移動通信技術）的移動互聯網，甚至到 4G（第四代移動通信技術）時代的物聯網。某一突發事件可以在網絡上迅速引起人群共鳴並快速傳播，並且隨著網絡輿情愈演愈烈，最終變為公眾情緒的爆發和宣洩，傳統輿情處置的「黃金 4 小時」已不適用，留給政府決策者的反應時間越來越有限，而公眾對決策者的反應要求越來越高。同時網絡技術的發展不僅對決策者的反應速度有著高要求，還給輿情判斷帶來了極大的干擾。網絡技術、自媒體的發展使得公眾從信息的接受者，變為信息數據的傳播者、生產者，大量信息以及網絡交叉傳播方式使得網絡數據呈爆發式增長，網絡信息數量也呈幾何級增長，使得網絡輿情結構更加複雜化、多變化，這為輿情研判帶來了極大的挑戰。網絡技術的發展使得人類社會即時產生的數據成為影響社會治理的重要因素，而大數據技術的興起，為我們更加有效地治理網絡輿情提供了新的方法和思路。

一是借助大數據，可以實現對數據和信息的即時收集和分析，並且圍繞某個事件的其他相關數據信息都可以即時掌握，極大提高了輿情信息收集的效率，也為決策者應對輿情節約了寶貴時間。同時基於大數據收集到的數據

信息，可以幫助決策者做出科學、民主的決策，避免錯誤的決策導致輿情反彈和反復。二是大數據可實現輿情準確預判。大數據的優勢在於可以從海量數據中、不同事件中，挖掘和抓取相關聯的數據，在網上不同言論中，分析意見傾向以及相互之間的關聯性，揭示輿情發展趨勢，挖掘網絡輿情和社會動態背後的深層聯繫，實現網絡輿情和社會治理緊密聯繫。三是大數據可實現「網上」和「網下」的社會協同治理。構建大數據共享平臺，可實現政府部門、企業和社會之間數據資源的交流和共享，打破信息孤島，實現跨部門和跨行業的合作，便於及時應對突發事件，回應社會關注熱點。對大數據的運用可最大限度地調動社會力量參與網絡輿情的治理。

4. 大數據與公共交通

城市交通是城市最基礎也是最重要的組成部分，是社會經濟發展的命脈。而如今人口的快速增長，車輛數量呈幾何級增長，城市交通狀況每況愈下，尤其是交通擁堵情況頗為嚴重，成為城市發展的制約因素。

傳統的錄像法、人工統計法和機械技術法存在勞動強度大，耗費大量人力和時間，抽樣調查法無法獲取即時動態、精準的數據等缺點，使得中國城市交通治理方面存在較大的不足。而大數據分析技術的興起，利用各種信息採集技術，對城市交通狀況、交通流信息、交通違法等行為進行即時數據監控和收集，然後整合各種類型的交通數據，挖掘數據之間內在的聯繫，可以科學、全面地分析城市公共交通中存在的問題，找到影響城市交通的真正瓶頸，提高政府交通治理水準。同時也能夠提高城市資金使用效率、降低政府治理成本，以科學管理提升現有道路承載力，減少道路建設投資。

二、社會治理網格化

(一) 網格化管理的概念

「網格」一詞的出現是基於「電力網」(Electricpowergrid) 一詞的拆分。最初的網格概念並不是應用在公共事業管理領域的。網格概念在實踐的推動下不斷發展、演變和豐富，並逐漸與計算機和互聯網技術緊密聯繫。網格概

念被提出的目的是使用戶能夠像使用電力一樣方便地使用網絡的計算能力。網格是以互聯網為底層構建的一組新技術，網格的優勢在於將高速互聯網、高性能計算機、數據庫、遠程設備等互聯一體，可以為用戶提供更多的互聯資源、互聯功能與交互性，用戶足不出戶就可以共享和交換信息與資源。而本書所述的網格是指城市社區按照一定的劃分標準，如地理位置定位被切割為若干單元的「網格」，每個網格內分配有負責人並對網格內的人員、事件和部件等進行跟蹤和管理，能夠對社區實現高效、快速、精準的管理。

網格就是為實現精準、敏捷管理而劃分的基本管理單元。網格化管理實際是基於屬地管理、現狀管理、方便管理、管理對象整體性等原則，將管轄區域分為多個網格，對網格內的各種數據資源、信息資源及服務資源等進行收集與整合，並明確每個網格的責任人和監督人的職責，對所分管的網格實施全時間段監控，實行動態和全方位的管理。

（二）社會治理網格化的特點

2013年，黨的十八屆三中全會提出，要「加強社會治理創新，以網格化管理、社會化服務為方向，健全基層服務管理平臺」。為貫徹落實這一精神，許多地方加強社會治理創新，在實現「網格化管理、社會化服務」，提升社會治理水準上做了很多有益嘗試。網格化管理從理念的創新到實踐的探索，都促進了中國社會治理體系的完善和治理能力的提升。總體來看，網格化管理已成為中國基層組織加強社會治理的普遍性方式之一，網格化管理在社會治理領域裡呈現如下特點：

1. 服務精細化

網格化的「精」體現在對問題的精準把握。網格的應用和基層綜合服務管理平臺的搭建使得基層社會的治安、人口、教育、就業、環保等數據庫體系得到快速完善，為網格事件的高效、分類處置創造了有利條件，加之電子地圖、衛星定位、遠程監控、人臉識別、視聯網等現代數字信息手段的持續豐富，使「定位」與「定人」的結合更加緊密，有利於解決社區治理的「最後一公里」的問題。網格化的「細」體現在「以人為本」的服務導向，關注群眾身邊的小事，瞭解群眾真正的需求，為居民提供便捷化、智能化的服務。

第八章　社會治理方式

2. 治理結構扁平化

在網格化的管理和服務中，每個網格內都有一定數量的監督員，監督員將事件視頻、圖片上傳至監督中心，監督中心立案後輸入代碼，通知相關責任部門前往處理。在以前，從信息的上傳下達再到事件的處理解決，耗時很長，而網格化縮短了事件處理流程，使工作的開展情況及社情民意能快速被傳達，從而實現行政高效的雙向傳送，削減了層層上傳下達的行政層級，使治理結構趨於扁平化。

3. 治理主體多元化

面對基層社會治理的複雜性和瑣碎性，單一的社會治理主體難以有效回應群眾的多樣性社會治理需求。因此，基層社會治理的現實需求是走向多元治理主體的合作共治，及參與式治理。例如：通過網格化綜合治理，徐霞客鎮積極創新了各種社會治理主體的參與治理模式。徐霞客鎮社會治理主體不僅包括社區保安、社區綜合協管員與居委幹部等各類協管輔助力量，還包括社區居民、各類社會組織、自組織等各類社會力量，它們參與網格化管理，優化了徐霞客鎮社會治理的治理主體水準[①]。

4. 管理綜合化

網格化管理可以打破部門壁壘，整合部門資源，實現資源共享與資源利用的最大化。城市網格化管理為城市社會治理提供了新的治理理念和思路，其將原有的街道、社區等組織結構的工作平臺與網格化信息系統管理平臺相融合，打破了傳統的區域「條塊分割」和資訊「信息孤島」的限制，把傳統、被動、定性、分散和多頭的管理升級為現代、主動、定量、系統和綜合的治理，有效提升了城市社會綜合治理的效率與水準[②]。

5. 管理動態化

傳統管理模式在信息獲取上基本處於被動狀態，一般是某類問題累積到

---

① 邵燕. 綜網格 精治理：基層社會治理創新的路徑選擇——以江蘇省徐霞客鎮為例 [J]. 中共太原市委黨校學報，2018（4）：77-80.

② 張愷. 城市基層黨建網格化理論研究與實踐探索 [J]. 中共山西省委黨校學報，2018，41（2）：40-44.

一定程度，產生了嚴重的惡劣影響後，管理工作與信息處理工作才跟得上來。因此就有了「突擊式管理」「運動式管理」之稱；網格化管理模式通過信息平臺實現狀況即時更新和動態監管，提高了城市管理工作的主動性①。單元格內的任何事物發生問題，會在第一時間由網格負責人傳達相關信息，事情會在第一時間被反饋，問題會在第一時間被解決，這大大提高了基層治理的準確性，實現了即時的動態化管理。

（三）網格創新社會治理方式

中國國內的網格化管理實踐探索最早出現於網絡巡邏（北京、上海公安系統的「網格化」巡邏）領域，隨著科學信息技術的發展，網格化管理的應用實踐逐步拓展到城市治理、社區治理、農村留守兒童治理等方面。

1. 城市治理

目前中國正處於城市化加速發展階段，城市化的快速發展推動了區域社會經濟的繁榮和高速發展。但與此同時，城市化發展的負面作用隨之而來，如交通擁擠、環境污染、住房、教育、醫療資源緊缺等一系列社會問題。這些問題的出現，有城市建設方面的原因，但是更為重要的是城市治理體制、治理方式、治理思維等方面的原因。從傳統管理體制方面看，城市管理信息滯後、管理被動；各管理部門職能重疊、多頭管理、推諉扯皮；各管理部門之間協調合作成本高。從傳統城市管理手段看，許多城市雖然啟用了城市管理信息技術和平臺，但只是停留在對數據的存取和保管階段，手段還是粗放式的、單一的，治理方式還多是突擊式和運動式；城市的業務治理很少利用現代信息技術，城市的治理始終缺乏長期行之有效的治理手段和社會共治機制。這顯然不能適應現代城市發展的需要。

隨著網絡技術、信息技術和通信技術的快速發展，城市化信息治理進程明顯加快，相繼出現「智慧城市」「數字城市」等概念。進入 21 世紀，以大數據為基礎的網格技術得到不斷發展和運用，北京、上海等地開始探索將網格化管理應用於現代城市管理中，並取得了良好的效果。

---

① 張麗，韓亞棟. 網格化治理：「織網工程」和創新動因 [J]. 求索，2018（3）：54-60.

第八章　社會治理方式

2004年10月，北京東城區首創網格化城市管理系統。2005年，建設部以東城區經驗為基礎，於2005年至2007年分三批面向全國總結和推廣。2005年，上海借鑑北京東城區經驗發展了上海特色的網格化城市管理模式。北京、上海等城市的網格化管理實踐探索，為網格化管理的理念、方式、技術以及運作等提供了寶貴的經驗。目前，中國有630個城市已經完成了網格化城市管理信息建設，運行效果顯著，城市事件處理能力是以往的80倍，處置效率是以往的20倍。以杭州為例，市民諮詢、投訴回復率達100%，處置滿意率為平均95%以上。以北京東城區為例，城市管理問題發現率在90%以上，任務派遣準確率為98%，問題處理率為90.09%，結案率為89.78%，極大提高了城市管理效率。同時，降低了城市管理和運行的成本。例如，北京東城區，各專業部門巡查人員和處置人員減少10%左右，預算每年可節約城市管理資金4,400萬元左右。以此數據可知，其他城市在提高城市管理效率和降低成本以及營運服務成本方面的效果。

網格化城市管理模式為社會帶來了巨大的社會效益，並且相關實踐和探索推進了網格化城市管理理論、方法、技術等方面的創新和進步，從而推動了城市管理水準的提高。網格化管理模式在城市的運用，提升了城市管理效率，降低了城市管理和營運成本，實現了城市管理的精耕細作，分離了城市管理的監督和管理職能，解決了職責交叉、推諉扯皮、多頭領導的問題，帶動了居民參與城市管理的熱情，形成了政府和社會、公眾的良性互動、共管城市的格局，促進了社會治理水準的提升。

2. 社區治理

網格化管理最早運用於城市管理方面，後來隨著網格化管理自身的發展和演變，逐漸擴展到社區治理的領域。

社區是由聚居在一定範圍內的人們所組成的群體，是社會的有機構成，也是社會的縮影。因此，網格化作為社區治理的一種創新手段和模式，各地區也在不斷對其進行探索與創新。

2007年起，舟山市運用信息技術，建立社區管理與服務的信息管理系統，將網格內所有居民的就業、收入、住房、教育、家庭結構等數據進行收集和

整合，從而建立起「組團式服務及網格管理」的信息管理系統。該系統包含基礎數據查詢、網上辦事、交流互動等功能。當地在每個對應網格建立相應的管理服務團隊，為居民提供精細化的服務，承擔網格內聯繫群眾、解決矛盾、協調利益、整合資源等職責。「網格化管理、組團式服務」創新了理新模式，實現了工作方式從粗放化到精細化、工作重點從管理到服務、資源從分散到整合、工作決策從經驗決策到民主科學決策的轉變。

2013年，宜昌市網格社會治理全面實施，其按照「小組定界、規模適度、方便服務、總體平衡、人居百戶、入戶三天」的標準劃分全市網格，依次建立各級網格監管中心，如：市網格管理中心、縣級網格管理分中心、鄉鎮網格管理分中心、村網格管理站。在網格組隊上，採用「基層幹部+網格中心戶+志願者」模式，大力推進群眾與網格中心家庭的自我管理、自我提高的村民自治模式。

宜昌市夷陵區的特點是：擁有80%的農業人口，而且近80%的面積都是農村。村民自治模式的網格管理使宜昌市夷陵區全民融入網格。網格管理的規模與組合可以由村民自己決定，農村網格管理員也由村民通過民主選舉產生，形成了信息採集渠道流暢，村民之間熟悉、融洽的村民自治典範模式。

2014年，廈門市海滄區建成福建省首個智慧社區數字家庭。海滄區建立的社會管理服務平臺的核心是：抓住小事，依靠平臺，主體為居民，鼓勵參與，將社區自治納入日常生活，成為居民的一種生活習慣。該服務平臺包含掌上公交、掌上移車、政務公告、門診預約等15大特色功能服務，以網格作為管理工具，實現所有的元素，如「人、地、物、事情、組織」的管理，完成社區信息服務資源的整合，強調社區服務的概念。這種做法將政府自上而下的治理手段和居民自下而上的自治手段相融合，實現了政府與社區居民的協同治理，為社會治理方式注入了新的內涵。

站在社會政治視角，治理是一種偏重於工具性的政治行為，是實現一定

社會政治目標的手段①。網格化管理通過資源共享和工作協調運作模式，以網格為依託，提供了全面社會治理與公共服務。網格化管理是政府社會治理過程中的重大變革和方式突破，對進一步轉變政府職能，解決好政府職能運行中的缺位和越位問題都具有十分重要的意義。作為一種治理方式，深化社區網格治理機制與模式，是現階段創新社會治理模式的有益探索和實踐。

3. 農村留守兒童治理

農村留守兒童問題是一個複雜的社會問題，單靠個別主體的自我治理或社會組織的自發治理很難解決，此問題關涉到家庭、國家、社會等各個層面。中國農村留守兒童呈現以村落為單位分佈的特點，且數目龐大，年齡階段與父母陪伴的缺失，造成了留守兒童普遍自我保護意識的缺乏，因此留守兒童更加需要長期看護與關愛。傳統治理留守兒童的方式主要以「運動式」治理為主，缺乏關愛留守兒童的主動性，其問題發現大多依靠媒體曝光。治理方式帶有強烈的官僚主義色彩，留守兒童的關愛、呵護與社會活動如何開展，活動內容及活動方式是什麼等都是由治理主體來決定的，留守兒童在整個活動過程中僅僅起到配合或者聽指令的作用。作為治理主體的黨政部門、教育部門、社會組織等在治理上還處於應付治理狀態，遇上節假日就延期開展，不注重長期規劃，缺乏常態化的社會治理。

網格化管理所特有的全覆蓋的長效治理機制較為符合當前中國留守兒童治理的實際需求，同時在一定程度上糾正了中國留守兒童治理中部分治理主體的短期行為。目前中國網格化管理留守兒童包括以下兩種模式。

教師主導模式。2015年7月，山東省棗莊市山亭區婦女兒童工作委員會採取了以「全員育人導師制，留守兒童網格化管理」為核心的社會治理新方式來關愛留守兒童，其主要採取的措施有：①將留守兒童進行片區劃分，並將老師與留守兒童進行結對；②明確老師對於留守兒童的教育責任；③借助家委會、家長學校等平臺，加強對留守兒童監護人的培訓。棗莊市以教師為

---

① 王學榮. 國家治理現代化：治國理念創新的邏輯遞進——學習習近平總書記關於「國家治理現代化」的系列講話精神［J］. 唯實，2015（7）：22-24.

主導的留守兒童網格化管理模式，突出了教師在治理過程中的主體作用，借助學校、教師平臺為留守兒童提供社會支持與幫扶。

信息化治理模式。合肥市廬江縣廬城鎮 2012 年以「網格化」模式治理留守兒童，其具體做法為：①以村居為單位進行網格劃分，將城區劃分為 148 個大網格，每個村居根據具體情況劃分為若干個小網格；②在信息員分配上，「五老」人員、村居工作人員、機關幹部對小網格直接負責；③在工作內容上，信息員有明確的工作職責，即開展留守兒童大調研活動對留守兒童情況進行摸底，並建立留守兒童工作網格化管理信息庫，及時反應留守兒童信息和動態，記錄留守兒童家庭對村居工作的意見建議、個人訴求，日常巡查，等等。

廬城鎮留守兒童網格化管理的特點在於：側重於留守兒童信息的收集。主要體現在網格信息員要確保錄入信息的準確性與及時性，並對排查留守兒童的信息實行動態管理。這樣就確保了管理主體對於留守兒童動態情況的把握，確保在第一時間獲悉當地留守兒童存在的問題與困難。

目前應用網格化管理留守兒童的地區較少，沒有實現較大範圍的網格化管理，但在已經採用網格管理的區域，留守兒童治理成效是較為顯著的。採取網格化區域管理的留守兒童已全面得到基本保障，沒有發生任何重大事故，且兒童的權益得到了社會性補償。

三、社會治理信息化

（一）信息化的概念與界定

1963 年，日本作家梅棹忠夫在《信息產業論》中描繪出了一個由「信息革命」驅動的新世界，這被認為是信息化概念的起源。「信息化」的概念於 1967 年由日本政府經濟問題研究小組正式提出，該小組認為「信息化」是信息技術發展驅動的信息產業，信息產業在未來產業結構中起主導與引領作用，是用非物質化或模糊信息產品取代原有工業社會的物化產品，是由工業化社會到信息化社會邁進的過程，由此引發社會各方面的「信息化」革命。中國

第八章　社會治理方式

自改革開放起，就對信息化的概念、內涵進行了廣泛的研究和探討。1997 年第一次全國信息化工作會議給出了信息化的標準定義：信息化是指培育、發展以智能化工具為代表的新的生產力並使之造福社會的歷史過程。

社會治理信息化，就是將現代信息技術不斷推廣、應用到社會治理相關領域，通過現代信息技術在社會治理領域的應用達到防範社會矛盾、化解社會矛盾、提升公眾參與社會治理度、提升社會治理水準和效能，從而實現社會公平和民主的社會治理目標。社會治理信息化就是要在社會治理相關領域，搭建種類不一的信息管理服務平臺，以實現社會治理目標。

隨著信息化浪潮的湧動，信息化現在已經高度滲透到社會和國家的各行各業和各部門中，信息化已儼然上升為國家戰略。黨的十八屆三中全會提出的創新社會治理方式是：實現傳統管制型社會管理的方式向現代化的社會治理方式轉變，使得社會治理創新與信息革命浪潮相結合，促進社會治理方式的創新。黨的十八屆五中全會提出實施網絡強國戰略、國家大數據戰略，以及「互聯網」行動計劃。

（二）社會治理信息化的應用特點

工業革命推動了信息技術的迅猛發展，信息憑藉其獨有的特點，已成為不可或缺的資源，為推動國家現代化發展進程提供了強大動力。社會治理領域迎來全新的信息技術革命，信息技術的社會性推廣與應用成為推動「創新社會治理體制、提高社會治理水準」的重要力量。基層政府在創新社會治理信息化模式上做出了許多探索。信息化在整合社會資源、強化交流互動、瞭解公眾訴求、推動科學決策、提升社會治理水準、改善百姓生活水準上效果顯著。信息化本身具有智能化、數字化、網絡化和可視化的特點，當其與社會治理相結合時，展現出以下幾個特徵。

1. 開放性

政府因其職權和地位，在收集居民信息、城市信息等方面具有得天獨厚的優勢。絕大多數信息數據基本由政府獨家享有，但政府各部門數據接入標準的不一致，導致「數據壁壘」廣泛存在。「數據壁壘」與各地程度不一的信息化水準、信息化進展程度，以及技術接入標準、統計標準的差異，造成

了城市地區間、部門間的「信息孤島」現象。

「數據壁壘」與「信息孤島」的存在導致了信息數據作為資源的開放利用效益受限，不能滿足人民群眾日益增長的、不同層次的社會信息需求。而政府部門、街道、社區和各類社會組織可以利用城市公共信息平臺來獲取數據庫信息的權限，在一定程度上實現了數據的開放與共享。信息數據的開放共享對於政府職能轉變、辦公流程精簡、社會治理方式創新有著重要作用。

2. 以人為本

正如胡錦濤同志所說，「社會管理，說到底是對人的管理和服務」。社會管理的核心就是對人的管理。社會治理，它涉及民政、社會保障、教育、公安等多部門，但是有些部門職能出現重疊、交叉等現象，各部門間信息不暢通，協調合作度低，綜合協調管理難度大，導致民眾辦事時在各部門之間來回跑，多方辦證、多方蓋章，程序複雜。與此同時，低效的行政手段降低了社區治理與服務的質量和效率，導致社會治理服務導向發生偏差，民眾的合法權益得不到應有的保障，弱勢群體的利益被忽略。而信息化平臺的建設，首先，打破了信息壁壘，拉近了政府與民眾之間的距離，架起了政府與民眾之間的橋樑，信息化平臺搭建了政府與民眾之間溝通的平臺，能夠及時搜集民意，瞭解民眾需求，解決民眾的問題，提高政府部門的回應能力。其次，信息化技術能夠針對不同群眾、社區制定個性化、差異化的服務，協調各方利益，滿足民眾利益需求，真正實現「以人為本」的服務宗旨。

3. 預警性

隨著社會的開放性和流動性不斷增強，潛在的社會風險也相應加強，許多基層政府在社區治理方式的改革中，充分利用「天網」和「地網」等信息監測技術實現及時預警、預防、控制風險，促進社會和諧穩定。信息化網絡監管系統將個人基本信息採集、管理服務、社情民意等都納入其中，有效維護了社區的安全穩定，及早發出預警，及時排除隱患，解決問題。

(三) 信息化創新社會治理

信息化不僅是社會治理體系和治理能力現代化的重要內容，也是加快推進社會治理體系和治理能力現代化的重要手段。隨著信息技術的快速發展和

第八章　社會治理方式

日漸普及，國內不少城市都在積極嘗試利用信息技術推進社會治理創新，如安徽省蕪湖市社會管理信息平臺、廣東省湛江市信息平臺、福建省安南市「世紀之村」農村信息平臺、福建省廈門市健康信息平臺等，它們通過信息技術進行社會治理，是信息化與社會治理相結合的較為典型的案例。

1. 政務信息公開和信息化監督

江西省南昌市公安局於 2009 年創立了群眾滿意度短信評估服務平臺，評估範圍包含 17 項相關的公安業務，平臺系統自動發送短信徵求意見，通過短信評估群眾對警察的滿意度。

2009 年，上海市民政局以信息化為抓手，建立了居民經濟狀況核對系統平臺，整合分散在各個政府部門的相關信息，形成有權限的部門和單位可以直接查看申請人存款、稅收繳納、財產登記等情況的社會治理新方式，為政府社會治理領域中公共政策制定、公共政策實施，以及實施過程中的公平正義問題提供了新的手段[1]。

2. 創新訴求表達

安徽省蕪湖市政府網站於 2003 年設立了「市民心聲」互動論壇，該論壇入圍「政府利用網絡實行政府與市民互動」項目。該論壇欄目是繼該市「信訪辦」「市長熱線」和「市長接待日」之後，又一條政府與市民之間互動溝通的渠道。「市民心聲」最大的創新點在於充分利用信息化建設互動電子政務平臺，與市民開展網上互動，傾聽市民心聲，及時解決市民的投訴和抱怨，對市民的意見及時回復並採納，對市民的迷惑及時解答。蕪湖市以公眾為中心的電子政務模式，有效促進了政府職能的轉變，增強了政府的服務意識，並且信息化催生的電子政務創新了政府治理的方式。

3. 綜合管理創新

廣東省湛江市充分利用信息技術平臺，形成不僅將村務、黨務、財務等電子政務信息公開，而且各種惠農政策、農產品價格動態、農民工招聘信息也都將在平臺上發布的信息共享機制。該機制對信息披露和更新的情況以及

---

[1] 魏禮群. 社會管理創新案例選編 [M]. 北京：人民出版社，2011：1086-1092.

整改情況進行即時監控，提出預警，便於群眾對社會治理、社會管理的共同參與①。

福建省南安市蘭田村建設了中國第一大農村信息化平臺——「世紀之村」，平臺涵蓋村務管理、百姓新聞、勞務需求、三資監管、農家店等功能模塊。「世紀之村」平臺憑藉新穎的治理理念、獨特的營運模式、先進的服務功能，得到各級部門和群眾的認可。「世紀之村」平臺是一個黨和政府綜合信息化的平臺，該平臺整合政府、市場資源，採取「整市（縣）推進，村設網點，服務到戶」的市場化運作方式，讓信息化助推農村經濟發展。

第四節　小結與評價

社會治理方式是指國家採用的治理方法和途徑，根據具體落實可以分為法律、行政、經濟、道德及教育等等多種形態，合理、有效的社會治理方式對於實現社會治理目標具有十分重要的意義和作用。但要想瞭解中華人民共和國不同階段社會治理方式的精髓，還需要瞭解社會治理的演進與變遷。

中華人民共和國成立後，隨著社會經濟的發展與改革開放的不斷深入，社會治理方式也根據發展階段的不同，走過了社會治理「壟斷」階段（1949—1978年）、社會治理「管控」階段（1979—1992年）、社會治理「經營」階段（1993—2002年）、社會治理「管理」階段（2003—2012年）與社會治理「治理」階段（2013年至今）。特別是社會治理「治理」階段（2013年至今），更多地強調了社會的自主性和多元治理主體的合作性，並對治理過程中的規則約束愈加強化。

現代信息技術的發展在社會治理範式、社會治理工具、社會治理流程等

---

① 魏禮群. 社會管理創新案例選編［M］. 北京：人民出版社，2011：555.

第八章　社會治理方式

方面為社會治理提供了新的治理生態，為社會治理方式的創新提供了必要的技術支撐，推動著中華人民共和國社會治理整體性變革的發展與實踐。社會治理方式智能化創新，就是充分利用現代科學技術發展成果，將社會治理工具應用於治理過程，進一步優化資源配置、積極調動各方面的力量，促進社會的多元治理。

社會治理方式的智能創新根植於大數據、網格化、信息化的現代科學技術背景，以及治理環境的高度複雜性、治理主體的多元化與治理過程的動態化。社會治理的「技術理性」與社會治理的「價值理性」的高契合度是實現中華人民共和國社會治理現代化的核心，只有通過對社會治理體系的不斷創新，才能不斷推進中華人民共和國社會治理現代化。大數據、網格化、信息化的發展與應用，不僅推動了社會治理方式的智能化創新，而且也激發與促進了多元主體參與社會治理工作的積極性，也為中華人民共和國社會治理工作提供了社會治理創新的不竭動力。

在回顧中國社會治理發展的同時，也需展望未來。科學技術進步的力量是不容忽視的，只有「技術理性」與「價值理性」相結合，並且緊緊依靠智能化的發展，社會治理才會有更廣闊的未來。

經典案例：成都智慧城市[①]

一、網絡理政

近年來，成都市始終把網絡理政視為實現「以人為本」理念的重要手段，始終堅持把網絡理政作為踐行群眾路線的重要載體，作為深化城市智慧治理的重要方式，作為創新政務服務的重要抓手，借助互聯網便捷性、高效率、扁平化的優勢，積極構建多元主體共同治理的新格局，積極踐行和推進社會治理精細化。網絡理政一直致力於解決民眾所關切的民生問題，讓群眾感受到政府給予的關注和發展的溫暖，確切提升人民群眾的幸福感。

網絡理政已經成為政府與群眾之間的橋樑，便民查詢、辦事、監督、投訴、建議等功能為市民提供了方便和快捷的服務。2017年，成都網絡理政平臺累計訪問量達 2,136,529 人次，處理群眾來電來信 2,362,949 件，群眾滿意率達 86.7%。群眾的問題主要集中在城鄉建設、勞動和社會保障、城市管理、交通管理等方面。

網絡理政平臺為人民群眾提供了 24 小時線上互動的服務，為人民群眾提供了發表意見的機會，擴大了人民群眾參與政府決策、實施、監督和完善公共服務的便捷渠道；同時，針對群眾在網上反應的問題，政府積極採取線上線下多種方式溝通，切實化解矛盾糾紛，保障了群眾的參與權、知情權、表達權和監督權；此外，該市各級領導幹部通過網絡理政平臺察民情、體民恤、解民憂、集民智，轉變了執政方式和工作作風，並充分運用大數據技術，挖掘群眾關注的熱點問題、政府治理的難題和公共服務的短板，科學評價政府部門的工作效率和質量，構建了科學化、多元化、民主化和智能化的網絡理政決策體系，有效推動了社會治理模式創新。

[①] 資料來源：徐燦，胡清，文豪. 成都獲得 2018 中國城市治理智慧化綜合獎 [EB/OL]. (2018-09-10) [2019-03-28]. http://www.sohu.com/a/252914291_384290.

第八章　社會治理方式

二、著力構建智慧城市，政府打造「僅跑一次」政務流程

2017年，成都全面完成了「城域網升級改造」工作，形成覆蓋全市的千兆網絡的社會治理創新。成都的全網覆蓋，使市民的生活更加便捷，也為城市智慧治理奠定了堅實的基礎。成都市作為全國首批試點數字城市，積極投身於智慧城市的建設，著力構建智慧城管平臺建設，以互聯網為抓手，著力推進智慧政務、智慧醫療、智慧製造、智慧出行的發展。

成都智慧政務正在迅速發展。成都市建立的便民服務平臺，整合了許多部門的數據資源，為市民提供數百種在線服務。市民可以隨時通過手機、電腦、電視等終端查看社保、公積金、水電費等多項業務信息。政府打造「僅跑一次」政務流程，極大提高了市民在政務中心的辦事速度。在此基礎上，政府又進一步改進、優化流程，創新服務，著力推進「一次都不跑」，努力為市民打造時間最短、程序最簡、成本最低、服務最好的「至簡」審批模式。

成都的智能醫療流程正在加速發展。各家醫院已開通微信掛號等網上服務功能，診斷、治療、住院等都可以在網上支付，從而避免了以往通宵排隊的不愉快經歷。並且電子病歷、在線諮詢等功能也走進了公眾的生活。電子病歷記載著病人以往所有的看病信息，從而避免了病歷丟失的情況，同時醫生根據電子病歷可以及時準確地判斷患者病情。患者可以隨時通過在線諮詢平臺與醫生進行溝通，快速地和醫生建立遠程聯繫。患有小病的患者無須再去醫院排隊問診，便能得到專業治療方案和建議。

在智慧製造方面，成都雙流區正在以昂首闊步的姿態向智慧製造邁進。2017年，世界首條工業4.0高效電池生產線在雙流區投產，這是世界首條採用無人生產製造技術的生產線。成都雙流區率先實現了智能化工廠和數字化車間，讓智能製造真正從概念變成了現實。

本章參考文獻

[1] 高冠東，劉新凱. 大數據給力社會治安管理 [J]. 人民論壇，2018 (5)：74-75.

[2] 邵燕. 綜網格 精治理：基層社會治理創新的路徑選擇——以江蘇省徐霞客鎮為例 [J]. 中共太原市委黨校學報，2018 (8)：67-68.

[3] 張愷. 城市基層黨建網格化理論研究與實踐探索 [J]. 中共山西省委黨校學報，2018 (4)：40-43.

[4] 劉偉，王柏秀. 網格化治理視角下的社會治理模式創新——以蘇州市吳中區為例 [J]. 國家治理，2019 (2)：75-80.

[5] 王靖涵. 新時代社會治理思想研究 [D]. 青島：青島理工大學，2018 (12)：27-44.

[6] 冉昊. 基層社會治理視角下的網格化治理：創新、挑戰與對策 [J]. 治理現代化研究，2019 (1)：74-76.

[7] 鄧賢峰，張曉海，張曉偉. 城市運行管理信息化的缺憾與智慧化創新——以南京為例 [J]. 上海城市管理，2012 (7)：8-10.

[8] 趙鋒. 基於GIS技術的城市建設管理新思路研究 [J]. 科技創新導報，2011 (8)：22-27.

[9] 段後壯. 大數據在社區治安管理中的應用 [J]. 法制與社會，2019 (4)：113-118.

[10] 高斌. 欠發達地區創新社會治理路徑選擇 [J]. 新東方，2019 (2)：50-55.

[11] 張穎穎. 社會治理創新視角下城市社區治理研究 [D]. 蘭州：蘭州大學，2017 (4)：39-42.

[12] 侯新祥. 城市社區網格化治理的探索 [D]. 廣州：華南農業大學，2016 (12)：47-48.

[13] 李萌. 網格化管理在社區思想政治工作中的運用研究［D］. 重慶：西南大學, 2018（4）：15-18.

[14] 雷梅, 段忠賢. 地方社會治理公眾滿意度影響因素研究——基於貴陽市網格化服務管理的實證調查［J］. 貴州師範學院學報, 2018（8）：73-74.

[15] 趙時雨. 社會治理視角下基層警務工作的優化［D］. 上海：華東政法大學, 2018（4）：52-56.

[16] 吳亞杰. 習近平民生思想研究［D］. 昆明：雲南大學, 2017（5）：33-34.

[17] 羅曉蓉. 創新基層黨建方式方法提升城市社區治理服務水準［J］. 中國社會報, 2019（6）：1-2.

[18] 高斌. 共建共治共享的社會治理格局：演進軌跡、困境分析與路徑選擇［J］. 理論研究, 2018（12）：68-70.

[19] 尹衛華. 天津廣電網絡參與公共服務研究［D］. 天津：天津大學, 2017（11）：32-42.

[20] 湯淇皓. 有效治理與行政化趨勢之間：美麗鄉村項目制下的鄉鎮公共事務治理——以浙江省J鎮為研究個案［J］. 安徽行政學院學報, 2019（4）：41-42.

[21] 陸浩東. 論知識轉移與高校學科化知識服務實現機制［J］. 河南圖書館學刊, 2012（8）：45-46.

[22] 胡登良, 劉東華. 如何賦予「楓橋經驗」新的時代內涵［J］. 中國黨政幹部論壇, 2019（9）：73-75.

[23] 杜鵬舉. 高校學生社區協同治理模式研究［D］. 廣州：華南農業大學, 2016（12）：22-25.

[24] 張濤, 王明媚. 對應用大數據治理外流販毒的思考［J］. 雲南警官學院學報, 2019（3）：15-16.

[25] 成彥開. 基於政府、市場、社會視域的中國公共體育服務網絡體系建設研究［D］. 西安：陝西師範大學, 2014（6）：11-14.

［26］孫靖宇. 在陣痛中尋求破解之道［N］. 拉薩晚報，2019-04-15（5）.

［27］陳鵬. 區直管社區模式的問題及其優化路徑——以安徽省部分地級市改革為例［J］. 河南科技學院學報，2019（3）：29-32.

［28］張鑫. 新時期離退休幹部服務與管理創新研究［D］. 瀋陽：東北大學，2016（11）：24-25.

［29］劉微微. 公共治理視角下社會治理方式現代化研究［D］. 大連：遼寧師範大學，2015：6.

［30］周曉麗. 論社會治理精細化的邏輯及其實現［J］. 理論月刊，2016（9）：144-174.

［31］中華人民共和國國務院. 促進大數據發展行動綱要［J］. 成組技術與生產現代化，2015，32（3）：51-58.

［32］馮仕政. 社會治理新藍圖［M］. 北京：中國人民大學出版社，2017.

［33］陳鵬. 中國社會治理40年：回顧與前瞻［J］. 北京師範大學學報（社會科學版），2018（6）：12-27.

［34］劉少奇. 劉少奇選集：下卷［M］. 北京：人民出版社，1985.

［35］中共中央文獻研究室. 十四大以來重要文獻選編：上［Z］. 北京：人民出版社，1996.

［36］中共中央文獻研究室. 十五大以來重要文獻選編：上［Z］. 北京：人民出版社，2000.

［37］中共中央文獻研究室. 十六大以來重要文獻選編：上［Z］. 北京：中央文獻出版社，2005.

［38］胡錦濤. 胡錦濤文選：第2卷［M］. 北京：人民出版社，2016.

［39］新華社. 中共中央關於構建社會主義和諧社會若干重大問題的決定［J］. 當代廣西，2006（21）：4-10.

［40］中共中央文獻研究室. 十八大以來重要文獻選編：上［Z］. 北京：中央文獻出版社，2014.

[41] 萬川煤. 雲計算應用技術［M］. 成都：西南交通大學出版社, 2013.

[42] 張愷. 城市基層黨建網格化理論研究與實踐探索［J］. 中共山西省委黨校學報, 2018, 41（2）：40-44.

[43] 張麗, 韓亞棟. 網格化治理：「織網工程」和創新動因［J］. 求索, 2018（3）：54-60.

[44] 王學榮. 國家治理現代化：治國理念創新的邏輯遞進——學習習近平總書記關於「國家治理現代化」的系列講話精神［J］. 唯實, 2015（7）：22-24.

[45] 魏禮群. 社會管理創新案例選編［M］. 北京：人民出版社, 2011.

國家圖書館出版品預行編目（CIP）資料

1949年後中國社會治理制度變遷 / 馮華 編著. -- 第一版.
-- 臺北市：財經錢線文化, 2020.05
　　面；　公分
POD版

ISBN 978-957-680-427-4(平裝)

1.社會行政 2.中國

547.62　　　　　　　　　　　　　　109006701

書　　名：1949年後中國社會治理制度變遷
作　　者：馮華 編著
發 行 人：黃振庭
出 版 者：財經錢線文化事業有限公司
發 行 者：財經錢線文化事業有限公司
E-mail：sonbookservice@gmail.com
粉絲頁：　　　　　　　網址：
地　　址：台北市中正區重慶南路一段六十一號八樓815室
8F.-815, No.61, Sec. 1, Chongqing S. Rd., Zhongzheng Dist., Taipei City 100, Taiwan (R.O.C.)
電　　話：(02)2370-3310 傳　真：(02) 2388-1990
總 經 銷：紅螞蟻圖書有限公司
地　　址: 台北市內湖區舊宗路二段 121 巷 19 號
電　　話:02-2795-3656 傳真:02-2795-4100　　網址：
印　　刷：京峯彩色印刷有限公司（京峰數位）

　　本書版權為西南財經大學出版社所有授權崧博出版事業股份有限公司獨家發行電子書及繁體書繁體字版。若有其他相關權利及授權需求請與本公司聯繫。

定　　價：580元
發行日期：2020 年 05 月第一版
◎ 本書以 POD 印製發行